Knaur.

Knaur.

Über die Autorin:
Ilka Piepgras, Jahrgang 1964, arbeitete bei der *Berliner Zeitung* und der *Financial Times Deutschland*. Heute ist sie Redakteurin des *ZEITmagazins*. Sie lebt mit ihrer Familie in Berlin.

Ilka Piepgras

Meine Freundin, die Nonne

Knaur Taschenbuch Verlag

Besuchen Sie uns im Internet:
www.knaur.de

FSC
www.fsc.org
MIX
Papier aus verantwortungsvollen Quellen
FSC® C014496

Vollständige Taschenbuchausgabe August 2011
Knaur Taschenbuch

Umschlaggestaltung: ZERO Werbeagentur, München
Umschlagfotos: © Heji Shin
Fotos Bildteil: Privat: S. 1, 2, 3;
Heji Shin: S. 4, 5, 6, 7, 8, 9 unten, 12 oben, 13, 14, 15, 16;
Exaltation of the Holy Cross Monastery: S. 9 oben, 10, 11, 12 unten
Satz: Adobe InDesign im Verlag
Druck und Bindung: GGP Media GmbH, Pößneck
Printed in Germany
ISBN 978-3-426-78271-2

2 4 5 3 1

Für meine Eltern

Charlotte auf Naxos

Charlotte springt aus dem Bett und öffnet wie stets als Erstes das Fenster. Sie muss blinzeln, so scharf heben sich die kalkweißen Häuser der Insel Naxos vor der tiefblauen Ägäis und dem wolkenlosen Himmel ab. Ihre Augen suchen das nahe Chrysostomos-Kloster, ein mächtiges Gebäude, das sich in einen Felsen schmiegt. Wie eine weiße Ritterburg liegt es da. Seit sie bei einem nachmittäglichen Spaziergang das Kloster entdeckt hat, reizt es sie, hineinzugehen. Doch bislang stand sie nur vor einem verschlossenen Tor und spähte durch die Gitterstäbe in den Hof hinein. Wie gerne würde sie sich die kleine Felsenkapelle anschauen. Charlotte hat das Gefühl, darin etwas Schönes entdecken zu können. Doch auf einem Schild steht: »No entry for tourists«. Touristen sind im Kloster nicht erwünscht.

Das Verbot verstärkt die Anziehungskraft des geheimnisvollen Ortes auf Charlotte. Gestern nun hatte sie einen Gärtner angesprochen, der im Klostergarten arbeitete. Radebrechend machte sie dem Griechen klar, dass sie gerne hineinwolle. Am nächsten Tag um elf Uhr gäbe es eine Möglichkeit, bedeutete ihr der Mann. Dann stehe ihr die Kirche offen. Heute ist es also so

weit: Wenn der Gärtner sich an seine Abmachung hält, kann Charlotte die Klosterkirche besuchen.
Charlotte ist 23 Jahre alt und studiert an der Hochschule der Künste in Berlin Bildhauerei. Sie gilt als sehr gute Studentin und wurde für ein Arbeitsstipendium auf Naxos ausgewählt. Einen Monat lang verbringt sie mit ihrer Hochschulgruppe zum intensiven Arbeiten auf der Insel. Hier können sich die Studenten ungestört auf ihre Projekte konzentrieren. Dicke Steinmauern halten die auch im September noch brennend starke Sonne aus den Übungsräumen fern.
An diesem 26. September 1987 trägt Charlotte Rock und T-Shirt, nichts Auffälliges. Sie sieht ungekünstelt aus. Wie der Gärtner es vorausgesagt hatte, ist das Tor jetzt aufgeschlossen. In der Kirche ist es angenehm still – eine Wohltat im Vergleich zur sonstigen Geschäftigkeit der Touristeninsel Naxos. Charlotte überkommt ein Gefühl der Frische in dem kühlen Kirchenraum, sie fühlt sich auf Anhieb wohl. Wände und Decken sind üppig mit Fresken bemalt. Als sich ihre Augen an die Dunkelheit des fast fensterlosen Raumes gewöhnt haben, betrachtet sie die von prachtvollen Schnitzereien umgebenen Heiligenbilder auf der Ikonenwand. Die Wand trennt in der orthodoxen Kirche den Gemeinderaum vom Heiligtum, symbolisch die Erde vom Himmel. Der Bilderreichtum in der Kirche überwältigt die Studentin. Was für ein Unterschied zu den nüchternen protestantischen Kirchen zu Hause! Warum ist das so und was hat es zu bedeuten? Viele Fragen tun sich auf.
Als sie aus der Kirche in den Innenhof tritt, blickt Charlotte vom grellen Sonnenlicht geblendet nach

oben in den Himmel. Wie ein abstraktes Kunstwerk füllt das leuchtende Blau den Ausschnitt über dem weißen Gemäuer des Innenhofes aus. Irgendwie modern, denkt Charlotte, und nimmt dankend Wasser und eine Süßigkeit an, die ihr jemand aus dem Kloster reicht.

Plötzlich laufen ein Mönch und ein junges Paar auf die Kirche zu. Der Mönch ist kaum älter als Mitte dreißig. Die Frau weint. Als die drei kurze Zeit später wieder aus der Kirche kommen, wirkt die Frau erleichtert.

Der Mönch bleibt im Klosterhof stehen, als er Charlotte sieht. Er fragt:

What's your name and where are you from?

Sie gibt Auskunft über Namen und Herkunft.

Do you want to make your heart a church of Christ?

Yes, antwortet Charlotte, ohne eine Sekunde zu zögern. Dann fragt sie, ob das nicht schwierig sei.

It is difficult. But very sweet.

Sekunden später ist der Mönch fort, verschwunden hinter dem Klostertor. Charlotte stutzt. Was hat sie da eben, ohne nachzudenken, bejaht? Dass sie aus ihrem Herzen eine Kirche Gottes machen wolle? Wie ungewöhnlich, dass ihr ausgerechnet ein Mensch, den sie nie zuvor gesehen hat, so eine tiefgehende Frage stellt. Gedankenverloren verlässt sie das Kloster. Kaum hat der Gärtner hinter ihr das Tor verschlossen, begreift Charlotte, dass ihr gerade eine enorme Chance entgeht. Dieser Mönch spricht Englisch, er wirkt zugänglich und könnte ihre Fragen beantworten. Charlotte wendet sich zurück, doch der Gärtner ist weg.

Am nächsten Morgen, einem Sonntag, beschließt Charlotte, den Mönch zu suchen. Sie geht geradewegs zur größten öffentlichen Kirche auf der Insel. Wenn der Mönch an einem Gottesdienst teilnimmt, wird er es vermutlich hier tun. Punkt zehn Uhr, wenn in Deutschland gewöhnlich die Gottesdienste beginnen, steht sie am Kirchenportal. Doch aus diesem strömen die Leute hinaus, der Gottesdienst ist gerade zu Ende, denn in Griechenland beginnt er früh. Dann entdeckt Charlotte im Kirchenraum den Mönch vom Vortag, sie hat ihn ohne Mühe wiedergefunden. Er sitzt auf einem Stuhl und empfängt der Reihe nach Menschen, die gekommen sind, um mit ihm zu sprechen. Freundlich und konzentriert widmet er sich den Männern und Frauen, für jeden Einzelnen nimmt er sich Zeit. Charlotte reiht sich bei den Wartenden ein. Als sie endlich vor dem Mönch steht, fragt sie: »Ich habe viele Fragen. Hätten Sie vielleicht ein bisschen Zeit für mich?« Der Mönch lächelt und nickt. Sie solle mitkommen zu Freunden, die in der Nähe der Kirche wohnen.

Im Haus empfängt man Charlotte herzlich, obwohl sie fremd und unangemeldet ist. Man serviert den Besuchern ein spätes Frühstück. Nach dem Essen deutet der Mönch auf ein Klavier, das im Zimmer steht. »Kannst du spielen?«, fragt er. Charlotte zögert. Sie beherrscht das Instrument gut, ist es aber gewohnt, mit Noten zu spielen. Abzulehnen erschiene ihr unhöflich, also setzt sie sich hin und spielt ein Nocturne von Chopin. Obwohl sie ein paar Mal stecken bleibt und ziemlich hudelt, ist ihr Zuhörer begeistert.

Dann führt der Mönch das Mädchen auf eine Veranda, wo sie ungestört reden können. Charlotte erfährt, dass er Vater Dionysios heißt und ein Priestermönch ist, also als Mönch die Priesterweihe empfangen hat. Er

stammt aus Trikala in Zentralgriechenland und lebt seit fast vierzehn Jahren im Kloster Simonos Petras auf dem Heiligen Berg Athos – einer zerklüfteten Halbinsel im Norden Griechenlands, wo es nur Männerklöster gibt. Sein Abt hat ihn an diesem Septemberwochenende heruntergeschickt, damit er einen Gedenkgottesdienst feiert. Auf Naxos macht er kurz Station, weil das junge Paar vom Vortag und viele andere Gläubige bei ihm beichten wollen.
»Was bedeutet Beichte?«, fragt Charlotte neugierig.
»Ohne die Beichte verkümmert die Seele. Die Seele ist wie ein Haus, das man von Zeit zu Zeit renovieren muss. Man trennt sich von allem Schlechten«, antwortet der Priestermönch.
Charlotte findet das ziemlich rätselhaft, aber sie fühlt sich angesprochen. Sie will herausfinden, warum sie die griechischen Kirchen so anziehend findet, und fragt nach den Unterschieden von Katholizismus und Orthodoxie. Der Priestermönch antwortet abstrakt und allgemein, er spricht sehr symbolisch und fällt kein Werturteil, weder über die eine, noch über die andere Konfession. Er stellt Charlotte ebenfalls viele Fragen – über ihre Familie, ihr Studium und ihre Gewohnheiten. Ihn scheint Alltägliches zu interessieren, Menschliches. Seine Feinfühligkeit beeindruckt Charlotte, auch seine Bescheidenheit. Der Priestermönch erscheint ihr zutiefst ehrlich. Sie hat das Gefühl, in seiner Person Zugang zu einer geheimnisvollen Welt zu finden – wenn sie es nur zulässt, sich von ihm führen zu lassen.
»Können Sie mir ein Frauenkloster empfehlen, in dem ich mich eine Zeit lang umschauen kann?«, fragt sie.

»Fahr mit dem Bus nach Thessaloniki. Dort in der Nähe ist das Kloster Ormylia. Frag dort nach Schwester Aemiliani. Sie ist Novizin und spricht Englisch.« Dann verabschiedet sich der Priestermönch. Charlotte weiß in diesem Moment nicht, ob sie ihn wiedersehen wird, aber die Frage danach erschiene ihr jetzt unpassend, sie kennt den Mann ja kaum. Seltsam, dass sie sich trotzdem so geborgen fühlt in seiner Gegenwart.

Am nächsten Tag beginnt Charlotte wie gewohnt in ihrem Atelier zu arbeiten. Ein paar Stunden lang zwingt sie sich, mit Papier, Holz und Textilfasern zu experimentieren. Ihre Hände arrangieren mechanisch das Material. Sie kommt nicht weiter. Irgendwann kapituliert Charlotte und packt ihre Sachen. Arbeiten kann sie auch in Berlin, aber die orthodoxe Kirche kann sie nur hier in Griechenland kennenlernen. Hastig stopft sie Kleidung, Waschzeug und Skizzenblock in ihren Rucksack und meldet sich bei ihrem Dozenten ab. Der staunt. Sie will ohne Not diesen herrlich komfortablen Arbeitsaufenthalt, um den sich jedes Jahr zig Studenten bewerben, abbrechen? »Ich will ein Kloster besuchen, um dort zu zeichnen«, begründet Charlotte ihre Entscheidung. Der Dozent lässt sie ziehen. Hinter Charlottes Rücken spotten die Studenten über das Mädchen, das es in die Kirche zieht.

Am Montagabend besteigt sie die Fähre nach Athen. Über die Familie, bei der sie mit Vater Dionysios auf Naxos zu Gast war, hat sich ein Kontakt zu einer Griechin ergeben, bei der sie übernachten kann. Offenbar hat der Geistliche ein dichtes Netzwerk an hilfsbereiten Menschen gewoben. Es gefällt Charlotte, dass in diesem Land nicht viele Umstände gemacht werden. Wie förmlich wirkt dagegen der Umgangston in Deutschland, wie unpersönlich das Leben dort. Frau Joanna, so heißt ihre Gastgeberin in Athen, wartet bereits vor dem Haus, als Charlotte eintrifft. Sie spricht ein wenig Englisch und hilft ihr, die Busfahrt nach Thessaloniki und von dort ins Kloster Ormylia zu organisieren.

Der Weg nach Ormylia führt durch fruchtbare Landschaften, vorbei an Olivenbäumen, Zypressen und Ziegen. Die letzten Kilometer läuft Charlotte auf einem steinigen Feldweg zu Fuß. Den schweren Rucksack geschultert, fühlt sie sich wie ein neuzeitlicher Pilger. Die Spannung wächst mit jedem Schritt. Wie wird man ihr im Kloster begegnen? In Charlottes Kopf formt sich das Bild von buckligen Frauen in schwarzen Gewändern, deren Gesichter verhärtet sind. Ein bisschen fürchtet sie sich davor, kühl empfangen oder sogar abgewiesen zu werden. Ob sie als deutsche Protestantin überhaupt willkommen ist?

Dann erkennt sie in der Ferne eine Kirche und ein paar Steingebäude, die sich einsam in die Landschaft schmiegen – das Kloster Ormylia. Charlotte hört ihre Schritte auf dem Feldweg knirschen, unwirklich laut durchbrechen sie die Stille. Als sie den Klosterhof betritt, sieht sie eine Gruppe von Nonnen neben der Kirche stehen. Alle sind in bodenlange schwarze Gewänder gehüllt, denn Schwarz symbolisiert die Abkehr von der Welt und den Tod. Die Gesichter der Frauen werden durch eng anliegende Schleier umrahmt wie Zeichnungen von ihren Passepartouts. Die Nonnen lächeln den Gast aus Deutschland freundlich an, überrascht blickt Charlotte in ihre fröhlichen Gesichter.

Viele der Frauen sind auffallend jung, einige von ihnen höchstens Anfang zwanzig. Nonnen, die jünger sind als sie selbst – damit hat Charlotte nicht gerechnet. Sie spürt, wie ihr Herz klopft. Offenbar berührt sie dieser Ort mehr, als sie erwartet hat.
Ein paar Tage lang darf Charlotte als Gast im Kloster bleiben. Die Äbtissin lässt sie Staub wischen und andere kleine Hausarbeiten verrichten, damit sie sich nicht nutzlos fühlt. Charlotte geht viel spazieren oder stöbert in den Büchern der Bibliothek nach Erklärungen über die Orthodoxie. Mit seinen rund 80 Frauen ist Ormylia ein großes Kloster. Jede Nonne geht zielstrebig einer Tätigkeit nach. Der Alltag scheint so straff durchorganisiert wie auf einer Militärbasis, was auf Charlotte zunächst wenig einladend wirkt.
Wann immer es geht, sitzt Charlotte in der Kirche. Umgeben von Fresken und Ikonen fühlt sie sich ein bisschen wie in einer Galerie. Aufmerksam studiert sie die Wandbilder, die von einer feinen Schicht aus Ruß von Kerzenflammen und Weihrauch überzogen sind. Der dunkle Firnis lässt die Bilder viel älter erscheinen, als sie sind. Einen Moment lang meint Charlotte, in diesem von kaltem Weihrauch durchtränkten Kirchenraum so etwas wie Ewigkeit zu spüren. Eine der Ikonen steht herausgehoben auf einem Gestell vor einer Säule. Das Heiligenbild stellt die *Panaghia* dar, die Mutter Gottes. Jemand hat einen Blumenkranz über den Glasrahmen gelegt. Charlotte fühlt sich von der Ikone unmittelbar angesprochen, sie ist fasziniert von ihrer Zeitlosigkeit und von der Abwesenheit jeglichen künstlerischen Ausdrucks. Es beeindruckt sie, dass die sakrale Kunst des Ostens vollkommen ohne

stilistische Moden auskommt. Alle Bilder scheinen der gleichen Schule zu entspringen und verzichten bewusst auf die räumliche Dimension von Tiefe. Verglichen mit den vielschichtigen Renaissance-Bildern großer Meister wirken die flächigen Ikonen schlicht und schematisch. Doch Charlotte spürt, dass es hier um etwas geht, was über das sinnlich Wahrnehmbare hinausweist. Nicht die Tiefe der Bilder ist entscheidend, sondern die Welt dahinter. Ikonen sind weit mehr als nur ein Bild, sie gehen vielmehr eine Beziehung zu ihrem Betrachter ein und helfen ihm, eine Verbindung zum Metaphysischen herzustellen. Charlotte beobachtet aufmerksam, wie die Nonnen die Ikonen küssen, sich vor ihnen verbeugen und das Weihrauchfass in ihre Richtung schwenken. Diese rituelle Verehrung scheint die Distanz zwischen Irdischem und Himmlischem aufheben zu wollen. Die Ikonen machen für den Gläubigen eine unsichtbare Welt zugänglich, sie sind Hilfsmittel, um das Göttliche zu erspüren. Charlotte drängt es, die Ikonen mit den Lippen zu berühren. Doch sie weiß, dass sie erst noch eine Menge verstehen und durchdringen muss, bevor ihr das gestattet ist. Als Protestantin ist sie fasziniert davon, wie viel die orthodoxen Gläubigen von sich selbst geben, wie aktiv der Ritus sie einbezieht.

Wie von Vater Dionysios angeregt, spricht Charlotte mit Schwester Aemiliani, jener Novizin aus den USA. Aemiliani ist rund zehn Jahre älter als Charlotte und war früher ebenfalls Protestantin. Sie hieß einmal Melanie Hanson und hat mit einer Arbeit über Verhaltenspsychologie in Harvard promoviert. Die junge Frau wirkt dynamisch, doch Charlotte fällt auf, dass sie sich schwertut, zu gehen. Offenbar schmerzt jeder Schritt. Mit robuster Herzlichkeit erzählt Aemiliani Charlotte ihre Geschichte: »In Harvard wollte ich herausfinden, wie und wodurch der Mensch zur Vollkommenheit erzogen werden kann. Bis ich merkte, dass ich am falschen Ort suche, hat es eine Weile gedauert. Ich glaubte an Gott, aber ich wusste nicht, wie ich eine Beziehung mit ihm eingehen könnte«, sagt sie und lacht ihr kräftiges Lachen. Während des Studiums habe sie alle möglichen Denkrichtungen ausprobiert, auch den Feminismus. »Nichts davon hat mich frei gemacht, im Gegenteil.« Dann lernte sie über eine Freundin die orthodoxe Kirche kennen und fühlte sich dort binnen kürzester Zeit heimisch. »Die Orthodoxen verstehen etwas von der Verbindung zwischen Körper und Seele – im Gegensatz zum Westen, der beides voneinander trennt. Mir wurde klar, dass ich nur von einer Person beten lernen kann, nicht aus Büchern. Ich bat Gott um Hilfe bei der Suche nach einer solchen Person.« Gott antwortete auf seine eigene Art. Als Melanie Hanson im Juli 1981 in einem großen Hotel in Kansas City ein Jazzkonzert besuchte, wurde sie Opfer einer Katastrophe. »Mir fiel das Gebäude auf den Kopf«, umschreibt Aemiliani Charlotte lakonisch das Unglück, bei dem wegen eines Konstruktionsfehlers des Architekten 114 Menschen ums Leben kamen. Melanie überlebte wie durch ein Wunder. Zunächst wähnten die Helfer sie für tot, dann prophezeiten ihr die Ärzte, sie bliebe wegen einer schweren Rückenverletzung ihr Leben lang querschnittsgelähmt. Doch entgegen aller Prognosen konnte Melanie das Krankenhaus bereits

nach drei Monaten, gestützt durch ein Korsett, auf Krücken verlassen.
Wenig später lernte sie an der Griechisch-Orthodoxen Hochschule für Theologie in Boston Vater Dionysios kennen, der dort intensiven Kontakt zu den Studenten hält und regelmäßig die Beichte abnimmt. In dem Moment, als Melanie den Priestermönch zum ersten Mal reden hörte, wusste sie, dass sich ihr Wunsch erfüllt hatte – dies war der Mann, von dem sie beten lernen würde. Sie folgte ihm nach Griechenland und wurde Novizin in Ormylia. Zu dem Kloster hat Vater Dionysios eine besondere Verbindung, denn er war dort einige Jahre Kaplan. Sein eigener Abt, ebenfalls ein Athos-Mönch, hat das Kloster Ormylia gegründet.
Schwester Aemiliani fühlt sich von Charlotte an die eigenen Anfänge in Griechenland erinnert, die sechs Jahre zurückliegen. Charlottes ernsthafter Gesichtsausdruck, ihre Ergriffenheit rufen jenes Gefühl in Aemiliani wach, das sie damals selbst empfunden hat – das überwältigende Gefühl, endlich dort angekommen zu sein, wo man hingehört.
»Was willst du jetzt tun?«, fragt Schwester Aemiliani, als Charlotte ihr berichtet, wie sie Vater Dionysios kennengelernt hat und nach Ormylia gekommen ist. »Willst du ihm folgen?«
»Keine Ahnung. Kann ich mit ihm Kontakt halten, auch wenn ich keine Nonne bin?«
»Na klar. Er liebt jeden. Aber du kannst es nur spüren, wenn du dein Herz öffnest.«
Charlotte schaut skeptisch. Wie soll denn das gehen?
Dreimal täglich ruft ein hölzernes Klangbrett die Schwestern in Ormylia zum Gebet in die Kirche.

Charlotte lässt keinen der Gottesdienste aus, gierig saugt sie jedes Detail der Liturgie auf. Auch nachts wird gebetet. Als Charlotte sich zum ersten Mal im Schein von Kerzenlicht ihren Platz in der dunklen Kapelle sucht, eben aus dem Schlaf gerissen und noch ziemlich benommen, beginnt sie zu weinen, als die Schwestern zu singen beginnen, und hört erst wieder auf, als der letzte Ton der byzantinischen Gesänge verstummt ist. Merkwürdig schmerz- und reizvoll klingt dieser Gesang – ein Sprechgesang, klagend und jubelnd zugleich. Drei Stunden lang laufen Charlotte Tränen übers Gesicht, und wie sie da steht, den Blick nach vorne auf die Ikonenwand gerichtet, zieht sie innerlich Bilanz. Trennt Dinge, die sie in ihrem Leben plötzlich überflüssig findet, von denen, die sie vertiefen will. Sie nimmt sich vor, Menschen künftig nicht mehr danach zu beurteilen, was sie machen oder leisten. Ab jetzt zählen Werte und Ideale mehr als alles andere, ab jetzt, das spürt sie, ist ihre innere Haltung entscheidend für ihr Leben.

Keinen Moment mehr will sie sich künftig damit aufhalten, was andere von ihr denken oder wie sie nach außen wirkt. Keinen Gedanken mehr daran vergeuden, welchen Stil sie darstellt – weder in Kleidungsfragen noch in der Kunst. Nichts Modisches verkörpern, sondern stattdessen das Normale zum Maßstab machen. Sie sieht das Bild der Frau, die sie sein will, genau vor sich: Die Haare lang wachsen lassen und zusammengebunden tragen. Längere Röcke anziehen und schlichte Blusen. Einfach will sie sein und trotzdem schön.

Charlotte beschließt, ihr Leben fundamental zu ändern und sich auf ihr Inneres zu konzentrieren. Sie fühlt sich gefestigt und selbstbewusst wie nie. Noch weiß sie nicht, wie sie zum Ziel kommen wird. Sie steht am Anfang.

Auf der Suche

Sehr geehrter, lieber Vater Dionysios. Ich bin eine alte Freundin von Gerondissa Diodora, wir kennen uns seit Kindertagen. Als Diodora nach Griechenland ging, haben wir uns aus den Augen verloren, den Kontakt jedoch nie vollständig abreißen lassen. Über zwanzig Jahre lang haben wir uns nicht gesehen, und nun bin ich zu Besuch ins Kloster gekommen. Ich möchte verstehen, warum meine beste Freundin damals diese radikale Entscheidung getroffen und sich von allem gelöst hat, was bis dahin ihr Leben ausmachte. Weil Sie, verehrter Vater Dionysios, mir als der Schlüssel zum tiefen Verständnis erscheinen, würde ich Sie gerne kennenlernen. Ich wäre sehr dankbar, wenn Sie mir Gelegenheit für ein Gespräch geben würden.
Es grüßt Sie herzlich,
Ihre Ilka Piepgras

Unmittelbar nachdem ich den Brief geschrieben habe, zerreiße ich ihn. Er ist zu förmlich, finde ich. Oder nicht förmlich genug? Schließlich ist Vater Dionysios inzwischen weit mehr als der junge Priestermönch vom Berg Athos, den Charlotte damals auf Naxos kennengelernt hatte. Er gilt als einer der ganz großen Weisen der griechischen Orthodoxie und trägt den Ehrentitel »Archimandrit«. Auf der ganzen Welt wird er zu Vorträgen eingeladen, und er hat alle möglichen Menschen zum Glauben inspiriert. Von Griechenland über Israel und Europa bis in die USA leben die Mitglieder seiner geistlichen Familie verstreut. Meine Freundin und ihre Schwestern nennen ihn *»unseren Geronda«*. Geronda ist die griechische Bezeichnung für »Abt« und bedeutet wörtlich »der Ältere«, man spricht es Jeronda aus. Es klingt zärtlich und ehrfürchtig, wenn die Nonnen von ihm sprechen, er muss eine ungeheure Ausstrahlung haben. Überall ihm Kloster stoße ich auf Fotos von ihm, er ist mir vertraut, aber ich kenne ihn nicht. Wie soll ich ihn also ansprechen? *»Dear Archimandrite«? »Verehrter Abt«? »Lieber Geronda«?* Ich werde meine Freundin bitten, ein Gespräch mit Geronda zu vermitteln. Mal sehen, wie sie reagiert.

Ich sitze im Gästezimmer des Klosters in Karditsa, dem meine Freundin Charlotte heute als »Gerondissa«, als geistige Mutter, vorsteht. Die Kleinstadt Karditsa liegt mitten in Griechenland in der Region Thessalien. Mein Zimmer ist geräumig, zwei schmale Betten finden darin Platz, eine Sitzgruppe mit Couchtisch und ein großer Einbauschrank. Ich gebe ihm den Namen »Präsidentensuite«, denn im Vergleich zu den übrigen Besucher-Zellen wirkt es sehr feudal. Draußen kläffen von morgens bis abends Hunde, die Hunde von Karditsa.

Zwanzig Jahre hat mir der Mut für diese Reise gefehlt. Warum habe ich mich eigentlich so lange vor dem

Wiedersehen gedrückt? Was habe ich gefürchtet? Ich fand den Gedanken, meine Freundin als Nonne zu sehen, abstoßend und anziehend zugleich. Wer in ein Kloster geht, dachte ich, ist im »richtigen« Leben gescheitert. Nur schwache Frauen gehen ins Kloster, so die Klischeevorstellung in meinem Kopf. Schlichte Gemüter, die das Glaubensbekenntnis zur Grundlage ihres Lebens machen, weil sie sonst nicht viel haben. Doch Charlotte war weder ein schlichtes Gemüt noch ein schwaches graues Mäuschen. Sie war von der Sorte, der alles zufliegt. Ein Gewinnertyp. Die Jungs buhlten um ihre Aufmerksamkeit, und die Mädchen wollten sein wie sie: klug, zielstrebig und schön.

Es gibt diese Dinge im Leben, die man lange hinausschiebt – in der Gewissheit, sie irgendwann zu tun. So ging es mir mit Charlotte. Meine Neugierde, das Geheimnis ihrer Verwandlung zu lüften, war all die Jahre groß. Ich hätte hinfahren und Fragen stellen können, wich der Begegnung jedoch aus. Ich wollte den Eindruck, den ich von ihr als Jugendfreundin hatte, noch eine Weile mit mir herumtragen. Lieber das alte Bild bewahren, als ein neues zu bekommen, welches mich möglicherweise abstieß. Ich wollte *meine* Charlotte nicht verlieren.

Als junge Journalistin machte ich den Versuch zu verstehen, indem ich stellvertretend für Charlotte eine deutsche Nonne interviewte. Einen halben Nachmittag lang sprach ich im Garten eines süddeutschen Benediktinerinnenklosters mit einer jungen Schwester und war am Ende ratloser als zuvor. Es war ein Missverständnis. Ich hatte meine schöne, begabte, temperamentvolle Charlotte gesucht und stattdessen eine blasse, unsichere

Frau gefunden, bei der »etwas ins Schwingen gerät«, wenn sie an Gott denkt. Das überzeugte mich nicht. Vielleicht ging ich Charlotte all die Jahre aus dem Weg, weil ich mich davor fürchtete, sie nicht zu verstehen. Vielleicht war es auch die Angst vor einem Streit, die mich so lange von einem Besuch abgehalten hat, denn anfangs war ich wütend, dass sie so abrupt aus meinem Leben verschwand und es nicht für nötig hielt, ihren Schritt zu erklären oder gar zu diskutieren. Irgendwann, es muss Ende 1988 gewesen sein, schickte sie eine Postkarte aus Griechenland, die mit den Worten *Liebe Ilka – Christus ist auferstanden* begann und ihre Sehnsucht beschrieb, *der tiefen Liebe zu folgen, der Liebe zu Christus*. Ich erkannte kaum die Schrift meiner Freundin wieder, so fremd war die starre Druckschrift der Karte im Vergleich zu ihren ehemals schwungvoll miteinander verbundenen Buchstaben. Unterschrieben war die Karte mit *Dionyssia-Charlotte*. Den Namen Dionyssia trug Charlotte von ihrem Übertritt zur Orthodoxie bis zu ihrer Einkleidung als Nonne. Ein Übergangsname für einen Übergangszeitraum.
Ich hielt meine Freundin für verrückt, erklärte sie für verloren und stopfte die Karte in den hintersten Winkel meines Schreibtisches. Ich vermisste die Freundin, meine Vertraute, doch insgeheim bewunderte ich sie für ihren radikalen Entschluss. Schon immer hatte ich eine Schwäche für Aussteiger gehabt, und nun führte mir ausgerechnet das Musterkind Charlotte vor, wie das geht. Niemand aus unserem Freundeskreis hatte einen vergleichbar drastischen Schritt gewagt – weder damals noch später. Die meisten wurden genau das, was bereits als Teenager in ihnen angelegt schien und

was die Eltern vorlebten. Der bequeme F. übernahm die Praxis seines Vaters, die schlaue S. wurde Unternehmensberaterin, K. folgte seinem Vater in die Versicherungsbranche und C. führte ein Leben als wohlhabende Gattin. Niemand brach aus, kaum einer überraschte, allenfalls wurde mal jemand Schauspieler oder outete sich als Schwuler.

Mich faszinierte die Kompromisslosigkeit, mit der sich meine Freundin von ihrem alten Leben löste. Sie kappte ihre Wurzeln ohne Not. Woher nahm sie die Kraft für diese rigorose Entscheidung? Was sie gefunden hatte, musste wahrhaft groß sein – so groß, dass sie eine Existenz dafür aufgab, die ich beneidenswert schön fand.

Als Charlottes inhaltsschwere Postkarte eintraf, studierte ich in München Politische Wissenschaften, Geschichte und Wirtschaftsgeschichte. Ich brannte darauf, Journalistin zu werden, und das Studium erschien mir notwendig auf dem Weg zum Ziel. Die Fächer hatte ich gewählt, weil ich weder von Politik noch von Wirtschaft viel verstand. Als Journalistin, hörte ich, braucht man Allgemeinwissen, und ich hoffte, so meine Lücken zu schließen. Nichts an meinem Studium interessierte mich dringlich.

An der Universität machten Charlotte und ich ähnliche Erfahrungen. Beide fühlten wir uns unter den Studenten als Außenseiter. »Du musst versuchen, dich von der Masse abzuheben«, hatte mir mein Vater, ein Hochschulprofessor, geraten, und ich legte seinen Rat sehr wörtlich aus: Nur zwei Mal in fünf Jahren betrat ich die Mensa, diesen Ort der Massenspeisung. Ich hob mich ab, indem ich mich entzog. Ich hielt mich fern

von den Studenten und verordnete mir eine Art »Erziehung der Härte«. Ich wollte möglichst viel Lebenserfahrung sammeln, so praktisch und konkret wie möglich. In den Semesterferien hangelte ich mich von Zeitungspraktikum zu Zeitungspraktikum und arbeitete als freie Mitarbeiterin diverser Redaktionen. Ich hetzte durchs Studentenleben und träumte von einem unabhängigen Dasein. Ich wollte möglichst schnell selbständig sein oder zumindest das, was ich damals für frei und selbständig hielt.
Charlotte hatte sich für ein Kunststudium in Berlin entschieden. Doch sie vermisste Teamgeist unter den Studenten und klagte über die »Ellbogenpolitik« an der Kunsthochschule. Dort wetteiferte man um die besten Ideen und sah in jedem Mitstudenten einen Konkurrenten. *»Die Studenten sind betont selbstbewusst und egozentrisch, sie geben sich extravagant. An die meisten komme ich schwer heran, denn ich kann die Person hinter der gespielten Rolle schwer erkennen«,* schrieb sie mir. Damals trug sie vorzugsweise Jeans und selbstgestrickte Pullover, die Haare kurz. Ihr Stil war sportlich und praktisch. An der Kunsthochschule stach so viel Normalität heraus – aus der Perspektive der Studenten wirkte Charlotte sehr konventionell, sie schien ihnen als Künstlerpersönlichkeit fragwürdig. Den selbstdarstellerischen Part des Künstlerlebens würde sie nie überzeugend spielen können, dazu war sie viel zu natürlich. Sie hasste Show, Eitelkeit und Arroganz. Auf Charlotte wirkte das Klima an der Kunstakademie kalt und unpersönlich, weil sie zuvor das komplette Gegenteil kennengelernt hatte – als Schülerin des United World College of the Atlantic, einer von dem be-

rühmten Reformpädagogen Kurt Hahn gegründeten Eliteschule im britischen Wales. Jugendliche aus aller Welt können dort die letzten zwei Schuljahre verbringen und das International Baccalaureate, das internationale Abitur, erwerben – vorausgesetzt, sie meistern das komplexe Auswahlverfahren. Gesucht werden gescheite Jugendliche mit einem starken Interesse für die sozialen Unterschiede auf dieser Welt. Im College treffen die unterschiedlichsten Lebenserfahrungen und Kulturen aufeinander.

Charlotte beeindruckte das Auswahlkomitee mit einem Referat über »Kitsch und Kunst« und zog als eine von sechs Deutschen ins College. Ihr Zimmer teilte sie mit Schülerinnen aus Simbabwe und Japan, ihr Wohnhaus mit Jugendlichen unter anderem aus Indien, Frankreich, Südafrika, Venezuela und dem Sudan. Als Teil dieses bunten Völkergemischs lernte sie, in jedem Mitschüler das Besondere zu sehen und sich vor kulturellen Klischeevorstellungen zu schützen.

Das College verfolgt hohe humanistische Ideale. Jeder Schüler verpflichtet sich für einen sozialen Dienst in der Freizeit – beispielsweise in Altersheimen oder Blindenschulen der Umgebung. Charlotte wählte »Beach Rescue« – einen Rettungsdienst am Strand. Über Monate hinweg wurde sie dazu ausgebildet, an der rauen und unberechenbaren Atlantikküste Leben zu retten.

Neben dem sozialen Engagement fordert das College von den Schülern einen hohen akademischen Einsatz. Ständig gibt es Referate zu halten, Projektwochen zu gestalten oder ausführliche Essays zu schreiben. Für jedes Fach müssen umfangreiche *reading lists* abgearbeitet werden, alles natürlich auf Englisch. Wenn sich die Schüler nach zwei Jahren Intensivtraining in Völkerverständigung, Selbstdisziplin und sozialem Engagement wieder in alle Winde verstreuen, nehmen sie ein Netzwerk von internationalen Kontakten mit. Und sie wollen eher führen, als sich unterzuordnen – denn nur als *leader* kann man gestalten und die Welt verbessern.

Der Umzug ins College war ein kleiner Schock für Charlotte. Sie kam aus einer sehr großen und sehr intakten Familie: Sechs Kinder prägten das Leben der Familie Stapenhorst, und Charlotte war es als mittleres Kind gewohnt, von älteren und jüngeren Geschwistern umgeben zu sein. Sie vermisste die Geborgenheit und Vertrautheit der Familie. Ihre Briefe klangen verhalten. *»Ich weiß nicht, ob ich hier glücklich bin«*, schrieb sie mir. *»Ich weiß nur, dass ich morgens mit einem guten Gefühl aufwache und mich auf den Tag freue. Vielleicht ist das glücklich sein.«* Allmählich überwand sie das Heimweh, doch eine gewisse Melancholie blieb bis zum Schluss. Eine Mitschülerin schrieb ihr als Abschiedsgruß ins Jahrbuch: *»Der lebhafte Vogel fliegt manchmal zu hoch für die anderen, aber wenn es gelingt, ihn einzuholen, entdeckt man, wie schön er ist. Fliegt der Vogel nach Süden, um Wärme zu finden?«* Wie hellsichtig dieser Abschiedsgruß war, zeigte sich ein paar Jahre später, als Charlotte tatsächlich von der Wärme des Südens angezogen wurde.

Wie Charlotte verbrachte ich meine letzten Schuljahre im Internat – dem »Birklehof« im Schwarzwald. Anders als in Charlottes College gab es an dieser in einem heilklimatischen Kurort angesiedelten Privatschule kein Auswahlverfahren, allein das Schulgeld zählte. Auf dem Papier stellte sich der Birklehof als pädagogisches Paradies dar – als geschützter Lebensraum, in dem Jugendliche in einem toleranten Klima zu umfassenden Persönlichkeiten heranreifen. Neben der Schulausbildung würden »Kopf, Herz und Hand« durch musische, handwerkliche und sportliche Angebote ganzheitlich zusammengeführt, versprach der Prospekt. Nach dem Zweiten Weltkrieg hatte der Religionsphilosoph Georg Picht den Birklehof als Schulleiter lange Jahre idealistisch geprägt. Damals wurden hohe geistige und moralische Standards gesetzt. Als ich dort einzog, hatte die Schule ihre besten Zeiten allerdings längst hinter sich. Zu meiner Zeit ging es den tonangebenden Schülern vor allem darum, wo man am besten saufen, kiffen oder die Zeit sonst wie totschlagen konnte. Zwei Jahre lang konnte ich erfolgreich jeder Art von Engagement aus dem Weg gehen – ohne dass sich einer der anwesenden Reformpädagogen daran gestört hätte, dass »Kopf, Herz und Hand« bei mir nur unzulänglich zusammengeführt wurden.

Obwohl sich meine Internatserfahrungen grundlegend von denen Charlottes unterschieden, teilten wir nach dem Abschluss das Gefühl, einer eingeschworenen Gemeinschaft angehört zu haben. Beide taten wir uns schwer, uns von der Insel der Seligen zu lösen und das Leben selbst in die Hand zu nehmen. Zwei Jahre lang waren wir in festen Tagesabläufen und Strukturen aufgehoben gewesen, nun folgte schlagartig die Selbstverantwortung. *»Ich finde es ganz schlimm, so in der Luft zu hängen«,* schrieb mir Charlotte kurz nach dem Abschied vom Atlantic College, *»es ist das erste Mal, dass ich*

mich so fühle, und vielleicht fühle ich es doppelt stark, weil ich mir die letzten zwei Jahre ›im Paradies‹ keine Sorgen gemacht habe. Die Welt schien mir so klein, und man wird, abgeschnitten von der Realität, viel zu idealistisch.«
Beide füllten wir, jede auf ihre Art, das durch den Schulabschluss entstandene Vakuum im Ausland. Charlotte jobbte einen Winter lang als Skilehrerin in Österreich – sie fuhr meisterhaft Ski und hatte eine Lizenz zum Unterrichten. Mit dem verdienten Geld reiste sie danach mehrere Monate lang durch die USA. Zurück in Europa setzte sie noch einen Sprachkurs in Italien drauf. Ihre »italienische Seite« hatte Charlotte im College entdeckt, wo sie sich mit einer Clique italienischer Schüler und Schülerinnen anfreundete, deren Warmherzigkeit, Temperament und Bodenständigkeit sie ansprachen. Den Italienern gefiel Charlottes Natürlichkeit und Unbekümmertheit – sie alberte gern herum, anstatt sich, wie viele ihrer deutschen Mitschüler, in schwermütigen Diskussionen über den Lauf der Welt zu verlieren. Italien, wird Charlotte später sagen, war die Vorstufe zu Griechenland. In beiden Ländern fühlte sie sich instinktiv wohl.

Mein Auslandsjahr begann in Paris, wo ich an der Sorbonne Französisch lernte und Kurse über die »Civilisation Française« belegte. Ich hatte Glück und fand mitten in der Stadt ein erschwingliches Studio, das ich allein bewohnte. Aus dem Fenster der winzigen Wohnung schaute ich direkt auf die Kathedrale Notre Dame, und nachts tanzten die bunten Lichter der Ausflugsdampfer auf der Seine an meiner Zimmerdecke. Auf ausgedehnten Spaziergängen lernte ich die Stadt kennen, aber nicht ihre Bewohner. Ich war gerade 19 geworden und einsam, die grenzenlose neue Freiheit überforderte mich. Zwei Wochen nach meiner Ankunft schrieb ich ungeduldig: *»Ich frage mich, was mir das Leben hier im Nachhinein gebracht haben wird.«* Anstatt die Gegenwart auszukosten, lebte ich in der Zukunft, der Realität in Gedanken immer einen Schritt voraus. Als ich an der Sorbonne nur unzulänglich Französisch lernte und mich auch nach einem halben Jahr noch schlecht im Alltag verständigen konnte, suchte ich mir einen Sommerjob. Ich heuerte als Animateurin im Club Méditerranée an. Der Job versprach die erhoffte Sprachpraxis, hinzu kamen Auslandserfahrung, Strandvergnügen und ein bisschen Geld. Leichtherzig brach ich meinen Aufenthalt in Paris ab und landete im Clubdorf auf der griechischen Insel Kos. Dort war ich als Reisebegleitung für Tagesausflüge auf die umliegenden Inseln zuständig. Eine dieser Exkursionen führte auf die Insel Patmos. Dort befindet sich die Grotte, in der dem Evangelisten Johannes die Apokalypse offenbart wurde. Zwanzig Jahre bevor ich meine Freundin im Kloster besuche, habe ich regelmäßig Touristen an einen der heiligsten Orte der orthodoxen Kirche geführt. Damals war ich vollauf damit beschäftigt, die Gruppe zusammenzuhalten und rechtzeitig zum Mittagessen in die Taverne unterhalb der Höhle zu bringen. Die Mystik des Ortes nahm ich kaum wahr.

Zu meinen Aufgaben im Club gehörte eine Art ständiger Bereitschaftsdienst, um die Gäste bei Laune zu halten. Das reichte vom Koffertragen über Tischgespräche bei den Mahlzeiten bis hin zu Showeinlagen

zur Abendunterhaltung. Letzteres widerstrebte mir kolossal – wie Charlotte war mir jede Art von Selbstdarstellung zuwider, und mir fehlte auf der Bühne jegliches Talent. Ich hasste es, im Mittelpunkt zu stehen, und nun imitierte ich vor Publikum in einem hautengen Stretchkleid Marlene Dietrich. Aus Sicht meiner Vorgesetzten taugte ich weder als Marlene noch als Exkursionsbegleitung viel. Man ermahnte mich regelmäßig, ich müsse mehr aus mir herausgehen. Munterer solle ich werden, unbeschwerter und weniger ernst – im Grunde eine andere Person.
Immerhin lernte ich im Clubdorf besser Französisch als in Paris. In meiner freien Zeit las ich sämtliche Romane von Françoise Sagan – sentimentale Bücher, die alle das Thema des gelangweilten Großbürgerlichen variieren, der sich, früh ernüchtert von der vermeintlichen Sinnlosigkeit des Lebens, in schnelle Autos, Glücksspiel, leidenschaftliche Affären und Drogen flüchtet. Ich fühlte mich geborgen in Sagans dekadenter Welt. Ihre Figuren zerstreuen das Gefühl innerer Leere, indem sie die Grenzen des gesellschaftlich Erlaubten überschreiten. Sie wirken rebellisch, frei und extravagant, sind im Grunde jedoch zutiefst bedürftig. Alle Figuren verbindet die elementare bürgerliche Sehnsucht, aus dem eigenen Leben etwas Besonderes zu machen. Dieselbe Sehnsucht trieb Charlotte und mich. Wir wollten alles Konventionelle sprengen und strebten hinaus aus der Familientradition – allerdings hatten wir keinen Plan, wohin.

Nach dem Ende unseres Lehr- und Wanderjahrs begannen Charlotte und ich hochmotiviert unsere Studienzeit. Wir waren wissensdurstig und bereit, viel zu leisten. Voller Ehrgeiz betraten wir die Universität – und waren schnell ernüchtert von dem, was sie bot. Wir erhofften uns konkreten Austausch mit Professoren, stattdessen saßen wir einsam grübelnd über Lehrbüchern beziehungsweise im Atelier. Beide empfanden wir die Anforderungen als unstrukturiert. *»Ich vermisse wirkliche Persönlichkeiten und habe Schwierigkeiten, einen eigenen Arbeitsrhythmus zu finden. Teilweise arbeite ich sehr ineffektiv und schlecht. Täglich wird man hier in seinen Vorstellungen und Gedanken über die eigene Arbeit verunsichert bzw. mit anderen Meinungen konfrontiert. Man ist ständig am Zweifeln«,* schrieb mir Charlotte.

Wir suchten nach absoluter Wahrheit und steckten voller Idealismus, doch wir verhedderten uns in der akademischen Freiheit. Unsere Sehnsucht galt einem Mentor, der uns geistig führte. Es fehlten Vorbilder zur Orientierung, vor allem aufseiten der Frauen. Zwar begann man damals an den deutschen Universitäten unter dem Einfluss der amerikanischen Women's Studies weibliche Lebenserfahrung als Grundlage der Wissenschaft zu nutzen – doch die einflussreichen Positionen waren im akademischen Leben Mitte der achtziger Jahre nach wie vor von Männern besetzt. Auch außerhalb der Universität kannten wir kaum erfolgreiche Frauen in jenen Berufen, die wir ansteuerten. Unsere Mütter hatten beide nicht studiert und waren – wie fast alle Frauen im Umfeld unserer Eltern – Hausfrauen. Zum Teil, das wussten wir beide instinktiv, würden wir später auch einmal Hausfrauen sein. Ehe und Familie blieben für uns zwar ferne, aber unerschütterliche Ideale. Nichtsdestotrotz würden wir beide auch versuchen, uns im Beruf zu verwirklichen, auch davon waren wir überzeugt. Wir würden unabhängig sein und uns selbst versorgen können, so viel war klar. Von dieser Sorte Frau, die Familie *und* Freiheit miteinander verband, kannten wir allerdings keine. Wir sahen allenfalls Extreme – wie zum Beispiel meine Tante Karin.

Karin studierte in den sechziger Jahren Soziologie und war ein echtes Kind der 68er-Bewegung. Feminismus, APO, Hippiekultur, Black Power – alles nahm sie mit. Ich liebte die Geschichten, die sie erzählte – etwa, wie sie barfuß in München für Mao auf die Straße ging. Einmal schenkte sie mir einen lila Filzhut, den sie von Alice Schwarzer, einer Freundin, bekommen hatte und der fortan bedeutungsschwer an einem Haken in meinem Jugendzimmer hing. Manchmal gab sie mir Bücher zu lesen, zum Beispiel *Das rosarote Mädchenbuch* oder *Ich schau in den Spiegel und sehe meine Mutter*. Ich verstand nicht recht, worum es ging, aber stellte die Bücher stolz ins Regal. Karin wurde Journalistin und moderierte im Fernsehen Jugendsendungen, die »Drum« und »Raus damit« hießen. Später ging sie in die USA und fing noch mal von vorne an. Sie studierte Film und arbeitete als Drehbuchautorin und Regisseurin. Einmal schenkte sie ihrem Mann, der gerne Autorennen fuhr, einen Rennwagen. Einfach so, um ihm eine Freude zu machen. Von all ihren großartigen Geschichten beeindruckte mich diese am meisten. Eine Frau, die Autos verschenken kann, dachte ich, hat es weit gebracht.

Doch Charlotte und ich wollten beides haben, Familie und Beruf. Charlotte orientierte sich eine Zeit lang am

Lebensmodell einer Töpfermeisterin, bei der sie einmal pro Woche Töpfern lernte. Die mehrfache Mutter hatte sich ein Atelier im Haus eingerichtet und verband mühelos die Arbeit mit der großen Familie. Charlotte fühlte sich der warmherzigen und freigeistigen Atmosphäre im Haus der Künstlerin sehr verbunden. Noch Jahre, nachdem sie dort ein Teegeschirr und filigrane Schachfiguren aus Ton gestaltet hatte, ging sie dorthin zu Besuch.

Charlotte erkannte früh, dass Freiheit und Geld irgendwie zusammenhängen. Nach dem Abitur überlegte sie, eine halbjährige Ausbildung zur Wochenpflegerin zu machen. Die kurze Ausbildung könnte sie später gut nutzen, um in den Semesterferien Geld zu verdienen. *»So hätte ich ein großes Problem gelöst – nämlich, während des Kunststudiums finanziell von meinen Eltern abhängig zu sein und ihnen auf der Tasche zu liegen. Kunst ist vom finanziellen Standpunkt her ohnehin schon eine riskante Sache, und ich fände nichts schlimmer, als nach ein paar Jahren zu merken, dass ich von meiner Kunst nicht leben kann und deshalb heiraten muss«,* schrieb sie mir. Die Frage, ob sie von ihrer Kunst leben könne, hat sich nie gestellt. Bevor sie sich hätte beweisen müssen, wählte sie ein Leben der Besitzlosigkeit. Mit ihrer radikalen Entscheidung schloss Charlotte jegliche Kompromisslösungen aus.

Umzug nach Athen

Nur vier Wochen hat Charlotte in Griechenland verbracht, und doch fühlt sie sich nach ihrer Rückkehr in Berlin wie eine Fremde. Sie sieht die Stadt jetzt, zu Beginn des Herbstsemesters 1987, mit anderen Augen. Die Novembertage erscheinen ihr melancholischer als jemals zuvor, die Menschen ruppig, die Großstadt rau. Das einfache Leben in Griechenland, die heile Welt, die sie dort erlebt hat, haben Charlottes Blick für die finsteren Seiten Berlins geschärft. Plötzlich kann sie in ihrer Umgebung nur noch Härte und Vereinzelung erkennen. Sie sehnt sich nach der Wärme Griechenlands, vor allem nach der Gastfreundschaft, die sie erfahren hat. Wie einsam ihr plötzlich das Leben in Berlin vorkommt. Eigentlich will ich gar nicht so leben, denkt sie, so allein. Sie vermisst das Gefühl von Gemeinschaft, das sie früher so intensiv in der Familie und später im College erlebt hat – und das in Griechenland plötzlich wieder so greifbar nah war. Die engen Freunde aus alten Zeiten leben in aller Welt verstreut, in Berlin hat Charlotte allenfalls gute Bekannte. Soziale Kontakte an der Kunsthochschule schränkt sie radikal ein, denn das Leben der künstlerischen Bohème erscheint ihr aufgesetzt und vordergründig. Nur zu einer einzigen Studentin fühlt sie sich hingezogen – zu der Norwegerin Edel. Edel ist ein Mädchen ohne Allüren, fleißig, zupackend, bescheiden. Sie ist Charlotte einen Schritt voraus, denn sie hat in Norwegen bereits eine komplette Kunstausbildung absolviert. Anders als Charlotte weiß Edel, was sie in der Kunst erreichen will. Sie ist nach Berlin gekommen, um Bildhauerin zu werden.

In Edel sieht Charlotte die eigene Ernsthaftigkeit gespiegelt. Auf ihren Rat hin wechselt sie nach dem Grundstudium von der Malerei zur Bildhauerei – ein großer Schritt für jemanden, der sich immer in der Malerei zu Hause gefühlt hat, den hauptsächlich Farben interessieren und dessen Idole Cézanne und Modigliani, Kandinsky und Mondrian heißen. Wie fehl am Platz muss sich jemand fühlen, dass er sogar die einstigen Ideale aufgibt. Charlottes Bedürfnis nach Orientierung ist so groß, dass sie sich Edel einfach anschließt. In dieser Zeit ist sie extrem offen für Einflüsse von außen.

Bei den Bildhauern findet sie vorübergehend eine Heimat. Dort herrscht eine andere Stimmung als bei den Malern, die Arbeit ist bodenständiger und mehr am Handwerk orientiert. Doch der Wechsel hilft ihr nur an der Oberfläche. In Charlottes Innern nagen Zweifel, ob sie sich mit dem Kunststudium auf dem richtigen Weg befindet. Sicher, die Kunst interessiert sie mehr als alles andere. Aber in gewisser Weise ist ihr die Rolle der Künstlerin zugespielt worden – durch die Bestätigung, die sie all die Jahre durch ihre handwerkliche Geschicklichkeit erfahren hat. Mit der Kunst hatte sie immer Erfolg – angefangen vom Kunst-Leistungskurs in der Schule bis hin zum Referat »Kitsch und Kunst«, mit dem sie die Aufnahmeprüfung im College geschafft hat. Immer war sie auf ihrem Weg bestätigt worden, in der Schule genauso wie bei ihren zahlreichen Sommerkursen und Praktika. Und der Moment, in dem sie ihren Namen auf der Liste derjenigen fand, die an der Hochschule der Künste aufgenommen wurden, gehörte zu den ganz großen Momenten ihres Lebens. Damals befand sie sich tagelang im Freudentaumel. *»Ich habe es geschafft!«*, schrieb sie bereits am nächsten Tag in einem Brief an die Freunde. *»Ich bin so glücklich, mich nun genau mit dem beschäftigen zu können, was mich so sehr reizt, anzieht und fasziniert – was mir das Wichtigste überhaupt erscheint. Es wird von mir verlangen, das Leben in seiner ganzen Tiefe zu erforschen und zu verstehen.«* Damals erfüllte sich ein Traum, auf den sie lange hingearbeitet hatte. Charlotte dachte, jetzt sei sie endlich am Ziel. Doch sie hatte sich getäuscht, denn damals ging die Suche erst los. Die Suche nach Ausdruck und Wahrheit. Anders als ihre Kommilitonen findet Charlotte an der Kunsthochschule keine Form, um sich auszudrücken. Gleichzeitig verlangt ihr wacher Geist nach Herausforderung. Im monastischen Leben sieht sie ihre ursprüngliche Sehnsucht endlich erfüllt, hier wird sie das verwirklichen können, was sie sich eigentlich von der Kunst erhofft hatte – zum Kern der menschlichen Existenz vorzudringen.

Nach ihrer Rückkehr aus Griechenland stellt Charlotte ihr Lebenskonzept als Künstlerin grundsätzlich in Frage. Ist sie wirklich bereit für diese extreme Form der individuellen, immer aus sich selbst schöpfenden

Arbeit? Sucht sie nicht im Gegenteil die Gemeinschaft mit anderen Menschen? Will sie ein Leben lang auf der Suche nach absoluter Wahrheit bleiben, wie es das Leben als Künstler erfordert? Wäre es nicht viel schöner, den Weg zur Vollkommenheit und Seelenruhe, wie sie ihr der orthodoxe Glaube verspricht, bereits als junger Mensch zu finden? In dem Maße, in dem sie mit der Kunst hadert, wächst die Verheißung der orthodoxen Spiritualität. Sie ahnt, dass sie sich in Berlin auf einem Irrweg befindet. Plötzlich hält sie es für anmaßend, etwas Neues erschaffen zu wollen – das heißt, sie stellt die natürliche Motivation jedes ernsthaften Künstlers in Frage. Wenn sie in der Kunst Unsterblichkeit sucht, ist sie in Griechenland besser aufgehoben, erkennt Charlotte. Indem sie ihr Leben der Vereinigung mit Gott weiht, erreicht sie das ewige Leben ohne den Umweg über die Kunst.

Um der Grübelei zu entkommen, stürzt Charlotte sich in die Arbeit. Die Zwischenprüfung in Form einer großen Ausstellung steht bevor. Sie experimentiert mit selbstgeschöpftem Papier und Holz, fügt die Materialien zu Reliefs und freistehenden Plastiken zusammen und bemalt sie. Jeden Morgen radelt sie pflichtbewusst zur Kunsthochschule in der Bundesallee und schließt ihr Atelier auf. Sie ist fest entschlossen, die Prüfung im Frühjahr glänzend zu absolvieren – so glänzend wie sie bislang alle Prüfungen gemeistert hat. Doch ihre Gedanken wandern immer wieder nach Naxos, Ormylia und zu Vater Dionysios. Während sie an ihren Plastiken arbeitet, hat sie die byzantinische Kirchenkunst vor Augen – die kontrastreichen Mosaikböden und die eindringlichen Heiligenbilder. Sie erinnert

den Gesang der Nonnen aus Ormylia und die Wucht, mit der der Gottesdienst sie ergriffen hat. Ikonen, Gesang und Weihrauch können ihr helfen, den Graben zwischen materieller und spiritueller Welt zu überwinden, erkennt Charlotte. Anders als im Protestantismus findet sie über die Sinnlichkeit der Orthodoxie Zugang zur metaphysischen Welt. Die Sehnsucht danach schlummert seit langer Zeit in ihr. Im Priestermönch vom Berg Athos hat sie jemanden gefunden, der ihr den Weg weist und sie führt. Seine erste Frage auf Naxos, ob sie ihr Herz zu einer Kirche Gottes machen wolle, sprach nicht Charlottes Intellekt, sondern ihr Gefühl an. Darauf hatte dieses vernunftgesteuerte Mädchen, das seine Gefühle zurückhielt, gleichzeitig aber sehr empfindsam war, unbewusst all die Jahre gewartet. Endlich jemand, der sie mitten ins Herz traf – sonst hätte sie die Frage nicht intuitiv bejaht.
Zu Hause, in ihrer Studentenbude, macht Charlotte Inventur. Sie durchforstet alle Schränke und sortiert aus, was sie nicht mehr zum Leben braucht. Ihren Schmuck und viele Kleidungsstücke wird sie ihrer Schwester schenken, den Fotoapparat verkaufen, die Schallplatten ins Antiquariat bringen. Vom ersten Augenblick an hat sie die Unabhängigkeit der Mönche und Nonnen von materiellen Werten fasziniert.
Charlotte lässt die Jeans jetzt immer öfter im Schrank und trägt stattdessen lange Röcke. Wer sie trifft, spürt nicht nur optisch eine Veränderung. Charlotte ist nicht mehr das vorwitzige Mädchen, das man kennt, sie wirkt viel ernster als sonst. Spricht man sie darauf an, reagiert sie still und zieht sich zurück. Sie lächelt freundlich, scheint aber ganz woanders zu sein. Weit

weg. Sie will über das, was sie beschäftigt, nicht sprechen, denn es würde sie ja ohnehin niemand verstehen, denkt sie. Sie will sich zunächst allein Klarheit verschaffen. Alles, was mit Fragen des Glaubens zu tun hat, macht angreifbar und sehr verletzlich. Um sich zu schützen, schottet Charlotte sich ab. Sie verbringt so viel Zeit wie möglich allein in ihrer Wohnung, lesend. Einzig der Freundin Edel vertraut sie sich an. Die hatte sofort nach ihrer Rückkehr aus Griechenland gemerkt, dass etwas Existentielles geschehen war. Edel zeigt großes Interesse an der Orthodoxie. Wie Charlotte stammt sie aus einer kinderreichen protestantischen Familie, und wie diese sucht sie leidenschaftlich nach etwas, das sie vollkommen erfüllt.
Eigentlich hatte Charlotte vor, nach der Zwischenprüfung für ein Auslandsjahr nach China zu gehen, um sich dort mit chinesischer Kalligraphie und Kunst zu beschäftigen. Das notwendige akademische Stipendium ist bereits genehmigt, einen Sprachkurs in Chinesisch hat sie im Sommer vor der Studienfahrt nach Naxos erfolgreich absolviert. Doch die Reise nach Asien erscheint ihr jetzt so überflüssig wie der Schmuck oder die alten Schallplatten. In China würde sie alles verlieren, was sie in Griechenland gefunden hat. Kurzentschlossen sagt sie den Aufenthalt ab. Es ist eine der letzten Entscheidungen, die sie allein und ohne Rücksprache mit Vater Dionysios trifft. Sobald sie sich seiner Führung anvertraut hat, wird sie bei jeder Reise, jeder Begegnung, jeder Anschaffung seine Zustimmung einholen.
Doch in diesen Tagen ihrer Entscheidung kann Charlotte nicht mit Vater Dionysios sprechen, der ist längst

wieder auf dem Athos, da gibt es kein Telefon, und die Ära des Mobilfunks liegt noch in der Zukunft. Einmal schickt sie einen Brief auf den Athos, aber eine Antwort kommt nicht. Das macht ihr nichts aus, denn Charlotte weiß, dass sie ihren Weg allein finden muss. Zu viel steht auf dem Spiel, als dass sie sich jetzt beeinflussen oder bevormunden lassen dürfte. Ihr Entschluss muss aus eigenem Antrieb fallen, so einsam sie sich dabei fühlen mag und so mühsam das ist.

In ihrer freien Zeit liest Charlotte die Bibel, zum ersten Mal komplett. Und sie vertieft sich in ein Buch, das sie in der Bibliothek von Ormylia gefunden hat. Es ist die Lebensgeschichte des Starez Siluan – eines Bauernsohns, der im 19. Jahrhundert auf den Berg Athos kam und sich dort zunächst handwerklichen Arbeiten widmete. Dann zog er sich in die Einsiedelei zurück, um über Askese und intensives Gebet eine besondere Beziehung zu Gott zu entwickeln. Er durchlief alle Stufen des Mönchlebens bis hin zum Starez. Das Wort kommt aus dem Russischen und bedeutet wie das griechische Geronda wörtlich übersetzt »der Ältere«, es meint eine geistliche Autorität im Range eines Heiligen. Heute gilt Starez Siluan als einer der bekanntesten geistlichen Väter der Ostkirche.

Es beeindruckt Charlotte, wie ein einfacher Mensch ohne jede theologische oder philosophische Vorbildung so weit auf dem geistigen Weg vorankommen kann. Und es gefällt ihr, wie der Starez junge Gläubige anleitet und führt. Sie spürt, dass sie in Vater Dionysios einen solchen geistlichen Lehrer gefunden hat. Gierig saugt sie Siluans Schilderung seiner asketischen Übungen und daraus resultierenden mystischen Erfahrung auf.

Gebannt liest sie vom »Herzensgebet«, einem Kernstück der orthodoxen Spiritualität. Das Herzensgebet ist aus dem fünften Jahrhundert überliefert, als ein russischer Vagabund in der unendlichen Weite Russlands unterwegs war, um so etwas wie absolute Wahrheit oder ewige Heimat zu finden. Der Vagabund nimmt sich vor, fortlaufend zu beten. Er beginnt damit, ununterbrochen den Namen Jesus anzurufen, und fügt später die Worte *Herr Jesus Christus, erbarme Dich meiner* hinzu. Der kurze Text wird später als »Gebet im Geist« oder »Jesusgebet« bekannt werden, das fromme Menschen überall und zu jeder Zeit beten, meistens stumm. Charlotte projiziert ihre eigene Suche auf den Vagabunden. Hier in Berlin, dieser weitgehend atheistischen Stadt, fühlt sie sich mit ihrer Sehnsucht nach einer direkten Verbindung zu Gott so einsam wie Siluan in der russischen Steppe. *»Wenn die Gefühle eingeschlossen sind in Schweigen, so siehst du, welchen Schatz deine Seele verborgen in sich trägt«,* schreibt sie in ihrer schwungvollen Schrift, die immer noch ein bisschen an die Schrift eines Kindes erinnert, auf die Aufschlagsseite von Siluans Erinnerungen. Das Zitat hat sie bei dem heiligen Isaak dem Syrer gefunden, einem orthodoxen Bischof aus dem 7. Jahrhundert, der sein Amt nach fünf Monaten niederlegte, um als Einsiedler und Mystiker zu leben.

Mit Siluans Form intensiver Sinnsuche kann Charlotte sich identifizieren. Das Beten inspiriert sie – jetzt, da sie in Griechenland eine Spur aufgenommen hat und allmählich die Zusammenhänge versteht. Im Kunststudium setzt sie sich ohnehin ständig mit Intuition und Inspiration auseinander, es gehört zum Handwerk, das eigene Innenleben für den Gestaltungsprozess auszubeuten. So gesehen liegen Kunst und Religion gar nicht so weit auseinander: Wer sich ins Gebet vertieft, sucht nach den eigenen Quellen – nach Inspiration.

Charlotte verschlingt Heiligenbiographien und andere authentische Berichte über den orthodoxen Glauben. Instinktiv zieht sie die anschaulichen Lebensgeschichten lexikalischen Erklärungen oder trockenen Lehrbüchern vor. Ihre Lektüre bleibt nicht folgenlos, alle Gewissheiten geraten ins Wanken. Im Dezember 1987 schreibt sie ihren Eltern: *»Wie soll man glauben, man könne sich ein Bild von der Realität machen, indem man sie abbildet? Ich glaube nicht mehr, dass Kunst ein Lebensinhalt sein kann, der wirklich glücklich macht. Vielleicht kann man der Realität – oder dem Sinn des Lebens – tatsächlich nur nahekommen, indem man sie wirklich lebt.«* Die Eltern sind ratlos, sie verstehen nicht, was gemeint ist – doch der nächste Satz ist glasklar: *»Es ist mein großer Wunsch, diese Weihnachten in der orthodoxen Kirche zu verbringen und die eigentliche Bedeutung von Weihnachten zu verstehen.«* Das sitzt. Es gehört zu den stillen Erwartungen der Eltern, dass die Kinder Weihnachten nach Hause kommen – zumindest jene, die nicht im Ausland leben und noch keine eigene Familie haben. Es ist ein ungeschriebenes Gesetz dieser Familie, die so viel Wert auf Zusammenhalt legt, sich wenigstens einmal im Jahr möglichst komplett zu versammeln. Es kostet Charlotte einige Überwindung, sich nach Griechenland abzumelden. Sie ahnt, dass diese Nachricht große Unruhe auslösen wird. *»Ihr braucht Euch keine Sorgen zu machen, dass ich* *jetzt alles stehen und liegen lasse und nach Griechenland gehe. Ich bin gerührt – aber in schöner Weise. Verzeiht, dass ich so still und traurig wirke«,* schließt sie den Brief.

Das Weihnachtsfest in Griechenland bringt Bewegung in Charlottes unklare Situation. Sie beschließt, ihr Studium abzubrechen und nach Athen zu ziehen. Zu Jahresbeginn sucht sie das Gespräch mit ihrem Kunst-Professor David Evison. Doch der Professor rät ihr, zunächst zwei Urlaubssemester zu nehmen und die Entscheidung erst nach Jahresfrist zu treffen. »In einem Jahr kannst du immer noch aufhören«, sagt er, »oder, wenn sich deine Haltung ändert, zurückkommen und weiterstudieren.« Charlotte willigt ein – obwohl sie sich bereits vollkommen sicher ist, dass sie niemals nach Deutschland zurückkehren wird. Den Eltern schreibt sie: *»Es ist mir sehr wichtig, Euch zu erklären, was ich beschlossen habe. Es ist ganz klar, dass ich im Kunststudium nicht weiterkommen kann. Ich will Griechisch lernen und dann Theologie studieren.«*
Kurd und Luise Stapenhorst versuchen, Charlotte umzustimmen. Insgeheim haben sie mit Veränderungen gerechnet, denn sie spüren bereits seit einiger Zeit, dass ihre Tochter in Berlin unglücklich ist. Aber der Umzug nach Griechenland ist doch keine Lösung! Sie verstehen Charlotte nicht. Sie, die sich das Studium an der Kunsthochschule hart erkämpft und dort so viel Zuspruch bekommen hat – sie war doch auf einem guten Weg. Warum gilt das plötzlich alles nichts mehr? Welches Berufsziel hat sie vor Augen, wie will sie ihr Leben finanzieren, was gibt ihr Sicherheit?

»Wie stellst du dir deine Zukunft vor?«, fragt Luise. Wie immer, wenn die Mutter sich in den Weg stellt, reagiert Charlotte bockig. Gar nichts stellt sie sich vor. Sie muss nach Griechenland, das ist sicher. Von dort aus wird sich alles Weitere fügen.

Die Eltern lassen Charlotte ziehen. Sie sorgen sich um die Zukunft der Tochter, doch sie wollen sich dem willensstärksten und dickköpfigsten ihrer sechs Kinder nicht in den Weg stellen. Noch hoffen sie, dass Charlottes Studienaufenthalt in Griechenland nur eine Episode bleibt.

Am 19. Februar 1988 zieht Charlotte nach Athen. Sie ist jetzt 23 Jahre alt. Zunächst wohnt sie, auf Vermittlung von Vater Dionysios, bei einer älteren Dame. Charlotte ist voller Enthusiasmus. Weil sie die Sprache noch nicht versteht, verlässt sie sich auf ihre Sinneseindrücke. In ihrem ersten Brief nach Hause schreibt sie: *»Die Sonne strahlt mittags hell gegen die weißgetünchten Kirchen. So ein kraftvolles Licht! Man kann gar nicht lange hinschauen. Ich würde so gerne byzantinische Gesänge lernen, weil ich sie so schön und rein finde. Sie haben so viel Zeitloses und Wahres an sich und drücken gleichzeitig so viel Leid und Freude aus. Ich empfinde sie wie einen Spiegel der menschlichen Seele.«*

Am Anfang ihres orthodoxen Lebens steht eine Art Generalreinigung: Die 23-Jährige beichtet Vater Dionysios ihr Leben – das heißt, sie bringt vor dem Geistlichen alles zur Sprache, was ihr auf der Seele brennt. In ihrer Lebensbilanz geht Charlotte bis in die Kindheit zurück. Sie thematisiert kleine und große Kränkungen, die sie anderen zugefügt hat. Spricht alles aus, was sie bedrückt. Die Beichte dauert mehrere Stunden,

Charlotte hat sich zur Vorbereitung auf einem Zettel Stichworte notiert. Danach fühlt sie sich grenzenlos erleichtert. Sie ist innerlich bereit für den Neuanfang.
Sie beginnt ihre religiöse Lehrzeit mit der für sie typischen Energie und Entschlossenheit. Von der orthodoxen Kirche wird Charlotte als Katechumenin anerkannt – als Neuling, der zum Glauben hingeführt wird. Sie erhält den Namen Dionyssia – ihr Schutzpatron ist der heilige Dionysios, auch der Heilige der Vergebung genannt, weil er dem Mörder seines Bruders verziehen hat. Jetzt darf sie die Ikonen küssen.
Mit dem Eifer einer Konvertitin lernt Charlotte-Dionyssia in rasendem Tempo Griechisch – die Sprache ist ihr Schlüssel zur Zukunft. Zudem lernt sie auch das Unausgesprochene zu verstehen – die Feinheiten des Umgangs miteinander, etwa die Kommunikation mittels kleiner Geschenke. Anfangs gibt es Missverständnisse, und Charlottes unverblümte deutsche Art kollidiert mit dem Taktgefühl der Griechen. Sie lernt, dass »ja« nicht immer »ja« heißen muss, und legt schrittweise ihre deutschen Prinzipien ab. Fast alles an der griechischen Mentalität erscheint ihr nachahmenswert, denn sie hat sich noch nie so wohl in einem fremden Land gefühlt wie hier – nicht in England, Frankreich und schon gar nicht in den USA. Es gefällt ihr, dass Religiosität hier im Alltag gut sichtbar ist. Man begegnet überall Priestern und stößt in jedem Dorf auf eine Kirche. Anders als in Deutschland sind diese Kirchen sogar voll besetzt. Fast jeder in Griechenland ist orthodox und besucht regelmäßig den Gottesdienst, auch die jungen Leute. Wenn jemand umzieht, lässt er das neue Haus von einem Geistlichen weihen. Auf Charlotte

wirken die Menschen auf schlichte Art weise und lebensklug. Sie strahlen eine Zufriedenheit aus, die nicht auf Erfolg und Leistung gründet. Das empfindet sie als angenehmen Kontrast zum Leben zu Hause in Deutschland.

Einen Monat nach ihrer Ankunft eröffnet Charlotte den Eltern die Entscheidung, die sie selbst schon längst getroffen hat. Sie zieht den Brief einem persönlichen Gespräch vor, denn er schafft Distanz und sie kann ihre Worte mit Bedacht wählen. Sie schreibt: *»Mir geht es sehr gut. Ich bin so glücklich und dankbar, hier sein zu dürfen, denn es gibt so viel Schönheit, so viel Reines und Wahres zu entdecken.*
Ich musste Berlin und mein Kunststudium verlassen, weil ich die Kunst, so wie wir sie im Westen verstehen, als Abklatsch tatsächlicher Schönheit und Gnade empfinde, die uns hindert, zum Eigentlichen und Wirklichen vorzudringen. Das geschah alles wie von selbst, aus einer inneren Notwendigkeit heraus. Da gab es keine Zweifel – nur Sehnsucht und Verlangen, alles Eigene aufzugeben, um mich ganz und gar dieser Schönheit hingeben zu können.
Ich habe Momente höchsten inneren Glücks und gleichzeitig inneren Friedens erlebt nach einem neunstündigen, nächtlichen Gottesdienst, als wir morgens aus der kleinen, dunklen, mit Kerzenlicht beleuchteten und nach Weihrauch duftenden Kirche nach draußen kamen. Es war gerade hell geworden, der frühe Morgen so rein, der Himmel klar und tief blau, und alle Menschen traten heraus in den Tag mit Gesichtern, die innere Liebe und Ruhe ausstrahlten. Sie waren müde und erschöpft von der nächtlichen Feier, aber doch wie neugeboren. Jung und alt zusammen,

Brüder und Schwestern vereint in ihrer Sehnsucht nach dem Göttlichen. Ich weiß jetzt, dass ich mich orthodox taufen lassen möchte, weil es die Orthodoxie ist, in der ich mich zu Hause fühle und geborgen.
Ich möchte Nonne in Ormylia werden, dem Kloster, welches ich als Erstes besucht habe. Dort lebt genau der Geist, den ich suche und an den ich mit ganzem Herzen glaube. Der Geist, den ich zuallererst durch Pater Dionysios verkörpert gesehen habe.«
Charlottes Brief trifft die Eltern im Mark. Ist das tatsächlich ihre Tochter, die hier schreibt? Ist das ihre pragmatische, nüchterne Charlotte, die plötzlich so überschwänglich von Liebe, Herz und überirdischer Schönheit spricht? Die in Griechenland Nonne werden will – orthodoxe Nonne? Die sich taufen lassen will, obwohl sie längst getauft ist? Charlotte geht ins Kloster. Damit hat niemand gerechnet.
Charlottes Wandel ist nicht nur im getragenen Tonfall zu spüren. Auch ihre Schrift hat sich geändert. Die einst schwungvolle Handschrift wirkt plötzlich starr und unpersönlich, wie gestochen. Dafür gibt es eine einfache Erklärung: Charlotte ist auf Druckschrift umgestiegen, weil man in Griechenland ihre Handschrift nur mit Mühe entziffern konnte. Doch diesen pragmatischen Grund kennt in der Ferne niemand. Die Familie interpretiert das veränderte Schriftbild als Ausdruck einer tiefen Wesensveränderung. Man ist alarmiert.
Kurd und Luise erschrecken über die Fremdheit, die ihnen aus Charlottes Brief entgegenschlägt. Wer steckt dahinter – eine Sekte? Ein Seelenfänger? Ihr Argwohn richtet sich auf Vater Dionysios, von dem Charlotte

nach ihrem ersten Griechenlandaufenthalt so angetan berichtet hat. *»Nie zuvor habe ich einen so menschlichen Menschen getroffen wie Vater Dionysios«,* hatte sie geschrieben. Der Mann ist ihnen überaus verdächtig.

Das Wiedersehen

In der »Präsidentensuite« des Klosters klebt ein gewaltiger Schwarm dicker schwarzer Fliegen an der Deckenlampe. Das kaltglänzende Messing des Leuchters hat sie angelockt. Wie tot hängen die Fliegen da, sie sind Vorboten des nahenden Winters in Karditsa.
Es ist Anfang November. Auf dem samtbezogenen Sofa der Sitzgruppe kann man gut lesen, dort habe ich mich mit einem Buch niedergelassen. Eine Fenstertür führt auf einen geräumigen Balkon hinaus, von dort blickt man über Felder und Privathäuser hinüber zur Schnellstraße. Im Hintergrund erhebt sich eine Bergkette. Irgendwo dort drüben, in den Ausläufern der Berge, befinden sich die Meteora-Klöster – eine sagenhafte Anlage aus rund 20 Klöstern und Einsiedlereien, die im 14. und 15. Jahrhundert erbaut wurden. Alle Gebäude sind auf steil in die Höhe ragenden Felsen errichtet worden, und bei dunstigem Wetter scheint es, als würden sie in der Luft schweben. Es ist nicht lange her, da waren die Klöster nur über Netze zu erreichen, in denen sich die Mönche gegenseitig hinauf- und hinunterzogen. Heute sind Treppenstufen in die Felsen hineingeschlagen.
Es sind mythische Orte. Vater Dionysios begann dort

siebzehnjährig als Novize sein Mönchsleben und fand in Vater Aemilianos, dem damaligen Abt des Großen Meteora-Klosters, seinen Lehrmeister. Auch Charlotte suchte als Novizin mehrmals die Abgeschiedenheit in Agios Stefanos, einem Frauenkloster der Meteoragruppe, um dort die Sprache zu lernen und sich in die Orthodoxie zu versenken.

Die »Präsidentensuite« befindet sich direkt neben Diodoras Zelle. Wir haben den gleichen Blick in die Berge und teilen uns denselben Balkon. Nur eine dünne Wand trennt uns, und doch scheint sie mir unerreichbar. Nie würde ich es wagen, spontan über den Balkon zu ihr hinüberzugehen und an der Scheibe zu klopfen, wie man es unter alten Freundinnen vielleicht machen würde. Diodora ist eine hohe Würdenträgerin in diesem Kloster. Jede Schwester beugt sich tief vor Diodora nieder, berührt mit der rechten Hand den Boden und küsst ihr dann die Hand. Unzählige Male am Tag werden diese ehrerbieterischen Gesten ausgeführt – mit so selbstverständlicher Leichtigkeit, dass sie nicht unterwürfig wirken, sondern würdevoll und elegant. Für Außenstehende wie mich verstärken sie die Aura der Unnahbarkeit, die Diodora umgibt. Wenn ich sie in ihrem Alltag beobachte, ist meine Freundin mir fremd. Vor allem im Gottesdienst erkenne ich sie kaum wieder. Da wirkt sie entrückt, und ihre Stimme klingt merkwürdig klagend, wenn sie auf Griechisch Passagen aus dem Gebetbuch rezitiert.
Es hat mich überrascht, wie leicht wir miteinander ins Gespräch gekommen sind nach all den Jahren. *»Welch große Freude, nach so langer Zeit wieder von Dir zu hören.*

Ich freue mich, dass Du nach Griechenland kommen möchtest, und erwarte Dich so sehr. So wirst Du unser Leben hier mit Deinen eigenen Augen und Deinem Herzen erfahren«, hatte Diodora auf meine E-Mail geantwortet, mit der unser Wiedersehen eingeleitet wurde. Auch wenn sich ihre Ausdrucksweise sehr verändert hatte, spürte ich, dass sie sich freute. In der Ankunftshalle des Athener Flughafens dauerte es nur Sekunden, bis meine Augen die Freundin fanden. Ich erkannte sie an ihrer Statur, obwohl ihre schlanke, hochgewachsene Gestalt komplett unter der schwarzen Nonnentracht verborgen war. Nur das Gesicht war zu sehen, ihr leuchtender Teint und die großen braunen Augen. Wir umarmten uns, ich wollte sie küssen und traf unbeholfen ihren Schleier. Diodora lachte und sagte: »Schön, dass du endlich kommst.« Dann fuhren wir ins Kloster.

Sie steuerte entspannt zurückgelehnt das kleine blaue Auto, Sonnenbrille, Handy und Cola Light in Reichweite. Wir sprudelten. Es war wie früher, wenn wir uns nach den großen Ferien wiedersahen und jede Menge zu erzählen hatten. Im Schnelllauf spulten wir uns durch die vergangenen Jahre und setzten uns gegenseitig über die wichtigsten Entwicklungen ins Bild. Vor über zwanzig Jahren hatte ich meine Freundin in Deutschland zuletzt gesehen. Damals trug sie noch keine Nonnentracht und hieß nicht Diodora. Beide hatten wir damals gerade unsere Ausbildung beendet und machten zaghaft erste Schritte in unserer jeweiligen Laufbahn: Ich als Zeitungsreporterin in Berlin, sie als Novizin in Jerusalem. Unser Treffen fand in Berlin statt, ich hatte Charlotte in meine Wohnung zum Essen eingeladen. Ich weiß nicht, worüber wir uns damals unterhielten, wir blendeten das heikle Thema Kloster aus und redeten höflich aneinander vorbei. Ich stellte keine Fragen und sie erklärte nichts. Nach dem Essen bestand sie darauf, den Abwasch zu machen. Sie wusch alles mit ihren bloßen Händen, ohne Schwamm oder Bürste. Das Bild, wie sie mit ihren langen schmalen Fingern die Pfanne reinigt, hat sich mir fest eingeprägt.

Jetzt, auf unserer Autofahrt ins Kloster, öffneten wir uns erstaunlich schnell. Wenn man sich einmal so verbunden war wie wir als Kinder, hält die Nähe offenbar ein Leben lang. Wie bei Geschwistern. Zunächst wärmten wir uns auf unverfänglichem Terrain auf. Ich fragte, ob sie inzwischen auf Griechisch träume oder noch auf Deutsch.

»Griechisch! Aber ich zähle immer noch auf Deutsch. Das geht schneller.«

Wir sprachen über ihre neue Heimat. Diodora erzählte, dass sie sich in Griechenland vom ersten Moment an wohlgefühlt hatte. Sie schwärmte von der Wärme und Würde der Menschen. »Ich habe mich gefragt, woher das kommt, und dann habe ich gemerkt, dass es an der orthodoxen Lebensweise liegt. Hier in Griechenland sind fast alle Menschen gläubig. Glaube bildet den Menschen, Glaube erzieht.«

Ich nickte zustimmend, obwohl ich ihren Enthusiasmus nicht ganz nachvollziehen konnte.

»Hast du noch Zeit für die Kunst?«, wechselte ich das Thema.

»Kommt drauf an, was man darunter versteht. Ein Kloster aufzubauen ist auch Kunst, finde ich. Mit Menschen zu arbeiten ebenso!«

Bereits eine gute Stunde nachdem wir Athen verlassen hatten, kamen wir zum Wesentlichen.
»Warum bist du ins Kloster gegangen?«
»Klöster bieten die intensivste Form geistigen Lebens. Es ist das kompromissloseste Leben und es führt zu größtmöglicher Freiheit.«
»Hast du deinen Schritt jemals bereut?«
Diodora schüttelte energisch den Kopf. »Zweifel hatte ich nie. Aber es gab Schwierigkeiten, das schon.«
»Was ist zum Beispiel schwierig?«
»Der Kampf mit mir selbst. Man muss sich erst von allem entfernen, um sich dann wieder annähern zu können. Das Band zur Familie durchschneiden, um frei zu sein. Ich bin jetzt nicht mehr in erster Linie die Tochter meiner Mutter.«
Mich überraschte die Ungerührtheit, mit der sie diesen Satz aussprach. Doch vor allem freute ich mich über die Offenheit meiner Freundin, denn vor meiner Ankunft hatte ich befürchtet, wir würden vielleicht in höflichen Floskeln erstarren. Schon beim Packen hatte sich gezeigt, dass ich eine Reise ins Ungewisse antrat. Ich war unsicher, was ich mitnehmen sollte für meine Expedition in geistliches Gebiet. Die üblichen Jeans? Bequeme Sachen oder eher etwas Korrektes? Ich entschied mich für unauffällige Kleidung und achtete darauf, genügend warme Sachen einzupacken. Im Kloster, fürchtete ich, ist es kalt.
In letzter Sekunde stopfte ich einen wadenlangen Rock in den Koffer und ein Buch, in dem Frauen porträtiert werden, die Mütter sind und Karriere machen. Dieses Reizthema meiner Generation würde uns beide ins Gespräch bringen können, falls es mal stockte, hatte

ich gedacht. Vor Sprachlosigkeit fürchtete ich mich am meisten – davor, dass wir Interesse heucheln müssten, weil es an Verständnis und Einfühlungsvermögen füreinander fehlt. Röcke trage ich gewöhnlich selten, aber im Kloster würde ich womöglich einen brauchen. Ich nahm mir vor, mich nur so weit anzupassen, wie es Höflichkeit und gegenseitiger Respekt geboten.

Es klopft an meiner Zimmertür. Schwester Anastasia erscheint mit einer Klatsche, um die Fliegen zu vertreiben. Schwester Anastasia stammt aus Georgien und spricht so gut Englisch, dass wir uns mühelos verständigen können. Sie ist eine rundliche, sehr gemütvolle Frau mit wachen blauen Augen. Ihr Gesicht ist so offen wie das eines Kindes, man kann gut darin lesen. Anastasia ist das Enfant terrible der Gemeinschaft – ein eigenwilliger Dickkopf. Sie wirkt spontaner als die übrigen Schwestern. Einmal beobachte ich, wie sie sich gegen ein Auto wirft, welches rückwärts ausparkt und dabei beinahe Diodora gestreift hätte. Anastasia würde keine Sekunde zögern, ihr Leben zu geben, um das ihrer Gerondissa zu retten. Es scheint, als nähme sie das Klosterleben ausschließlich Diodoras wegen in Kauf. »I am here to love her and to protect her«, sagt Anastasia. Sie hält es für ihre Berufung, meine Freundin zu beschützen.

Anastasia steigt auf einen Stuhl und schwingt die Klatsche. Die Fliegen stieben auseinander und verteilen sich im Raum, zu Hunderten sitzen sie an Wänden und der Zimmerdecke, auf Schranktüren und Gardinen. Jetzt schlagen wir gemeinsam um uns, ohne nennenswerten Erfolg. »Wir werden sie auffressen!«,

ruft Anastasia und holt einen Staubsauger. Mit der Düse schluckt sie Fliege um Fliege. Als ich ihr nach getaner Arbeit Schokolade anbiete, lehnt sie dankend ab. Auch dafür gibt es im Kloster eine Regel: Geschenke werden bei der Äbtissin abgegeben, die sie bei Gelegenheit an die Gemeinschaft verteilt.
Ich frage Anastasia, was sie für charakteristisch an Diodora hält.
»Sie ist hundertprozentig gehorsam gegenüber Geronda. Wenn er sagen würde, sie solle bei Rot über die Ampel gehen, würde sie das blindlings tun.«
Ob ich Geronda kenne, will Anastasia wissen. Nein, sage ich, aber ich würde ihn gerne kennenlernen.
»Offenbar ist es gar nicht so leicht, ihn zu treffen. Was soll ich tun?«, frage ich.
»Sag doch einfach, du möchtest bei ihm beichten«, schlägt sie vor. Ich wechsle rasch das Thema. Bevor ich beichten muss – beziehungsweise eine Beichte simulieren muss, denn ich weiß gar nicht, wie das geht –, möchte ich erst alle anderen Möglichkeiten einer Kontaktaufnahme ausschöpfen.
Später sehe ich Anastasia beim Essen wieder, jetzt sitzt sie mit ihren Schwestern an einem langen Tisch. Auf weißem Wachstuch stehen einfache, zumeist sehr kohlehydrathaltige Gerichte: Kartoffeln und Nudeln, Kohl in allen möglichen Variationen, zum Nachtisch Früchte aus dem Garten. In Gedanken wünsche ich mir Namensschilder mit den Namen der Schwestern. Es dauert lange, bis ich mir die fremd klingenden Namen einprägen und den vielen Gesichtern zuordnen kann. Da ist Schwester Rahil. Sie kommt aus Russland, hat dort als Äbtissin ein Kloster geleitet und alles auf-

gegeben, nachdem sie Vater Dionysios kennenlernte. Gemeinsam mit ein paar anderen Schwestern folgte sie ihm nach Griechenland und begab sich unter die Obhut von Diodora. Rahil wirkt sehr ernst und legt ihre Stirn oft in Falten, als sei sie ständig in Sorge. Neben Rahil sitzt Lavrentia, die ebenfalls aus Russland kommt. Lavrentia ist eine hochaufgeschossene magere junge Frau. Sie wirkt scheu und zurückhaltend, was vor allem daran liegt, dass sie noch kaum Griechisch spricht und sich in der Gemeinschaft nur unzureichend verständigen kann. Als eine Art persönliche Assistentin der Äbtissin kümmert sie sich um deren praktische Belange – reinigt beispielsweise das Zimmer, räumt auf und trägt Diodoras Aktentasche. Die Norwegerin Thavoria sitzt mit am Tisch – jene Freundin, die vormals Edel hieß und nach deren Vorbild Charlotte während ihres Kunststudiums zur Bildhauerei wechselte. Nachdem Edel durch Charlotte die Orthodoxie und Vater Dionysios kennengelernt hatte, folgte sie der Freundin ohne Umschweife nach Griechenland. Die gemeinsame Erfahrung des Übertritts und Neuanfangs hat die beiden fest zusammengeschweißt.

Thavoria hat auffallend große Hände und erledigt vorzugsweise handwerkliche Arbeiten, die in der Gemeinschaft anfallen. Um ihre Augen haben sich feine Lachfältchen gebildet, sie wirkt verschmitzt und weniger mystisch als die anderen. Neben ihr sitzt Dimitra, eine Deutsche, die schon sehr lang zur Gemeinschaft gehört. Dimitra steckt voller Ideen und Pläne, sie ist ein sehr begeisterungsfähiger Mensch. Vor einem Pult steht Schwester Serafima und liest während der Mahlzeit aus Heiligengeschichten. Serafima ist Russin und zurzeit zum Kochen eingeteilt. Sie scheint ihre Gerondissa noch ein kleines bisschen mehr zu verehren als die anderen jüngeren Schwestern und ist mit Feuereifer bei der Sache. Manchmal kichert sie wie ein unsicherer Teenager und errötet dann aus Verlegenheit. Ein weiterer Tisch steht parallel zu dem der Schwestern, dort haben Hausgäste, Helfer und Novizinnen Platz genommen. Quer zu den beiden langen Tischen steht am Kopfende ein schmaler Tisch. Dort sitzt Diodora, allein. Sie isst langsam und führt jeden Bissen bedächtig zum Mund – ein Vorbild an Konzentration und Disziplin. Mit der quirligen Charlotte aus meinen Kindertagen hat sie in diesem Moment nichts gemein. Als Kind habe ich oft bei ihr zu Hause gegessen. Charlotte hat fünf Geschwister, und ihre große Familie war schon damals, in den siebziger Jahren, eine Rarität. In den meisten Familien, die ich kannte, gab es zwei oder drei Kinder, höchstens mal vier. Aber sechs auf einen Schlag! Das war etwas Besonderes. Ich staunte über die Mengen an dampfenden Schüsseln, die auf den Tisch kamen, und über den straff organisierten Ablauf des Essens. Beides erforderte das Leben der Großfamilie. So gesehen unterschied sich Charlottes Elternhaus nur wenig von ihrem späteren Alltag im Kloster. Eine Glocke in der Diele rief zu Tisch. Die Mittagsmahlzeit war in der Familie heilige Pflicht – wer nicht teilnehmen konnte, musste sich abmelden. Das Tischgebet gehörte zu den unumstößlichen Ritualen, der Küchendienst ebenso. Jeden Tag war eines der Kinder zum Aufdecken, Abräumen und Abwaschen eingeteilt. Wer bei Tisch aufstehen wollte, hatte höflich darum zu

bitten. Die Eltern wurden mit »Vater« und »Mutter« angesprochen, das beeindruckte mich, denn ich kannte eine solche Förmlichkeit nicht. Es klang altmodisch und überaus sachlich. Es passte zu dieser Familie, deren Geist klar war und nüchtern. Im Kloster findet dieser klare und regelmäßige Geist seinen Widerhall.
Wie ernst meine Freundin jetzt beim Essen schaut. Ist sie glücklich? Und – wie kam sie bloß dazu, ihr altes Leben gegen dieses hier einzutauschen? Das will ich während meines Besuches herausfinden.
Kennengelernt hatte ich Charlotte als ähnlich schwächelnde Christin, wie ich es war. In unserer Kindheit spielte der Glaube keine große Rolle. Wir wurden beide protestantisch erzogen, das heißt, wir gingen Weihnachten in die Kirche. Mein Vater war zwar getauft worden, aber meine Großeltern traten aus vorauseilendem Gehorsam während des Nazi-Regimes aus der Kirche aus. Später unternahm mein Vater mehrere Anläufe, zum Glauben zurückzufinden – ohne Erfolg. Gut möglich, dass sich seine Sehnsucht nach Religiosität auf mich übertragen hat. Meine Mutter gab ihren Kinderglauben an meinen Bruder und mich weiter. Wir lasen manchmal in einer Kinderbibel und sprachen gelegentlich vom »lieben Gott«.
Bei Charlotte zu Hause wurden christliche Alltagsrituale gepflegt. Sonntags zog der Vater gelegentlich ein Buch mit Bibelversen hervor, und vor dem Einschlafen betete er mit jedem einzelnen seiner sechs Kinder am Bett. Der Kirchgang war freiwillig, und keines der sechs Kinder riss sich darum. Mit vierzehn besuchten Charlotte und ich den Konfirmandenunterricht, und in dieser Zeit gingen wir oft in die Kirche, wo wir

hauptsächlich mit Lachanfällen kämpften: Eine schaute die andere an und wir prusteten los. Der tiefere Sinn der Konfirmation blieb uns verborgen. Die Geschenke waren wichtig und was wir anziehen sollten an diesem Tag.

Religiosität fand in unser beider Leben vor allem in Form der christlichen Familienfeste statt. Gut, Charlottes Eltern waren aus vollem Herzen evangelisch, beide stammten aus Familien, die den protestantischen Glauben seit Generationen aufrichtig pflegten. Aber von der Super-Religiosität, wie sie meine Freundin heute lebt, war ihr liberales Elternhaus Lichtjahre entfernt.

Taufe

Am 18. April 1988, dem orthodoxen Ostermontag, legt Charlotte-Dionyssia in Israel an der Stelle, wo der Überlieferung nach Jesus getauft wurde, Rock und Bluse ab. Jetzt steht sie im Badeanzug am Ufer des Jordans und wird von Despina, einer griechischen Freundin, von Kopf bis Fuß mit Öl eingerieben. Ein Priester fragt dreimal, ob sie den Teufel zurückweisen wird, und sie antwortet dreimal mit Ja. Um ihre Bereitschaft zu unterstreichen, spuckt sie ein mal auf den Boden und macht einen Kniefall. Der Priester fragt wiederum dreimal, ob sie Christus nachfolgen will, und wieder sagt sie dreimal Ja. Dann steigt sie in den Fluss und der Priester taucht sie komplett unter Wasser, dreimal macht er das. Als sie aus dem Wasser kommt, zieht man ihr die Kleider und darüber eine weiße Jacke an, auf die nassen Haare bekommt sie ein weißes Häubchen gesetzt. Dann nimmt der Priester die Heilige Salbung vor. Er segnet ihren Kopf, den Mund, die Augen und die Ohren, damit sie Christus mit allen ihren Sinnen erkennen kann. Er sagt, du bist gesegnet und wirst Christus dienen und ihm folgen. Dann schneidet er ihr mit einer Schere ein paar Haare in Form eines Kreuzes ab – nicht viele Haare, nur eine

Andeutung. Eine bleistiftdünne Kerze haltend, spricht Charlotte-Dionyssia das Nicänische Glaubensbekenntnis. Jetzt ist sie orthodox getauft. Das Bad im Wasser steht symbolisch für die Reinheit und Unschuld, mit der sie ihr zweites Leben beginnt.

Die Freundin Edel, Charlottes Verbündete an der Kunstakademie in Berlin, ist überraschend angereist. Edel war gerade zu Besuch bei ihrer Familie in Sunnmøre, einer Fjordregion an der südwestlichen Küste Norwegens. Nichtsahnend wählte sie eine Athener Telefonnummer, die Charlotte mit der Bitte um einen Rückruf hinterlassen hatte, als sich Vater Dionysios am Apparat meldete. Die beiden plauderten ein bisschen, dann fragte der Priestermönch: »Dionyssia wird am Montag in Israel getauft. Willst du kommen?« Edel antwortete: »Ja, natürlich«, und flog am folgenden Tag nach Tel Aviv.

Charlotte hatte Vater Dionysios bereits bei einer ihrer ersten Begegnungen darum gebeten, orthodox getauft zu werden. Sie wusste von Anfang an, erst die Taufe würde ihr die entscheidende Tür zur Orthodoxie öffnen. Nun, endlich, ist ihr Wunsch erfüllt worden. Der Vorschlag von Vater Dionysios, sich während einer Reise ins Heilige Land taufen zu lassen, kam überraschend. Eine Woche lang ist sie mit einer Gruppe geistiger Kinder Gerondas in Israel unterwegs. Von Flug bis Bustransfer ist alles bestens organisiert, man schläft in Klöstern oder einfachen Hotels und besichtigt die heiligen Stätten.

Charlotte-Dionyssia ist glücklich. Mit der Taufe ist sie ihrem Ziel ein großes Stück näher gekommen. Zudem hat es eine besondere Bedeutung, direkt an der biblischen Stätte getauft zu werden statt etwa in einer Athener Kirche oder einem Kloster ihrer neuen Umgebung. Despina, ihre Taufpatin, hat ihr bei der Vorbereitung geholfen, sie hat viele Fragen beantwortet und erklärt, wie man sich in der Kirche angemessen verhält. Despina hat eine Zeit lang in Deutschland gelebt und spricht sehr gut Deutsch, was die Dinge erleichtert. Trotz aller Freude erlebt Charlotte-Dionyssia die Taufe mit tiefernstem Gesicht. Auf einem Foto von der Zeremonie wirkt sie angespannt. Als würde sie ahnen, dass der Weg, den sie gewählt hat, mühsam wird.

Bevor sie zurück nach Jerusalem fährt, besichtigt die kleine Taufgesellschaft ein Kloster in Galiläa. Am Abend gibt es in Jerusalem wie üblich ein einfaches Essen – kein festliches Mahl wie damals, bei der protestantischen Taufe von Charlotte, zu der sich, wie es in der Familie Tradition ist, die nahen Verwandten versammelten. Am nächsten Tag nimmt Charlotte-Dionyssia an der Liturgie im griechisch-orthodoxen Patriarchat von Jerusalem teil und erhält zum ersten Mal das heilige Abendmahl.

Wenige Tage vor ihrer Taufe hat Charlotte-Dionyssia ihre Eltern angerufen. Kurd und Luise arbeiten gerade im Garten ihres Ferienhauses in der Provence, als das Telefon klingelt. »Nächste Woche werde ich im Jordan getauft. Wollt ihr nicht nach Israel kommen, um dabei zu sein?«

Die beiden schauen sich ungläubig an. Wie weltfremd der Gedanke ihrer Tochter doch ist, man könne kurzerhand von einem provenzalischen Nest nach Tel

Aviv gelangen. Dass man alles stehen und liegen ließe, um freudig dem Kind nachzureisen, das im Begriff ist, sich drastisch von der Familie zu lösen. Zumal im kommenden Monat ohnehin ein Besuch der Eltern in Athen geplant ist, die Flüge sind längst gebucht. Auf Kurd und Luise wirkt der überraschende Anruf an diesem Aprilnachmittag wie eine Pflichtübung. Sie vermuten, jemand habe Charlotte aufgetragen, die Eltern zu informieren und sie einzuladen. Wahrscheinlich Geronda, wer sonst. Die beiden ringen sich ein paar freundliche Worte ab und setzen ihre Gartenarbeit in Frankreich fort.

Charlottes Entscheidung, zu konvertieren und Nonne zu werden, hat die Eltern tief gekränkt. Diese radikale Abkehr vom westlichen Lebensstil erscheint ihnen wie ein Vorwurf, das Verhalten der Tochter wirkt aggressiv, fast wie ein Angriff. Kurd und Luise sehen darin Kritik an sich selbst und fühlen sich gründlich in Frage gestellt. An was hat es dem Kind bloß zu Hause gefehlt? Vielleicht haben sie in der Erziehung etwas versäumt?

Kurd trifft es, dass sich Charlotte ein zweites Mal hat taufen lassen – sie ist doch längst als Christin getauft. Warum erkennen die Orthodoxen die evangelische Taufe nicht an und warum ordnet sich Charlotte dieser Regel so bereitwillig unter? Kurd geht die Sache inhaltlich an, er wappnet sich für die Auseinandersetzung mit theologischen Argumenten und will die Tochter von den Vorzügen des Protestantismus überzeugen. Die Orthodoxie erscheint ihm als rückwärtsgewandt und von der Gegenwart abgekoppelt. Wie soll man die Probleme der modernen Welt lösen, wenn man so lebt wie vor 2000 Jahren? Er findet das alles realitätsfern und viel zu irrational. Vor allem die Heiligenverehrung, ein zentraler Punkt der Orthodoxie, ist dem Herzchirurgen suspekt. Er glaubt nicht an Wunder, das steht fest. Und ihn kränkt Charlottes Begeisterung darüber, einen »geistlichen Vater« gefunden zu haben. Sie hat doch schon einen Vater, einen echten.

Luise reagiert emotional und weint viele Tränen über Charlottes abrupte Wandlung. Sie glaubt die Tochter für immer verloren, wenn sie ins Kloster geht. Doch sie nimmt sich vor, mögliche Auseinandersetzungen keinesfalls eskalieren zu lassen. Luise will der Tochter immer die Rückkehr in die Familie ermöglichen, egal was passiert. Niemals die Tür zuschlagen. Von dieser Haltung wird sie sich über viele Jahre hinweg leiten lassen. Auch Kurd bemüht sich um Verständnis, wenngleich ihm sein Jähzorn gelegentlich in die Quere kommt. Einige Male wird er im Affekt mit der Tochter brechen und behaupten, er könne mit ihr nichts mehr zu tun haben, wenn sie weiterhin an dieser Lebensform mit diesen Leuten in dieser Art festhielte. Doch sein Zorn auf die geliebte Tochter währt nie lange.

Zurück in Athen berichtet Charlotte-Dionyssia ihren Paten in Deutschland in Briefen von ihrem Übertritt. Eine gute Woche ist seit ihrer orthodoxen Taufe vergangen. Die Briefe geraten zu einer Art Abschiedsbrief, in dem Charlotte Resümee zieht – als spräche sie abschließend jemandem ihren Dank aus. Jetzt hängt sie den Namen Dionyssia nicht mehr wie bisher an

Charlotte an, sondern stellt ihn voraus. Die Rangfolge hat sich durch die Taufe verändert.

Charlottes Schreibstil unterscheidet sich fundamental von den lebhaften Berichten, die sie noch kurz vorher nach Deutschland geschickt hat. Sie wählt Formulierungen, die gestanzt klingen, und schlägt einen ungewohnt salbungsvollen Ton an. *»Bei allem Glück und aller Freude über meine Entscheidung für das monastische Leben spüre ich gleichzeitig tiefe Dankbarkeit für alles, was mir die Eltern und auch Du gegeben habt. Ich spüre die Gnade, die mir durch Euch, die Lieben, den Frieden und die heile Erziehung geschenkt worden ist.*

Ich bin Dir so dankbar, weil ich durch Deine Gebete und Deine Gewissenhaftigkeit, mit der Du Dein Patenamt ausgeübt hast, wahrhaftig auf Gottes Weg geleitet worden bin. Sei ganz herzlich gegrüßt von Deiner Dionyssia-Charlotte«, liest Patenonkel Wilhelm Rimpau staunend in Berlin. Mit Bleistift notiert er unter dem Brief *»Nachschlagen, was Dionyssia bedeutet«*. Es ist der spontane Versuch, die Wucht von Charlottes Entscheidung mit lexikalischem Wissen abzufedern. Rimpau, ein Cousin von Charlottes Mutter, ist engagierter Arzt. Seine bürgerlichen Wurzeln hat er im Sog der 68er-Jahre abzustreifen versucht, als er gegen Nachrüstung und für alternative Energiequellen demonstrierte und in der Medizin nach ganzheitlichen Ansätzen suchte. Dieses Spannungsfeld von Bürgertum und Reformeifer hat sein Verhältnis zu Charlotte sehr geprägt. Rimpaus äußerlich sehr konservative Erscheinung – er trägt einen Siegelring und raucht Pfeife, seine Haare sind ordentlich auf der Seite gescheitelt – steht in starkem Kontrast zu seinen liberalen Ansichten. Innerlich ist er einfühlsam und weich. In ihm findet Charlotte einen Verbündeten, der sie nach der Taufe in ihrer Entscheidung bestärkt. Rimpau orientiert sich an der Ernsthaftigkeit seiner Patentochter. Er spürt, dass sie in Griechenland eine neue Selbstgewissheit gefunden hat, die auf dem Gefühl des Auserwähltseins gründet. Er bewundert Charlottes Konsequenz. Darin ist sie vielen Menschen überlegen – nicht zuletzt ihm selbst, der als Sechzehnjähriger versucht war, Benediktinermönch zu werden, jedoch auf halber Strecke stecken blieb. Inzwischen ist Rimpau aus der Kirche ausgetreten, weil es ihn ärgert, wie viel Kraft und Geld dort sinnlos in Bürokratie versenkt wird.

Zur selben Zeit liest Patentante Irene Steinbeis den Brief aus Griechenland. Sie wundert sich, dass sie jetzt wieder mit »Tante Irene« angesprochen wird, obwohl man sich längst auf den Vornamen ohne Zusatz geeinigt hatte. *»Ich finde im orthodoxen Glauben so viel Licht, Wahrheit und Leben, so viel Schönheit und so viele Antworten. Ganz von selbst werden lauter Fragen von früher plötzlich irrelevant.*

Am Ostermontag letzter Woche bin ich im Jordan orthodox getauft worden. Es ist mir sehr wichtig, Dir dies mitzuteilen, weil ich mich Dir nahe fühle und ich auch das Gefühl habe, dass Du mich durch Dein Patenamt und Deine Gebete wirklich auf den Weg zu Gott gebracht hast. Ich fühle, dass ich Dir all die Schönheit dessen, was ich in der Orthodoxie finde, verdanke, und ich durch Deine Sorge und Liebe überhaupt erst auf die Suche gegangen bin. Ich bin Dir so dankbar, was Du mir gegeben hast und für die Ernsthaftigkeit, mit der Du Dein Patenamt ausgeübt hast«, schreibt Charlotte. Irene ist Luises jüngere Schwester. Ihr Verhältnis zu Charlotte war bislang mehr von Freundschaft als von Respekt geprägt, die beiden trennen nur 15 Jahre Altersunterschied. Charlottes Brief erscheint ihr aufgesetzt – er wirkt in seiner Überschwänglichkeit hilflos. Als müsse sie sich selbst in Begeisterung versetzen, um sich den Ungläubigen der alten Welt verständlich zu machen und gleichzeitig die eigene Unsicherheit niederzukämpfen. Irene ahnt, dass ihre entschlossene Patentochter nicht mehr umzustimmen ist. Sie beschließt, so engen Kontakt wie möglich mit Charlotte zu halten, denn sie will diesen Menschen nicht verlieren. Als sie kurze Zeit später Charlotte bei einem Wiedersehen fragt, warum sie Nonne werden will, lächelt diese nur und bleibt stumm. Niemand erhält eine konkrete Antwort auf diese Frage, man kann lediglich mutmaßen und versuchen, einzelne Puzzleteile zu einem verständlichen Ganzen zusammenzusetzen. Irene ist der Überzeugung, dass das Kunststudium Charlottes Wandlung ausgelöst hat. Durch das Gefühl der Unausgefülltheit ist ein Vakuum entstanden, das sie für Vater Dionysios und den orthodoxen Glauben höchst empfänglich gemacht hat. Irene kennt ihr Patenkind als sehr kopfbetonten Menschen – als jemanden, der sich verschließt und seine Gefühle zurückhält, gleichzeitig aber sehr mitfühlend ist. Sie kann gut nachvollziehen, dass so jemand auf die Farbigkeit und Intensität der orthodoxen Liturgie anspringt – wie etwa Paul Gauguin auf die exotische Schönheit Tahitis.

Irene und Wilhelm haben ihr Patenamt so ausgefüllt, wie aufgeklärte Protestanten das gewöhnlich tun – indem man den Weg des Täuflings freundschaftlich begleitet, wachsam ist und für mögliche Krisensituationen in der Familie als Vermittler und Zuflucht bereitsteht. Man schickt Geschenke zum Geburtstag und zu Weihnachten, führt Gespräche und begleitet das Kind in seiner Entwicklung, gelegentlich gibt es Geld. Regelmäßige Gebete für das Patenkind, wie Charlotte sie in ihren Briefen voraussetzt, sind die Ausnahme. In ihren Briefen stilisiert Charlotte Tante und Onkel zu Idealen, die mit der Realität wenig zu tun haben. In gewisser Weise kündigt sie Wilhelm und Irene einseitig die Patenschaft auf. Sie dankt für die Hilfestellung auf dem Weg zur Orthodoxie – ihrem eigentlichen Weg, dem einzig richtigen Weg. Es klingt, als begänne ihr eigentliches Leben erst jetzt in Griechenland – als sei die Zeit in Deutschland nur ein Vorspiel gewesen, aus ihrer Sicht der neuen Pracht unterlegen. Die in respektvolle Dankbarkeit verpackte Überheblichkeit vergiftet das Klima zwischen Charlotte und den Eltern. Giftig wirkt auch der Satz, den Luise wenig später von einem orthodoxen Bischof hört: Sie könne froh sein, dass wenigstens eines ihrer Kinder auf dem rechten Weg sei.

Charlotte stürzt sich erwartungsvoll in die Orthodoxie, diese neue, fremde, betörende Welt. Ihr starker Wille und Ehrgeiz, die beiden ewigen Begleiter, treiben sie leidenschaftlich voran. Wie immer will sie alles richtig machen – richtig im Sinne ihres geistigen Vaters. Ihm ist sie absolut gehorsam und ergeben. Sie weiß, dass sie jetzt alle Energie braucht, um sich auf den Übergang ins neue Leben zu konzentrieren. So eine Entscheidung kostet Kraft, da hält ein pragmati-

scher Mensch wie sie sich nicht lange mit Erklärungen auf. Charlotte duckt sich weg. Sie kappt radikal ihre freundschaftlichen Verbindungen zur alten Welt. Vielleicht findet sich später Zeit zur gemeinsamen Aufarbeitung, hofft sie, wahre Freundschaften halten das aus. Meine Tochter ist kopf- und herzlos, denkt Luise in dieser Zeit.
Unter den alten Studienfreunden macht bald das Wort »Gehirnwäsche« die Runde – man hat den Eindruck, Charlotte schraube ihre intellektuellen Fähigkeiten herunter, um sich vor Selbstzweifeln zu schützen. Freunden, mit denen sie vor kurzem noch nächtelang über die Existenz Gottes diskutiert hat, bleibt sie plötzlich Antworten schuldig. »Ich habe Gott gefunden«, lautet die Standardantwort, mit der Charlotte freundlich lächelnd jeden Skeptiker abspeist.

Einen Monat nach Charlottes orthodoxer Taufe kommen die Eltern zu Besuch nach Griechenland. Zum ersten Mal haben sie nach all der Aufregung Gelegenheit, in Ruhe mit Charlotte zu sprechen. Inzwischen dämmert ihnen der Ernst der Lage und sie ahnen, dass Griechenland keine Episode im Leben ihrer Tochter bleibt, sondern deren Zukunft ist. Sie nehmen sich vor, all ihre Zweifel und Einwände gründlich zur Sprache zu bringen.
Als Luise ihre Tochter in Athen wiedersieht, schreckt sie zurück. Vor ihr steht ein Mädchen in knöchellangem Rock und bequemen flachen Schuhen, die Haare mit Klemmen achtlos hinters Ohr gesteckt. Blass sieht sie aus, reizlos und bieder. Dieses Mädchen soll Charlotte sein? Luise hat ein Bild ihrer Tochter aus den

letzten Tagen Berlins vor Augen, da saß Charlotte drahtig auf einer Leiter in ihrem Atelier, die langen Beine in verwaschenen Jeans, darüber einen bretonischen Fischerpullover. Sie sah verwegen aus und burschikos, eine starke Person. Und jetzt wirkt sie plötzlich verletzlich wie ein graues Mäuschen. Allein die Augen funkeln wie früher, und das ist ein Trost. Das Wiedersehen nimmt Luise den Mut. Dieser Augenblick ist schmerzhafter als alles, was noch kommt. Viel schmerzhafter als der Moment, in dem sie ihre Tochter erstmals in Nonnentracht sehen wird.
Charlottes veränderte Art, sich zu kleiden, spiegelt ihren Rückzug in eine archaische Welt wider. In dieser Welt ordnen sich Frauen ihren Männern unter. Das Ideal sind biblische Verhältnisse. Charakterlich ist Jesus das Vorbild, körperlich sind es Engel. Die Nonnen wollen schweben, möglichst unsichtbar. Alles wollen sie, bloß nicht auffallen.
Charlotte hat für den Besuch der Eltern ein umfangreiches Programm vorbereitet. Das Hotelzimmer, das Kurd und Luise von Deutschland aus reserviert haben, hat sie ohne deren Wissen abgesagt. Stattdessen bringt sie die Eltern im Haus jener Griechin unter, bei der sie selbst zur Untermiete wohnt. Das hat die Hausherrin so angeboten, sie selbst schläft auf dem Sofa. Schlüge man ihr freundliches Angebot aus, würde man ihre Gastfreundschaft verletzen. Kurd und Luise fügen sich, obwohl sie die erholsame Distanz eines Hotels dem privaten Quartier vorzögen. Im Gegenzug wird Charlotte die Griechin zum nächsten Weihnachtsfest mit nach Deutschland bringen. Widerstand ist zwecklos.

Charlotte bummelt mit den Eltern in der Altstadt, besucht Museen und Restaurants, führt sie in Klöster und Kirchen. Zum ersten Mal sehen sie, wie ihre Tochter die Hand anderer Nonnen küsst. Es behagt ihnen nicht. Ebenfalls zum ersten Mal erleben sie eine orthodoxe Liturgie. Es überrascht die beiden Protestanten, dass der dreistündige Gottesdienst praktisch nur aus Gebet, Lesungen und Gesang besteht und ganz ohne Predigt auskommt. Am Ende fühlen sie sich müde vom stundenlangen Stehen und benebelt vom Weihrauch, der wieder und wieder geschwenkt wird.
Charlotte hat Termine bei griechischen Gelehrten vereinbart, die sehr gut Deutsch sprechen. Die Gespräche mit den kultivierten und gebildeten Menschen nehmen Kurd und Luise die Angst, sie sei einer obskuren Sekte verfallen, hofft sie. Der Plan geht auf. Die Eltern verlassen Griechenland einigermaßen beruhigt. Immerhin wissen sie jetzt, dass ihre Tochter in einem soliden Umfeld aufgehoben ist. Sie können nachvollziehen, dass die Orthodoxie durch die Unmittelbarkeit und Intensität ihrer Riten Charlotte Identifikationsmöglichkeiten bietet, die sie zu Hause, im Westen, nicht findet. Aber die Furcht, den Kontakt zur geliebten Tochter zu verlieren, bleibt bestehen.
Indessen erhofft sich Charlotte mehr als nur Verständnis, sie möchte Anerkennung. *Irgendwann,* schreibt sie erwartungsvoll in einem Brief nach Hause, *werdet Ihr stolz auf mich sein.*

Familienbande

Charlotte und ich begegneten uns Mitte der siebziger Jahre in der Schule. Wir waren beide zehn Jahre alt und lebten in Homburg, einer kleinen Universitätsstadt im Saarland. Beide kamen wir aus Wissenschaftlerfamilien, ihr Vater war Herzchirurg, meiner Neuroradiologe. Charlotte kam neu an meine Schule, und als der Lehrer sie vorstellte, es war die erste Klasse im Gymnasium, fühlte ich mich sofort zu ihr hingezogen. Sie sah so erwachsen aus mit ihrem bunten, keck um den Hals gebundenen Seidenschal und wirkte ungeheuer selbstbewusst. Wir freundeten uns sofort an und wurden in kurzer Zeit unzertrennlich. In den Ferien hielten wir Kontakt über lange Briefe, und wenn eine von uns krank war, kam die andere nach der Schule vorbei und erstattete am Krankenbett detailliert Bericht.

Wir ergänzten uns durch Gegensätze: Ich hatte Ideen und Charlotte führte sie aus. Ich war der *tomboy*, die Burschikose – sie war zart und voller Anmut. In mir glaubte der Sportlehrer ein Talent im Kugelstoßen zu erkennen, mit Charlotte studierte er eine Kür am Schwebebalken ein. Ich aß ihre mit butterweichem Camembert beschmierten Schulbrote auf, sie benutzte meine teuren Pastellkreiden zum Zeichnen. Ich lieh ihr meine Bücher aus, und sie zeigte mir, wie man strickt.

Als wir jünger waren, gründete unsere Freundschaft auf gemeinsamen Aktivitäten. Freundschaft bedeutete in dieser Zeit, möglichst viel zusammen zu unternehmen. Wir gingen in Turnverein und Schwimmclub, machten Ballett, und nebenbei tauschten wir Briefmarken oder Reklameaufkleber, züchteten Meerschweinchen und fuhren nach der Schule oft Rollschuh auf den glatten Steinplatten vor der Universitäts-Anatomie. Manchmal gingen wir dort hinein, um schaudernd Embryos zu betrachten, die in Glasbehältern als Lehrmaterial für Studenten konserviert wurden.

Eine Zeit lang stellten wir uns mit Staffeleien in die Landschaft und malten. Auslöser war eine Kandinsky-Retrospektive, die wir gesehen hatten – die erste große Ausstellung, zu der uns die Eltern mitnahmen. Wir zogen in weißen Arztkitteln auf ein Feld und imitierten Kandinskys geometrische Formen. Die Zukunft als berühmte Künstler schien in greifbarer Nähe, doch dann verlor ich die Lust und schenkte meine Ölfarben Charlotte, deren Kunstinteresse stetig wuchs. Als Schülerin absolvierte sie alle möglichen Kurse in Zeichnen, Töpfern und Malen, nahm an kleinen Wettbewerben teil und entwickelte in ihrer Kunstfertigkeit ein beachtliches Niveau.

In den Teenagerjahren mischte sich ein bisschen Wettbewerb in unsere Freundschaft. Bis dahin hatten wir allenfalls verglichen, wer brauner aus dem Sommerurlaub kam oder wer in den Skiferien mehr Schnee hatte, nun begannen wir uns aneinander zu mes-

sen. Wer war in der Schule besser in Englisch und wer bekam beim Abschlussball den attraktiveren Tanzpartner? Nichts blieb unbemerkt zwischen uns. Indirekt spornten wir einander an.
Charlotte erbte von ihren zwei älteren Brüdern perfekt eingetragene Jeans und frisierte Mofas. Jeden Morgen fuhr sie auf dem Mofa bei uns zu Hause vor, ich hielt mich an ihrer Schulter fest und ließ mich auf dem Fahrrad zur Schule ziehen. In der Schule traten wir als Duo Infernale auf – zwei vorwitzige Halbwüchsige, deren Selbsteinschätzung zwischen kolossalem Größenwahn und pubertärem Irrsinn schwankte. Wie üblich in Jugendfreundschaften suchten wir in einander das, was wir an uns selbst vermissten. Mich zog Charlottes Selbstvertrauen an, ihre Unbefangenheit und ihr Optimismus. Sie wirkte sehr eins mit sich selbst, handelte frei und aus dem Bauch heraus, während ich verkopft und ein bisschen steif war. Oft stand ich mir selbst im Weg. Charlotte orientierte sich an meiner Nachdenklichkeit. Sie amüsierte sich über die Skepsis, mit der ich die Welt betrachtete. »Man muss doch nicht so ein Riesentheater um alles machen!« und »Ich verstehe nicht, warum sich alle immer so viele Sorgen machen« sind typische Sätze aus Briefen, die sie mir in den frühen Teenagerjahren schrieb.
Auch das Gegensätzliche unserer Elternhäuser zog uns wechselseitig an. Ich wuchs überbehütet auf, sie wurde früh zur Eigenverantwortlichkeit erzogen. Mir gefiel die Geschäftigkeit ihrer Großfamilie, und sie schätzte die Überschaubarkeit bei mir zu Hause, wo sich die Aufmerksamkeit der Eltern auf nur zwei Kinder konzentrierte. Charlotte beeindruckte das Stilbewusstsein

meiner Mutter – eine sehr gepflegte Frau, die großen Wert auf Formen legt. Ich genoss die pragmatische Geradlinigkeit von Charlottes Familie und fühlte mich in der Menge geborgen.

Wir erlebten als Kinder eine sehr heile Welt. Insbesondere Charlottes Familie ist stark im Bürgertum verwurzelt. Die Wertvorstellungen ihres Vaters Kurd wurden unter anderem von dem Theologen und NS-Widerstandskämpfer Martin Niemöller geprägt, der ihn konfirmierte. Der Großvater väterlicherseits, ein hoher Beamter, wurde vom Dienst suspendiert, weil er den Nationalsozialisten als »missliebige Person« erschien. Die Großmutter galt als sehr fortschrittliche Frau – sie war eine der ersten Medizinstudentinnen Berlins und sie rauchte. Kurd Stapenhorst, heißt es in der Familie, erkannte seine Mutter in Charlotte wieder.

Charlottes Mutter Luise wuchs in einem Militärhaushalt auf. Ihre Kindheit verbrachte sie während des Krieges in einem vornehmen Herrenhaus in Sachsen-Anhalt. »Disziplin ist eine Wohltat für alle«, gehörte zu den Kernsätzen von Charlottes Großvater mütterlicherseits, der nach dem Krieg eine steile Karriere in der NATO machte. Tatkraft war das oberste Gebot dieses resoluten Mannes. Wer bei ihm Anklang finden wollte, musste die Ärmel hochkrempeln und sichtbar etwas leisten. Die geistige Auseinandersetzung mit der Welt über Kunst, Musik und Literatur zählte für ihn hingegen weniger.

Das Schöngeistige fand Charlottes Mutter in Kurd verkörpert, den sie mit 22 heiratete. Kurd verband den stark beanspruchenden Beruf des Mediziners mit viel

Sinn für Kunst und Kultur, er war das Gegenteil eines Fachidioten und pflegte neben der geistigen Arbeit eine weiche, empfindsame Seite. Er besuchte bei jeder Gelegenheit Konzerte und Ausstellungen, sammelte Kunst und engagierte sich für Amnesty International und Aktion Sühnezeichen, später auch für die Ärzte gegen den Atomkrieg. Seine jüngere Tochter Friederike beschreibt ihn als jemanden, »dem es nicht wichtig ist, ob er beim Spielen gewinnt«. Mir erschien er früher liebenswert versponnen. In Erinnerung geblieben sind mir vor allem Puppenhäuser und Ritterburgen, die er seinen Kindern eigenhändig schreinerte, und Collagen, die er in den Sommerferien aus Strandgut fertigte.

Kurd war 15 Jahre älter als Luise und erfolgreich als Arzt etabliert, als die beiden eine Familie gründeten. Auf den ersten Blick hatte Kurd, ein schmächtiger und empfindsamer Mann, wenig mit seinem stattlichen Schwiegervater, dem General, gemeinsam. Wie dieser verfügte er jedoch über eine enorme Willensstärke und Energie – so viel Willensstärke und Energie, dass daraus gelegentlich Hitzköpfigkeit und Dogmatismus erwuchsen. In der Familie würde Luise seine Sturheit später durch Besonnenheit ausgleichen. Beides findet sich in der ältesten Tochter wieder: Charlotte ist gleichzeitig diplomatisch und beharrlich, sie vereint die Willensstärke des Vaters mit der mütterlichen Disziplin.

In jungen Jahren war es Luises Wunsch gewesen, Medizin zu studieren, doch nach dem Krieg fehlte das Geld für die lange Ausbildung. Also entschied der Vater, sie solle eine Ausbildung zur Krankengymnastin machen. Die zahlte sich schnell aus, und Luise konnte mit Anfang zwanzig für sich sorgen. Doch ihr Herz schlug nicht für diesen Beruf – noch lange würde sie dem Traum vom Medizinstudium nachhängen. Jung flüchtete sich Luise in die Familiengründung und brachte in sieben aufeinanderfolgenden Jahren sechs Kinder zur Welt. Dass sie als Vollzeitmutter zu Hause blieb, verstand sich damals von selbst.

Charlotte wurde am 21. August 1964 als drittes Kind geboren – nach zwei Söhnen endlich das ersehnte Mädchen. Noch auf der Entbindungsstation in Göttingen malte sich die Mutter aus, wie schön sie ihre Tochter anziehen und ihr die Haare schmücken würde. Weit kam sie damit allerdings nicht – schon als Kleinkind bestimmte Charlotte unerbittlich selbst, was sie anzog und was nicht. Auch die dünnen braunen Haare ließ sie sich nicht schneiden, sondern bestand darauf, sie in mickrigen Zöpfen lang zu tragen. Diskutieren war zwecklos. Das Kind ließ seinen Willen nicht beugen und wusste schon früh, was es wollte. Einmal, sie muss um die sechs Jahre gewesen sein, hinterließ Charlotte ihrer Mutter einen Zettel mit den Worten »Ich habe die Nase fol« und verschwand. Ein anderes Mal musste sie auf der Polizeistation eingesammelt werden, nachdem sie sich auf einem Familienspaziergang abgeseilt hatte, weil sie nicht mit den anderen in der Gruppe laufen wollte. Luise beschreibt Charlotte als das »mit Abstand dickköpfigste und eigensinnigste Kind von allen sechsen. Sie hatte immer präzise Vorstellungen davon, was sie wollte.« Keine schlechten Voraussetzungen, um einen so radikalen Schritt zu gehen, wie sie ihn später vollzieht.

In Charlottes Kindheit – den sechziger und siebziger

Jahren – kamen antiautoritäre Erziehungsmodelle wie A.S. Neills Schulmodell »Summerhill« sowie Thomas Gordons »Familienkonferenz« in Mode. Charlottes Eltern sprangen begeistert auf die zwanglosen Prinzipien an – endlich eine Chance, die preußische Strenge der eigenen Kindheit zu überwinden. Sie träumten von einem offenen Haus, in dem diskutiert und sich gegenseitig widersprochen wurde – ganz anders, als sie selbst es in ihrer Jugend erlebt hatten. Charlotte und ihre Geschwister wuchsen ohne Verbote und Strafen auf. Auch Belohnungen gab es keine – höchstens mal ermunternde Worte. »Ich wollte eine tolle Mutter sein, die alles erlaubt und alles versteht«, beschreibt Luise ihre Mutterrolle. Sie verband diese Rolle mit hohen Idealen, wollte die Kinder ihren eigenen Weg finden lassen, nichts vorgeben, nichts erzwingen. Ihnen Schutz geben und sie gut versorgen, klar. Aber sie in ihren Entscheidungen möglichst wenig beeinflussen. Die Eltern bauten darauf, den Kindern mit der eigenen rechtschaffenen und tüchtigen Lebensweise Vorbild genug zu sein. Man würde gar nicht viel vorschreiben müssen, so ihre Hoffnung, die Kinder würden instinktiv die Familienprinzipien übernehmen. Unterschwellig spürten die Kinder zu Hause hohe Erwartungen. Es verstand sich von selbst, dass man seine Zeit sinnvoll nutzt und Wirkung zeigt.

Selbständigkeit galt als höchster erzieherischer Wert in Charlottes Elternhaus. Die Kinder wurden sehr früh motiviert, eigene Urteile und Entscheidungen zu fällen – etwa durch regelmäßiges Kleider- und Taschengeld, das sich jedes Kind frei einteilen konnte. Wer mehr Geld brauchte, musste jobben. Schlechte

Schulnoten blieben zu Hause pädagogisch ohne Konsequenzen – sollten die Kinder doch selbst sehen, wie sie aus dem Schlamassel rauskamen. Gute Noten fielen auch nicht weiter auf.
Kurd und Luise bauten ihrem Nachwuchs ein warmes Nest – und sorgten gleichzeitig dafür, dass die Kinder es sich darin nicht zu bequem machten. Sie verschickten Charlotte und ihre Geschwister als kleine Kinder zu Verwandten und Freunden, um selbst auf Reisen gehen zu können. Die Kinder würden auf die Art früh lernen, sich in anderer Umgebung zurechtzufinden und zu behaupten, glaubten die Eltern.
Verzärtelt wurde in dieser Familie niemand, im Gegenteil. Als sich der jüngste Sohn Ferdinand einmal beim Schlittschuhlaufen am Kopf verletzte, nähte Vater Stapenhorst eigenhändig in der Klinik die Wunde. In seinen Lebenserinnerungen notierte er später voll Anerkennung: »Ferdinand verhielt sich mit seinen sieben Jahren musterhaft diszipliniert und ließ sich von mir ohne Mucks bar eines menschlichen Beistands die Wunde versorgen.« Zweifellos rüstete die Härte sich selbst gegenüber, die den Kindern auf den Weg mitgegeben wurde, Charlotte gut für die spätere Askese als Nonne.

Kurd Stapenhorst wurde erst mit 38 Vater, für damalige Verhältnisse ungewöhnlich spät. Jahrgang 1923, hatte er durch den Krieg, den er als Sanitäter und in Gefangenschaft verbrachte, viel Zeit verloren und seine Ausbildung erst spät begonnen. An der Front brachten ihm die Nebenwirkungen eines Antibiotikums ein unheilbares Ohrenleiden ein – Charlottes Vater hörte für den Rest seines Lebens schlecht. Das Kriegserlebnis hat ihn nicht verbittert, sondern im Gegenteil seinen Tatendrang gestärkt. Er war lebensfroh und voller Optimismus, gleichzeitig ernsthaft und sehr anspruchsvoll. Auch darin ist ihm Charlotte ähnlich.

Wie alle Arztkinder sahen Charlotte und ich unsere Väter selten. Patienten und Wissenschaft zogen viel von ihrer Hingabe und Energie ab. Uns Kindern widmeten sie sich hauptsächlich in den Ferien. Beide Väter arbeiteten wie besessen. Gingen morgens um halb acht aus dem Haus, erschienen kurz zum Mittagessen und ließen sich erst spätabends wieder sehen. Auch an den Wochenenden wurden Patienten versorgt – oder Vorträge verfasst und Bücher geschrieben. Zu Hause suchten sie Erholung von ihrem anstrengenden Beruf, zogen sich innerhalb der Familie jedoch oft zurück. Beide Väter suchten die Nähe zu ihren Kindern vornehmlich über den Intellekt. Sie gehörten nicht zu der Sorte, die mit dem Nachwuchs ins Fußballstadion geht, mit ihm rauft oder mal bis mittags im Bett herumlungert. Über dem Schreibtisch meines Vaters hing gerahmt ein Leitspruch, den er bei dem indischen Schriftsteller Rabindranath Tagore gefunden hatte: »Ich schlief und träumte, das Leben wäre Pflicht. Ich erwachte und sah, das Leben war Pflicht. Ich handelte und siehe, die Pflicht war Freude.« Auch Charlottes Vater lebte nach dieser Maxime.

Charlotte und ich fühlten uns den Vätern sehr verbunden – zu ihnen unterhielten wir innerhalb der Familie exklusive Beziehungen, von ihnen wurden wir nachhaltig geprägt. Den Vätern zu gefallen war ein starkes Motiv in unserer Entwicklung. Wir wollten die Erwartungen keinesfalls enttäuschen, der Wunsch nach Anerkennung stachelte unseren Ehrgeiz an. Frauen, lehrte mich mein Vater, dürfen nicht zimperlich sein und müssen auf eigenen Füßen stehen. Mehr als irgendwo sonst unterstützte er mich in meiner Ausbildung. Auch Kurd förderte Charlotte, wo immer es ging, sie war sein Augenstern, und er hegte große Hoffnungen für ihre Zukunft. Mit ihrem Kunststudium bediente Charlotte eine Seite, die ihr Vater selbst nie ausgelebt hatte. Sie verwirklichte seinen Traum.

Charlottes Familie war nicht konservativ, aber hierarchisch ging es sehr traditionell zu. Im Zweifelsfall hatte der Vater das letzte Wort, Gleichberechtigung war damals noch kein großes Thema – zumindest nicht in diesen Kreisen. Der Vater war Herr im Haus und führte die Familie, er war unangefochtenes Familienoberhaupt. Dies war die Ära der pflichtbewussten Ehefrau. Wie die meisten Frauen, die Ende der fünfziger oder Anfang der sechziger Jahre heirateten, war Luise übergangslos von einem Nest ins nächste geflogen. Anders als später die Generation ihrer Töchter hatte sie nie allein gelebt, sich nie ausprobiert, war sie nie auf sich selbst gestellt. Eigene Entscheidungen sollte sie erst nach dem Tod ihres Mannes treffen. Da war sie 68 Jahre alt.

Verschwendung und Überfluss waren in Charlottes Elternhaus verpönt. Man schwelgte nicht, sondern verband Wohlstand mit dem Prinzip Bescheidenheit. Teure Autos, kostbare Weine oder andere Statussymbole waren dem Universitätsprofessor und seiner Frau zuwider. Genuss war genauso wie Müßiggang verdächtig – in dieser Beziehung war man sehr protestantisch. Was keine Funktion hatte, galt als entbehrlicher Luxus. Schönheit allein war kein Wert, die Dinge mussten praktisch sein. Einzige Extravaganz war der Erwerb von Kunstwerken. Luxus leistete man sich im Laufe der Jahre allerdings in Form zweier Ferienhäuser – eines zum Skifahren in Österreich, das andere in Südfrankreich. Die Häuser sollten Treffpunkt für Kinder und Enkel sein und den Zusammenhalt der Familie fördern – ein Leitmotiv im Leben von Charlottes Eltern.

Die Familienbande waren ihnen heilig. Jeden Sommer verbrachte man vier Wochen an der See. Oft wurden riesige Häuser in der Bretagne gemietet, die sich die Familie mit Verwandten teilte. Auch Freunde der Kinder waren willkommen. Bei den Mahlzeiten saßen oft fünfzehn bis zwanzig Personen am Tisch, und nachts wurden gewaltige Matratzenlager gebaut. Zudem pflegte der Clan seinen Zusammenhalt auf regelmäßigen Familientagen. Auch Patenämter wurden untereinander verteilt und die Kinder wechselseitig verschickt. Charlotte half bei Umzügen oder nach der Ankunft eines Babys, sie strich Gartenzäune oder kochte für Cousins und Cousinen.

Mit fünfzehn führte sie zu Hause zwei Wochen lang, als die Eltern verreist waren, den Haushalt. Die Geschwister nannten sie »Hausmütterchen«, weil sie sich für alles verantwortlich fühlte und ein ausgeprägtes Pflichtgefühl besaß. »Mrs. Perfect« war ein weiterer Spitzname für Charlotte. In den Augen ihrer Geschwister und Freunde wirkte sie fehlerlos. Alles schien ihr ohne Anstrengung zu gelingen. Sie selbst beschreibt sich rückblickend als »mädchenhaft«. Während ihre burschikose Schwester auf Bäume kletterte, räumte Charlotte das Haus auf. Es gefiel ihr, »alles schön zu machen« – und diese Sehnsucht nach Schönheit zieht sich wie ein roter Faden durch ihr Leben. Als Kind flog sie auf Blümchenstoffe und Seifenduft, später auf Weihrauch und Ikonen. Das Kloster erschien ihr auch als Ort, der alles Hässliche und Vulgäre dieser Welt ausschließt. Ein Paradies.

Die Großfamilie hat Charlottes Charakter nachhaltig geprägt, sie vermittelte Sicherheit und entpuppte sich als guter Nährboden für das Leben im Kloster. Fünf Geschwister sind eine harte Schule. Im Umgang mit ihnen lernte Charlotte Durchsetzungskraft und Mitgefühl – zwei Qualitäten, die ihr späteres Leben bestimmen werden. Und sie lernte zurückzustecken. Sechs kleine Kinder waren innerhalb kürzester Zeit zur Welt gekommen und buhlten um die Nähe der Mutter. Irgendeins kam immer zu kurz. Luise konnte höchstens verhindern, dass es immer dasselbe war. Zu ihren Kindern hatte sie ein sehr sachliches Verhältnis, die preußische Generalstochter neigte nicht zum Überschwang. Wenngleich höchst empfindsam, hielt sie ihre Gefühle verborgen und ging wenig aus sich heraus. Zuneigung kommunizierte sie eher über Worte als über körperliche Nähe.

Als Kind bewunderte und fürchtete ich Charlottes Mutter gleichermaßen. Sie war eine energische Frau, sehr beherrscht und resolut. Ihre hohe Stirn und die schmalen Lippen hat Charlotte von ihr geerbt, wie diese lächelt sie oft mit geschlossenem Mund. Sie sprach

sehr deutlich und bestimmt, was enormen Eindruck auf uns Kinder machte. Manchmal wirkte sie ein bisschen schroff. Was sie sagte, war unmissverständlich und schien keinen Widerspruch zu dulden, sie verfügte über eine enorme natürliche Autorität. Luise spielte erstklassig Tennis und benutzte schöne altmodische Worte wie »töricht« und »tüchtig«. Ich erlebte sie nie zögernd oder unsicher, immer wirkte sie entschieden und klar. Ihren Humor verstand ich erst, als ich älter wurde, er war trocken und ein bisschen spöttisch.
Luise hatte immer viel zu tun. Über den Alltag der Großfamilie hinaus engagierte sie sich als Gesamt-Elternvertreterin am Gymnasium der Kinder und später in der FDP. Für jedes Kind führte sie ein »Lebensbuch«, in das relevante Briefe und Fotos geklebt und die Entwicklung der Kinder in kurzen Texten festgehalten wurde. Zu Hause sah man sie oft über Näharbeiten sitzen. Sie nähte ihren Töchtern Blusen oder flickte Kleidungsstücke, die unter den Kindern weitervererbt wurden. Manchmal wirkte sie angestrengt. Dann litt sie unter Migräne und vermittelte den Eindruck, es werde ihr alles zu viel. Als sei sie physisch zwar anwesend, innerlich jedoch ganz weit weg.

Charlotte und ich waren Wohlstandskinder, wir wuchsen privilegiert auf, aber das bemerkten wir kaum. Unsere Familien waren typisch für das Homburger Akademikerumfeld, aus dem wir stammten. Zwei Drittel der Kinder in unserer Klasse kamen aus Arztfamilien, die Nachbarn waren Ärzte, alle unsere Freunde waren Arztkinder, die Freunde unserer Eltern waren Ärzte, die meisten davon Professoren. Wir bewegten uns in einem mehr oder weniger geschlossenen System. Nicht nur die Väter, wir alle lebten in einem Elfenbeinturm. Alle Familien unserer Umgebung pflegten einen ähnlichen Lebensstil und bestärkten sich darin. Wir Kinder wurden in dem Bewusstsein groß, dass Väter abwesend sind und Mütter ihnen den Rücken freihalten.

Untereinander herrschte ein gnadenloser Wettbewerb. Wie ein feiner, unsichtbarer Schleier lag er über dem freundschaftlichen Miteinander der Familien. Die Väter konkurrierten um die größten Institute und deren bestmögliche Ausstattung mit Geräten und Personal. Die Mütter verfolgten aufmerksam, wer wo eingeladen wurde und welche Allianzen sich bildeten. Sie verglichen die eigenen Kinder mit denen der anderen. Wir mussten uns anstrengen, um mitzuhalten.

Lehrjahre

Im Herbst 1988 spricht Charlotte so gut Griechisch, dass sie sich als Studentin an der Athener Universität einschreiben kann. Auch Altgriechisch hat sie in den zurückliegenden Monaten gelernt, die Sprache des Neuen Testaments. Sie beginnt Theologie zu studieren, nebenbei lernt sie byzantinischen Gesang. Den braucht sie, um Gottesdienste mitgestalten zu können, denn orthodoxe Gottesdienste werden hauptsächlich gesungen.

Inzwischen sind die beiden Urlaubssemester an der Kunstakademie zu Ende gegangen. Charlotte reist nach Berlin, um mit ihrem Professor zu klären, wie es nun weitergehen soll. Ginge es allein nach ihr, dann hätte sie das Kunststudium längst geschmissen. Doch Vater Dionysios besteht auf einem Abschluss. Ihm ist es wichtig, dass seine geistigen Kinder gut ausgebildet sind und ihre Talente weiterentwickeln. Außerdem dient das Studium als Brücke zur Familie in Deutschland.

»Erinnern Sie sich?«, fragt Charlotte ihren Professor. »Letztes Jahr haben Sie mir geraten, zwei Urlaubssemester zu nehmen. Jetzt will ich weiterstudieren. Aber nicht in Berlin. Können Sie mir bitte dabei helfen, Theologie in Athen zu studieren und gleichzeitig meinen Abschluss als Bildhauerin zu machen?«

Der Professor, ein britischer Pastorensohn, zögert, lässt sich dann aber auf eine Art Fernstudium ein. Er hält Charlotte für außerordentlich intelligent und fleißig, schätzt ihre Hingabe. Es wird vereinbart, dass Charlotte ihm regelmäßig Fotos ihrer künstlerischen Arbeiten aus Griechenland schickt und er diese im Gegenzug schriftlich kommentiert. Charlotte setzt noch eine weitere Sonderregelung an der Kunsthochschule durch: Sie wird ihre Abschlussarbeit zusammen mit ihrer Freundin Edel im Team erstellen. Edel hat sich kurze Zeit nach Charlotte orthodox taufen lassen, sie heißt jetzt Ekaterina und wird als Nonne den Namen Thavoria erhalten.

Eine Abschlussarbeit zweier orthodoxer Novizinnen im Doppel – das gab es an der Kunstakademie noch nie. Doch das Projekt läuft schlecht an. Die beiden sind nicht ernsthaft genug bei der Sache. *»Ich fühle mich nicht qualifiziert, über die Arbeiten zu urteilen, denn offenbar geht es hauptsächlich um die Technik und Methoden von griechischer Ikonenmalerei. Davon verstehe ich nichts. Künstlerisch interessiert mich Deine Arbeit nicht. Es sind Übungen ohne jedes Zeichen persönlichen Ausdrucks, ohne jede Eigenart«*, kritisiert der Professor im Frühjahr 1989 ein paar Arbeiten, von denen Charlotte Fotos geschickt hat. Er schlägt vor, sie solle sich einen anderen Professor suchen. *»Dionyssia, bitte habe Verständnis dafür, dass ich Dich unter den Bedingungen, die Du vorgeschlagen hast, nicht weiter unterrichten möchte. Mir gefällt die Situation nicht, in die Du mich gebracht hast: Ich soll zustimmen, dass Du nebenbei ein bisschen*

Kunst machst, während Dein eigentliches Engagement Kirche und Theologie gilt.«
Der Warnschuss des Professors sitzt. Die beiden Studentinnen lassen sich auf Kurs bringen und beginnen, mit naxischem Marmor zu arbeiten – jenem Marmor, den Charlotte während ihres folgenreichen Studienaufenthaltes auf Naxos kennengelernt hat. Feine schwarze Adern durchbrechen den weißen Stein. Dieses Spannungsverhältnis von hell und dunkel führt zu interessanten Effekten. Je dünner man den Stein schleift, desto mehr Licht scheint hindurch. Mit diesen Lichteffekten experimentieren die beiden Studentinnen. Der Professor scheint zufrieden. In seinen Briefen kritisiert er allerdings regelmäßig, die Skulpturen wirkten zu gefällig und seien kaum mehr als wohlproportionierte Arrangements.
Vier Jahre lang pendelt Dionyssia zwischen Kunst und Theologie. Für ihre Ausbildung zur Bildhauerin verbringt sie mit Ekaterina regelmäßig längere Arbeitsperioden auf Naxos und fährt zu Blockseminaren nach Berlin. Den Aufwand für die Kunst hält Dionyssia möglichst gering, die Bildhauerei ist kaum mehr als eine lästige Pflicht. Sie bündelt alle Leidenschaft und Energie für das Theologiestudium und den orthodoxen Ritus.
Inzwischen wächst die Zahl der jungen Menschen, die sich um Vater Dionysios sammeln. Der Priestermönch lebt weiterhin zurückgezogen auf dem Athos und verlässt den Berg nur gelegentlich, um seine geistigen Kinder in Athen zu besuchen. Dort wohnen Dionyssia und fünf weitere Novizinnen erst zur Untermiete bei verschiedenen Familien, später zusammen

in einem Haus, das die Kirche zur Verfügung stellt. Im Gegenzug arbeitet Dionyssia dreimal pro Woche als Sekretärin bei einem Mitglied der Kirche, einem emeritierten Theologieprofessor. Neben ihren vielfältigen Studien renovieren und gestalten die Mädchen ihre Bleibe – das werden sie im Laufe der Jahre immer wieder aufs Neue tun, wenn es alte Klöster zu beleben oder neue aufzubauen gilt. Die Wohngemeinschaft in Athen ist eine Art monastisches Trainingscamp – es ist die Keimzelle der Schwesternschaft, der Charlotte später als Äbtissin vorstehen wird. Jeder bringt an Beziehungen und Talenten ein, was er zu bieten hat.
Immer wieder wendet sich Dionyssia mit praktischen Bitten an die Eltern. Mal werden Fieberzäpfchen für das kranke Kind einer Freundin, die sie an der Universität kennengelernt hat, gebraucht, dann fragt sie nach Birkenstocksandalen in verschiedenen Größen. Ein Dauerbrenner sind schwarze Kniestrümpfe aus reiner Baumwolle, die in Griechenland schwer zu finden sind. Luise, fest entschlossen, die Tochter nicht zu verlieren, schickt unermüdlich Päckchen. Einmal schreibt Dionyssia:
»Liebe Eltern, wir brauchen:
Laserdrucker
Elektrische Schreibmaschine
2 Telefonsysteme
50 Werkzeughaken.«
Einkünfte, etwa Stipendien oder Schenkungen aus den Familien, werden gemeinsam verwaltet und alle Arbeiten untereinander aufgeteilt. Ekaterina näht nächtelang auf der alten Nähmaschine von Dionyssias Großmutter liturgische Gewänder für Vater Dionysios und

seine Brüder. Despina, eine Griechin, bestickt die liturgischen Gewänder mit traditionellen byzantinischen Stickereien. Antigoni, ebenfalls Griechin, gibt Kindern Religionsunterricht. Mit im Haus wohnen zwei Frauen aus Naxos, 87 und 83 Jahre alt. Sie wollen, wie sie sagen, bei den Schwestern sterben. Auch Altenpflege gehört zum Programm der Mädchen.

In dieser Zeit schreibt Dionyssia lange Briefe nach Hause. Ihr Wille, die Familie in ihr neues Leben einzubeziehen, ist groß. Die Abstände zwischen den Briefen sind ziemlich lang, die Schilderungen sehr ausführlich. Euphorische Aufbruchstimmung prägt den Ton, manchmal auch Erschöpfung, gelegentlich Wehmut. Mal schwärmt sie diffus: *»Ich bin erfüllt mit Freude, Hoffnung, Kraft und Liebe. Alles erscheint so natürlich, vertraut und wahr«*, ein anderes Mal berichtet sie von konkreten Plänen wie dem Bau einer zweiten Toilette.

Fast flehentlich wirbt Dionyssia bei den Eltern um Verständnis. Ein Jahr, nachdem sie nach Athen gezogen ist, schreibt sie: *»Das vergangene Jahr war eine aufs Tiefste mit mir zu tun habende Entwicklung, die auch mit meiner künstlerischen Arbeit zusammenhängt. Aber wie kann ich Euch das verständlich machen?«* Ein halbes Jahr später heißt es: *»Ich wünsche mir nichts mehr, als dass meine Mutter, Vater und fünf Geschwister eines Tages meine Entscheidung verstehen werden. Ich wünsche mir nichts mehr, als dass Ihr eines Tages die gleiche Freude spürt über meine Entscheidung, wie sie Euch durch Hermanns Entscheidung, zu heiraten, geschenkt wird.«* Hermann ist der Älteste der Geschwister. Als er der Familie seine Braut vorstellt, denkt Luise: Eine Tochter habe ich verloren und eine neue gewonnen.

Dionyssia kämpft um Anerkennung. Sie will dem Eindruck vorbeugen, nicht der Glaube, sondern der Priestermönch habe sie verführt. Trotzig berichtet sie den Eltern, Vater Dionysios habe sie etliche Male aufgefordert, nach Deutschland zurückzugehen, zu heiraten und eine Familie zu gründen. *»Seit ich in Griechenland bin, haben mich mehr als drei Männer gefragt, ob ich sie heiraten möchte«,* schreibt sie, *»ein Wirtschaftsprofessor, ein Theologe, ein Ikonenmaler und ein griechischer Ex-Student eines amerikanischen Colleges.«* Einen dieser Verehrer hat Luise bei einem Besuch in der Anfangszeit kennengelernt. Sie erinnert ihn als unreifes Männlein, das ihre Tochter angehimmelt hat. Doch selbst wenn Superman unter den Werbenden gewesen wäre, hätte keiner der Anträge Dionyssia interessiert. Sie hat sich bedingungslos für ein geistliches Leben entschieden.

An der Universität fällt Dionyssia durch herausragende Leistungen auf. Sie schließt das zweite Jahr als drittbeste Studentin ihres Semesters ab. Am besten ist sie in Philosophie, das sie mit »ausgezeichnet« absolviert. In den Fächern Heiligenkunde, Gesang und Einführung in das Neue Testament bekommt sie »Sehr gut«. Wäre sie Griechin, bekäme sie ein Stipendium. Ihre guten Leistungen vermeldet sie regelmäßig nach Hause – sie sind ein kleiner Trost für die Eltern, sind handfester Beweis, dass sie ihre Zeit nicht verschwendet. Vor allem bedürfen sie keiner Erklärungen. Akademische Erfolge lassen sich leichter kommunizieren als der Weg zur Erleuchtung.

Die Eltern zeigen sich großzügig, sie bemühen sich um Verständnis und Toleranz. Doch beim Namen kommt es noch einmal zum Konflikt. Zwei Jahre sind nach der Taufe vergangen, und noch immer halten Kurd und Luise am Namen Charlotte fest. Beide können sich nicht überwinden, die Tochter als Dionyssia anzusprechen. Briefe werden ausweichend mit »Meine liebe Tochter« begonnen. Dionyssia – das klingt so fremd wie das neue Leben von Charlotte, irgendwie dunkel und archaisch. Bedeutungsschwer und hochtrabend, das auch. Indem sie den neuen Namen konsequent ignorieren, hoffen die Eltern, ein kleines Stück ihrer Tochter zu behalten – sie noch einen Moment lang festhalten zu können. Den Namen Charlotte aufzugeben käme einer Kapitulation gleich. Dann hätten sie sie endgültig verloren.

Für Charlotte ist der Gebrauch des neuen Namens Gradmesser für die Akzeptanz der Eltern. Anfangs bittet sie in einem Nebensatz *»Liebe Mutter, bitte nenne mich nicht mehr Charlotte«*, später wird sie nachdrücklicher: *»Ich habe mich sehr über Euren lieben Brief gefreut. Es tut mir nur jedes Mal weh, wenn Ihr mich in Euren Briefen mit Charlotte anredet und nicht mit meinem jetzigen Namen Dionyssia. Es ist so, als wäre ich verheiratet und Ihr würdet meinen neuen Familiennamen nicht akzeptieren, sondern mich weiterhin Stapenhorst nennen. Denn Dionyssia ist der Name für meinen Glauben und den Lebensweg, für den ich mich entschieden habe – anstelle der Ehe führe ich das Leben als Nonne im Kloster. Wenn Ihr, zweieinhalb Jahre nachdem ich meinen Weg gefunden habe, immer noch nicht Eure Herzen öffnen könnt meinem jetzigen Leben, meinem Glauben, meiner Entscheidung und meiner Freude gegenüber, sondern Euch verschließt, nicht sehen wollt und Angst habt, dann kann ich nicht anders, als zu*

Euch zu kommen und bei Euch zu wohnen, Euch in allem eine Hilfe und Unterstützung und nur für Euch da zu sein. Bis Ihr in Eurem Herzen versteht und akzeptiert und anerkennt, wer ich bin und was ich gefunden habe. Bis Ihr mich mit Freude und Verständnis und Dankbarkeit in Eurem Herzen wieder meinen Weg folgen lasst, mich wieder frei und hoch fliegen lasst, wohin ich mich sehne. Bis Ihr mich diejenige sein lasst, die ich bin, und nicht die, die Ihr haben möchtet.«

Die Eltern geben schließlich nach, Charlotte bekommt wie immer ihren Willen. Kurd und Luise wollen Frieden. Der Name Charlotte fällt künftig in der Familie nur noch untereinander, gewissermaßen hinter vorgehaltener Hand. Schon bald muss sich die Familie bereits an einen neuen Namen gewöhnen – bei ihrer Einkleidung wird Dionyssia den Namen Diodora erhalten.

Während Dionyssia ihre religiöse Verwandlung leidenschaftlich vorantreibt, bleibt Eltern und Geschwistern nur die Rolle der passiven Zuschauer. *»Wir sind so ausgeschaltet. Ich hoffe, sie kommt zurück und geht uns nicht verloren«,* schreibt Friederike, die jüngere Schwester, in dieser Zeit in ihr Tagebuch. Dionyssia hat eine klare Vision vor Augen, doch aus Sicht der Familie steht es in den Sternen, wo die Reise hingeht. Gut möglich, dass ihre schöne, begabte Charlotte ein verhärmtes Wesen wird. Eine weltentrückte Nonne, wie sie dem Klischee aus westlichen Klöstern entspricht. Dionyssia ist vollauf mit der Eroberung ihres neuen Lebens beschäftigt und blendet den Trennungsschmerz von der Familie erfolgreich aus. Sie hat keine Zeit zu trauern, so beschäftigt, wie sie ist. Wie immer, wenn

man mit einer Rolle noch nicht eins ist, schießt Charlotte über das Ziel hinaus. In dieser unsicheren Phase der Lernenden übertreibt sie die äußere Form.
Irritiert bemerken die Eltern eine neuartige Servilität ihrer Tochter. Plötzlich dient sie den Männern. Und verherrlicht die Eltern in so ungewohnter Form, dass es schmerzt. Das biblische Gebot, Vater und Mutter zu ehren, schwingt in jeder Zeile mit, die sie nach Hause schreibt. Mal beginnt sie Briefe mit den Worten »Geliebte und verehrte Eltern«, dann setzt sie, um die Bedeutung der Worte zu unterstreichen, Leerzeichen zwischen die einzelnen Buchstaben von »V a t e r« und »M u t t e r«. Sie schreibt: *»Ich fühle so sehr und oft, dass ich nur wegen meinem heilen und vernünftigen Elternhaus diesen meinen neuen Weg finden konnte.«* Unmerklich verschiebt sich ihre Aufmerksamkeit weg von der Familie und hin zu Vater Dionysios. Ihn hat sie als geistlichen Vater und spirituellen Begleiter gewählt, ihm hat sie die Verantwortung für ihren Lebensweg übertragen. Diese Form der Hingabe an einen Geronda gehört zu den Grundlagen der orthodoxen Spiritualität. Ein Geronda hat gewöhnlich viele Jahre lang in monastischer Einsamkeit durch Gebet und Askese ein besonderes Verhältnis zu Gott entwickelt und ist bereit, seine Erfahrungen auf dem geistlichen Weg mit anderen Menschen zu teilen. Er kennt die Schwierigkeiten und Gefahren auf diesem Weg und schützt seine geistlichen Kinder davor, sich zu verirren.
In den Wüsten Ägyptens, wo das Mönchstum in den frühen Jahrhunderten des Christentums seinen Ursprung hatte, hießen diese geistlichen Begleiter *Abba* (Vater). Ihre Rolle ist mit der eines Abts westlichen

Stils nicht vergleichbar – eher mit der eines Familienvaters, der seinen Kindern Vorbild ist. Jeder Geronda verdankt sein Wissen einem eigenen Geronda, dem er sich in jungen Jahren angeschlossen hat. So wird die Tradition persönlich Generation für Generation weitergegeben und lässt sich bis zu den Propheten und Aposteln zurückverfolgen, heißt es.
In der orthodoxen Spiritualität beziehen geistliche Lehrer ihre Autorität aus ihrer Lebensweise. Sie geben ihren Schülern keine Anweisungen und orientieren sich nicht an einem Regelwerk, sondern an ihrer Erfahrung und Intuition. Anders als in den Kirchen westlichen Stils wird ein Mönch aufgrund seiner menschlichen Qualitäten zum Lehrer, nicht aufgrund seiner Bildung.

Dionyssia geht in ihrer Rolle als Schülerin komplett auf. Jahrelang hatte sie einen Mentor, zu dem sie aufblicken kann, gesucht, endlich hat sie ihn gefunden. Vertrauensselig überantwortet Dionyssia sich dem Meister. Den Eltern weist sie eine Statistenrolle zu. Sie treten physisch in Erscheinung, Dionyssia begegnet ihnen mit Anerkennung, aber in Fragen der Lebensgestaltung haben sie keinen Einfluss mehr.
Luise reagiert verstimmt auf die ungewohnte Devotheit ihrer Tochter. An einer Respekt-Beziehung habe sie kein Interesse, teilt sie mit, sie lege Wert auf echte Gefühle. Dionyssias Antwort fällt gereizt aus: *»Und wenn ich zugleich noch viele andere Beziehungen habe, so ist doch eine wichtige mein tiefer Respekt und die Ehre, die für Euch in mir ist. Vater und Mutter, Ihr lebt wie eine vollkommene Blume, Ihr seid einen Bund mit Gott eingegangen. Wenn Euch das alles nicht gefällt, was ich schrei-*

be, wenn Ihr damit nichts anfangen könnt – so könnte ich natürlich auch die Seiten füllen mit alltäglichen Beschreibungen.« Vor allem in dem bockigen Zusatz ist die alte Charlotte zu erkennen.

Je tiefer Dionyssia in die Orthodoxie vordringt, desto entrückter klingen ihre Briefe. Sie schreibt wort- und wiederholungsreich, als würde sie predigen, benutzt blumige Metaphern und klangvolle Formulierungen. Ihr alter Wortschatz erscheint ihr zu blass, kühl und ausdruckslos für das neue Leben. Also schafft sie sich eine eigene Sprache, um sich der Familie mitzuteilen. Auch Dionyssias Bitten werden zunehmend weltfremder. Einmal fragt sie, ob es nicht möglich sei, den Großgrundbesitz der Familie mütterlicherseits in Sachsen-Anhalt – zu diesem Zeitpunkt in der DDR als Kinderheim genutzt – zurückzubekommen, *»es wäre ideal für ein Kloster«*. Die nüchternen Eltern tun sich mit dem schwärmerischen Ton und der Wirklichkeitsferne ihrer Tochter schwer. In guten Momenten erkennen sie darin Idealismus, in schlechten trauern sie um Charlotte.

Kinderglaube

Diodora und ich sitzen auf dem Sofa und spulen im Schnelllauf durch die vergangenen zwanzig Jahre – wer macht was, wie ist es wem ergangen? Als ich von einem tragischen Unfall in einer Familie, die wir beide kennen, erzähle, bekreuzigt sie sich. Ich spüre ihre Aufrichtigkeit, aber mein Misstrauen bleibt. Das habe ich aus Berlin mitgebracht, wo ich mich zur Vorbereitung mit Argumenten gegen die Orthodoxie und das Klosterleben munitioniert hatte: Die Orthodoxie sei eine sehr unintellektuelle Religion, sie verkindliche die Christen und verdonnere zum Gehorsam, anstatt zum Hinterfragen anzuleiten, haben mir Kritiker der Religion mit auf den Weg gegeben. Frauen mit feministischen Ideen – wie Charlotte eine war, als sie sich während ihrer Zeit an der Kunsthochschule für Frauenrechte engagiert hatte – sind in der orthodoxen offenbar genauso fehl am Platz wie in der katholischen Kirche, weil die Hierarchie Frauen übergeht: Nur Männer erhalten die Priesterweihe und dürfen die Beichte abnehmen, nur Männer können zu Kirchenoberhäuptern gewählt werden.

Diodora lacht kurz und verächtlich, als ich sie damit konfrontiere. »Was soll das heißen – nicht so weit kom-

men wie Männer? Klar, wir Nonnen können nicht das machen, was der Bischof macht. Aber interessiert uns das? Mich interessiert das, was Bischöfe *nicht* können in ihrer sehr weltlichen Position: mit Menschen zu arbeiten. Hätte ich eine Verwaltungskarriere machen wollen, wäre ich Ministerin in der Regierung geworden.«
Den Ehrgeiz und das nötige Durchsetzungsvermögen für eine solche Karriere hätte meine Freundin zweifellos. »Ich habe bewusst das geistliche Leben gewählt. Klöster sind die intensivste und kompromissloseste Form geistlichen Lebens«, fährt sie fort und erklärt das vermeintlich Unterwürfige, versinnbildlicht in Handkuss und rituellem Verbeugen, so: »Gehorsam hat draußen, in der westlichen Welt, einen sehr negativen Beigeschmack bekommen. Man hat Schwierigkeiten, jemand anderem seine Ehre zu erweisen, ihn zu verehren. Der Handkuss ist eine Form, respektvoll miteinander umzugehen. Ich genieße das sehr, durch bestimmte Rituale Respekt zeigen zu können.«
Eine junge Schwester bringt griechischen Kaffee und stellt einen Teller mit Gebäck auf den Tisch. Während des Gesprächs bleibt sie diskret im Raum stehen, den Blick auf Diodora gerichtet und aufmerksam schauend, ob die Äbtissin sie braucht.
»Ist dein Mann eigentlich religiös?«, fragt Diodora mich unvermittelt, und ich beginne zu erzählen. Zu seiner Kindheit in Österreich gehörten Katholizismus und Kirchgang so selbstverständlich zum Leben wie Skifahren und *Manner Schnitten*. Später hat er während seines Jurastudiums ein paar Semester Theologie studiert und ein Diplom als Kirchenmusiker gemacht. Er hat Orgelkonzerte gegeben und viele Kirchen-

dienste geleistet, sich am Ende jedoch für den Journalismus entschieden. Er ist katholisch und hadert mit seiner Kirche. Im Gegensatz zu mir kennt er sich in der Theologie aus und kann seine Zweifel gut begründen. Religion spielt bei uns dann eine Rolle, wenn wir Alte Musik hören oder Alte Meister betrachten – Kompositionen von Heinrich Schütz zum Beispiel oder Gemälde von Rogier van der Weyden. Über die Kunst finden wir leichter Zugang zur Religion als über die Institution Kirche, die erstaunlich selten Thema zwischen uns ist.

Diodoras Handy klingelt, und sie geht telefonierend nach draußen. Die Schwester eilt mit dem Umhang zum Ausgehen hinterher. Den Anruf hat meine Freundin vorher angekündigt, es handelt sich offenbar um etwas Wichtiges.

Ob ich religiös bin, hat mich Diodora nicht gefragt. Vermutlich denkt sie, ich sei in unserem Kinderglauben von damals stecken geblieben, was nicht unbedingt stimmt. Denn damals habe ich gebetet, und das tue ich heute nicht. Als Kind spielte der »liebe Gott« für mich die Rolle einer diffusen Schutzmacht. In meiner Vorstellung war er eine Art gütiger Opa, vor dem man keine Angst zu haben braucht. Ich glaubte, er säße wie ein Marionettenspieler im Himmel und zöge an den Strippen – zu meinem Vorteil, wenn ich ihn nur oft genug darum bäte. Vor dem Einschlafen betete ich ein Kindergebet und hängte ein paar selbstformulierte Bitten dran, manchmal, wenn es besonders dringend war, ging ich beim Beten sogar vor dem Bett in die Knie. Als Teenager hat sich dieses Gottvertrauen dann verloren, irgendwann hörte ich auf mit dem Beten, zumal die

Hilfe, die ich mir davon erhoffte, in einer wichtigen Angelegenheit nicht kam. Meine Eltern haben sich dennoch getrennt.

Den Anschluss zu einem aufgeklärten Erwachsenenglauben habe ich aus irgendeinem Grund verpasst. Gut, ich habe nie aufgehört, an eine abstrakte höhere Macht zu glauben, die größer ist als der Mensch. Der Gedanke an so eine Macht, die über das unmittelbar Fassbare und das Materielle hinausweist, ist tröstlich, weil er vieles relativiert. Doch diese Macht als Gott zu bezeichnen fällt mir aus irgendeinem Grund schwer. Ich weiß nicht, ob ich religiös bin. Das Kloster meiner Freundin ist kein schlechter Ort, um das herauszufinden.

Nur in einem Punkt bin ich mir sicher: Ich brauche die Kirche nicht als Instanz, um die Welt zu deuten und um ein sinnerfülltes Leben zu führen. Grundwerte und moralische Orientierung haben mir meine Eltern vermittelt, und als Lebensmaxime reicht mir Kants kategorischer Imperativ.

Eigentlich spricht meiner Ansicht nach mehr für einen Austritt aus der Kirche als dagegen. Ich finde es verheerend, wie negativ ein großer Teil der Kirche Sexualität betrachtet, diesen vitalen Bereich des Menschen. Zudem fehlt mir das Verständnis für das Prinzip des bedingungslosen Gehorsams. Das Wort Kirche weckt bei mir Assoziationen wie Rechthaberei, Bevormundung und Selbstgerechtigkeit. Vor allem vermisse ich Leitfiguren. Während all meiner – zugegeben bislang sehr unregelmäßigen – Gottesdienstbesuche, hat mich kaum ein Pfarrer mit seiner Predigt ergriffen. Kaum einer begeisterte mich, riss mich mit oder weckte das

Bedürfnis, mehr zu erfahren. Im Gegenteil. Einer der wenigen protestantischen Pfarrer, die ich interessant fand, verschreckte mich, als er unvermittelt versuchte, mich zu küssen.
Ich habe Gottesdienste erlebt, in denen betont lässige Pastoren durch Gitarrenspiel und vermeintlich lockere Sprache gefallen wollen. Solche Versuche, die Liturgie zu modernisieren, finde ich noch unangenehmer als fade Predigten. Jede Form von Anbiederung ist mir grundsätzlich zuwider, in Gottesdiensten finde ich sie besonders schlimm.
Was Religiosität betrifft, fehlen mir Identifikationsmöglichkeiten. Meistens wirken gläubige Menschen auf mich respektabel – aber gleichzeitig auch irgendwie humorlos und verklemmt. Ihr Glaube macht sie interessant für mich – es scheint, als hätten sie mir etwas voraus und hüteten ein Geheimnis, eine Erfolgsformel, an die ich nicht herankomme. Bei näherem Hinsehen entpuppen sie sich oft als furchtbar gute Menschen, die ihr Leben verlangsamt und sich dem allgemeinen Wettbewerb entzogen haben. Sie wirken überaus korrekt und zuverlässig, doch gleichzeitig auch ein bisschen bieder und langweilig.
Von der äußeren Form her fühle ich mich im Katholizismus wohler als bei den Protestanten. Das Sinnliche der Liturgie spricht mich an, die prachtvollen Gewänder der Priester und die Opulenz in den Kirchen. Das Spektakel der Prozessionen fasziniert mich und die starke Verankerung des Glaubens im Alltag vor allem südlicher Kulturen. Es wirkt so leicht und selbstverständlich, begründet in jahrhundertealter Tradition.
Am Protestantismus gefällt mir Martin Luther. Ich

bin stolz auf diesen Rebellen, der im Alleingang den verlogenen Ablasshandel des Mittelalters beendete, ich bewundere seinen Mut. Mit Luthers Respektlosigkeit gegenüber den Herrschenden kann ich mich identifizieren, er hat die Kirche ein bisschen vom Schwermütigen und Bedrückenden befreit. Doch die Kehrseite protestantischer Aufgeklärtheit ist die Beliebigkeit, in die die Konfession über die Jahre abgerutscht ist. Der Gottesdienst in einer evangelischen Kirche verströmt oft den spröden Charme einer Vorlesung an der Universität. Überhaupt wirkt die evangelische Kirche sehr akademisch, alles wird erklärt und begründet. Manchmal habe ich den Eindruck, der Glaube würde durch das Kopflastige der Konfession zerstört. Alles geht im Protestantismus, alles ist möglich. Oft wirkt er mehr wie ein Verein von Humanisten als eine Religionsgemeinschaft.

Und doch bin ich all die Jahre Mitglied der evangelischen Kirche geblieben, bin eine Art passives Mitglied, bis heute. Vernunftgründe spielten bei dem Entschluss, nicht auszutreten, keine Rolle, eher mein Gefühl. Ich blieb auch dann der Kirche treu, als sich viele meiner Freunde von ihr abwandten, meistens mit der Begründung, die Kirche sei schlecht geführt und die Steuer zu hoch. Vielleicht habe ich mich einfach nicht getraut auszutreten. Mein Kinderglaube war zumindest noch so weit vorhanden, dass ich fürchtete, Gott mit einem Kirchenaustritt zu provozieren. Das Leben war kompliziert genug, und ich war froh, dass zumindest an dieser Front Ruhe herrschte. Ich bin in der Kirche geblieben, weil ich instinktiv spürte, dass ich mit dem Thema noch nicht wirklich abgeschlossen hatte.

Als ich das erste Mal heiratete, fand die Trauung kirchlich statt. Mein Bräutigam war ebenfalls Protestant und in Fragen des Glaubens genauso unentschlossen wie ich. Wir brauchten nicht lange zu überlegen – die kirchliche Hochzeit gehörte in dem Milieu, aus dem wir stammten, zum Standardprogramm, genau wie Taufe und Konfirmation. Wir suchten die Kirche nach ihrer Nähe zur Lage unseres Festsaales aus, und weil wir in einem Herrenhaus tief im Brandenburgischen feierten, fiel unsere Wahl auf eine vernachlässigte kleine Dorfkapelle. Die zuständige Pastorin war eine schlichte Frau, die wir vor der Hochzeit einmal in ihrer Wohnung zum Traugespräch besuchten. Von dem Inhalt des Gesprächs erinnere ich nichts, auch nicht von der Predigt bei der Trauung. Nur ein Satz von der Pastorin hat sich eingeprägt. Als ich durch die Kirche auf sie zuschritt, in einem weißen langen Kleid, begrüßte sie mich vor dem Altar mit Handschlag und sagte: »Ihre Hände sind ja eiskalt.«

Die Trauung ging mir nahe – wegen all der Freunde und Verwandten, die dort zusammengekommen waren, wegen der Lieder und der Orgelmusik – doch dass ich den heiligen Bund der Ehe einging, war mir offenbar wenig bewusst, denn bereits ein Jahr später brach ich aus der Ehe aus. Ich spielte an diesem Tag eine Rolle, die Rolle der Braut.

Über die Jahre ging ich nur anlässlich von Hochzeiten und Taufen im Freundeskreis in die Kirche, manchmal zu Weihnachten. Doch je seltener ich in die Kirche ging, desto mehr wuchs mein Unbehagen im Gottesdienst. Ich fühlte mich fremd und unbeteiligt. Gleichzeitig übten die Kirchen eine große Faszination auf mich aus – ich war jedes Mal ergriffen, wenn ich einen dieser Bauten betrat. Das Erhabene der Gebäude sprach mich stark an, ebenso die Schönheit und der heilige Ernst sakral inspirierter Kunst und Musik. Immer wieder schnürte mir die Atmosphäre in Kirchen die Kehle zu, was mich irritierte, denn offenbar sprang ich tief im Innern auf etwas an. Aber worauf?

Irgendwann kam es mir fast vermessen vor, mit meiner unentschiedenen Haltung zu Gott an einem Gottesdienst teilzunehmen. Wenn ich das Vaterunser oder das Glaubensbekenntnis sprach, fühlte ich mich unaufrichtig. Glaubte ich an Gott? Ich spürte, dass ich endlich einen Standpunkt entwickeln wollte – sonst hätte ich da nichts zu suchen und bliebe ewig fremd. Ich schob das Thema lange auf und wünschte mir meinen alten Kinderglauben zurück – diesen unschuldigen und unkritischen Glauben, der nichts hinterfragte. Ich erwartete vom Religiösen, dass es mich hinwegfegte, mitriss. Ich wollte glauben, nicht durchdringen und verstehen. Aber woran glaubte ich überhaupt? An die Evolution, einerseits. Der Mensch stammt vom Affen ab, da bin ich mir sicher. Und die Urknall-Theorie überzeugt mich als Erklärung für die Entstehung der Welt mehr als die Geschichte in der Bibel. Andererseits bin ich sicher, dass der Mensch kein Zufallsprodukt oder eine willkürliche Laune der Natur ist. Ich glaube an die Seele und an Transzendenz, genauso wie ich auch an andere Dinge glaube, die rational oder wissenschaftlich nicht erklärbar sind – zum Beispiel die große Liebe oder der Sieg des Guten.

Ist der intuitive Kinderglaube erst verloren, wird das Thema anstrengend. Je weniger ich mich mit Religiosität auskannte, desto undurchdringlicher erschien sie mir. Ein gewaltiger Gegenstand, den man nicht einfach nebenbei mal angeht. Mir fehlte der Anlass, mich mit Glaubensfragen auseinanderzusetzen, lange Zeit war das Thema nicht drängend genug. Das änderte sich, als ich Kinder bekam.

Meine zweite Trauung fand auf einem Pariser Standesamt statt. Der Bezirksbürgermeister leitete die Zeremonie, er trug eine Schärpe in den französischen Nationalfarben über seinem dunklen Anzug und tat sich mit der Aussprache der deutschen Namen schwer. Aus dem Fenster blickte man in den Innenhof des Louvre, die Zeremonie war würdevoll und schön.

Dann kamen die Kinder, Zwillinge, und mit ihnen viele neue Fragen. Meine Tochter brachte Gott anfangs hauptsächlich mit dem Wetter in Verbindung und wollte wissen, warum er es blitzen und donnern lässt. Dann kam die Frage, wo Gott sei. Später schrieb sie ihm anerkennend Dinge zu, die ihr gefielen – zum Beispiel den Namen ihrer Turnschuhe: »Chucks hat sich Gott gut ausgedacht.« Oder sie näherte sich seiner unfassbaren Größe durch Fragen wie »Weiß Gott, was hundert plus hundert ist?« an.

Mein Sohn fragte fünfjährig ein paar Tage vor Weihnachten, als das Zimmer mit dem Christbaum bereits verschlossen war: »Kann das Christkind mal ein Foto von Gott machen?« Später grübelte er: »Wie kann das Christkind zwei Väter auf einmal haben – Josef und den lieben Gott?« Oder, nachdem er erfuhr, dass man nach dem Tod in den Himmel kommt: »Wenn wir uns im Himmel wiedersehen – wie kann ich dich dort finden?« Als wir einmal mit dem Auto am Berliner

Holocaust-Denkmal vorbeifuhren und ich gerade versucht hatte, kindgerecht in ein paar Sätzen die Ermordung der Juden zu erklären, kam vom Rücksitz die Frage: »Sind die Nazis im Himmel?«
Oft wusste ich nicht, was ich antworten sollte – und es wird in Zukunft nur noch komplizierter werden, etwa, wenn sie nach dem Heiligen Geist fragen. Oder woher sie kommen und warum sie am Leben sind. Mit jedem Geburtstag, den die Zwillinge feierten, wurde mir klarer, dass ich mich mit meiner unentschiedenen Haltung zur Religiosität nicht mehr lange durchmogeln konnte. Jetzt hatte das Thema eine existentielle Komponente. Um den Kindern ihren naiven Glauben zu ermöglichen und ihre Fragen mit der notwendigen Wahrhaftigkeit beantworten zu können, musste ich selber einen Standpunkt entwickeln.
Das Thema Taufe war seit der Geburt immer mal wieder aufgeblitzt, doch einen Entschluss fassten mein Mann und ich erst, als die Kinder fünf Jahre alt waren. Uns widerstrebte der Automatismus, die Kinder bald nach der Geburt in die Kirche zu tragen, so wie es in unseren Familien seit vielen Generationen üblich war. Wir sträubten uns gegen reflexhafte Konvention und wollten erst herausfinden, welcher Weg in die Kirche für unsere Kinder der beste sei. Schließlich einigten wir uns darauf, die Kinder katholisch taufen zu lassen – katholisch wie ihre älteren Geschwister, die ihnen als Paten und Begleiter auf dem Weg ins Christentum helfen würden. Ich fand das in Ordnung, denn mit den konfessionellen Feinheiten nahm ich es nicht so genau. Nebenbei hoffte ich, gemeinsam mit den Kindern nachzuholen, was mir selber fehlte.

Der Priester sprach bei der Taufe von Mut, Schutz und Geborgenheit im Zusammenhang mit Gott, und das war sehr in meinem Sinn. Dann begann der schwierigere Teil. Wie will man seinen Kindern Religiosität vermitteln, wenn man sie selbst zu Hause nicht pflegt? Mit der Entscheidung für die Taufe, das war uns klar, musste der Glaube auch im Alltag – und nicht nur zum geheimnisvoll inszenierten Weihnachtsfest – irgendeine Rolle spielen. Es reicht nicht aus, die religiöse Erziehung an die Kirche zu delegieren – und wer weiß, ob dort alles im eigenen Sinne geschieht. Wir begannen, in der Kinderbibel zu lesen, was auf großes Interesse stieß, denn die Geschichten sind stark. Schwieriger waren die Gebete – man musste lange suchen, bis sich etwas fand, was nicht zu kitschig, zu salbungsvoll oder zu schwer verständlich war. Das Gebet soll kein Zwang und keine Routine sein, sondern ein Moment der gemeinsamen Konzentration. Vielleicht lernen die Kinder auf diese Weise selbständig zu beten – ich jedenfalls wünsche mir diese Gabe heute sehr zurück.

In der Schule gehen die Zwillinge in den katholischen Religionsunterricht. Als dort anfangs eine bezaubernde junge Frau unterrichtete, ein frischer und freier Geist, spielten sie regelmäßig in der Badewanne Josef und Maria. Voller Hingabe wanden sie sich nasse Tücher um Kopf und Taille, Shampoo und Badezusatz hielten als Gold und Myrrhe her. Dann wechselte die Lehrerin und seither ist zu hören, die Kinder störten den Religionsunterricht. Mit ihrem Verhalten demonstrieren sie intuitiv, wie stark ihre Begeisterung für das Thema mit der Qualität des Unterrichts verwoben ist. Ich bin sicher, die Kirchen könnten ihr Mitgliedsproblem mit anspruchsvollerem Religionsunterricht lösen – vorausgesetzt, sie würden anstelle unbedarfter Hilfskräfte ihre besten Leute in die Schulen schicken.

Ich wünschte, meine Kinder bekämen erstklassigen Religions- und Kommunionsunterricht, denn das würde es ihnen erleichtern, später die großen Fragen nach Gott und der Welt zu beantworten. Grundkenntnisse von Religion und ihren Symbolen erschließen die Welt weit jenseits von Kirche und Gemeinde. Sie öffnen die Augen für Literatur und Philosophie, Architektur und Musik. Und natürlich Kunstgeschichte. Wer die Bibel nicht kennt, sieht auf Gemälden vom Abendmahl nur ein paar zottelige Figuren in seltsamen Gewändern.

Charlotte und ich haben von unserem Konfirmandenunterricht wenig mitbekommen. Oft fiel die Stunde aus, weil der zuständige Pfarrer mit seiner koreanischen Frau auf Reisen war. Die Religionslehrerin in der Schule hieß Else, wir nannten sie frech beim Vornamen und machten ihr das Leben nicht besonders leicht. Als Kinder besuchten wir eine Zeit lang zusammen eine Freizeitgruppe, die der Pfarrer der Kirche auf dem Klinikgelände unserer Väter leitete. Wir studierten zu Weihnachten ein Krippenspiel ein und feierten Erntedank mit selbstgebackenen Waffeln, Luftballons und einer Tombola. Ich spendete einmal als Gewinn eine Sprechpuppe, die mir nicht mehr gefiel, und Charlotte strickte einen Schal. Der Erlös des Festes floss in ein Brunnenprojekt in Afrika. Uns Mädchen gefiel vor allem der Geruch der frischen Waffeln und die Tatsache, dass wir Lose verkaufen durften. Solche Erlebnisse schaffen ein Gefühl für Hilfsbereit-

schaft, doch sie haben wenig mit Religiosität zu tun. Die kann man nur durch Rituale vermitteln und den Besuch heiliger Stätten.
Hier in Griechenland, in der Kirche meiner Freundin, wird mir bewusst, wie stark Religiosität Praxis braucht. Glaube ist vorrangig eine Frage der religiösen Übung. Man kommt nicht weit, wenn man sich auf eine rein persönliche Zwiesprache zurückzieht. Glaube braucht Bekenntnis und gemeinschaftliches Erlebnis, an Gottesdienst und Gebet kommt niemand, der es ernst meint, vorbei. Deshalb möchte ich meine Kinder von klein auf damit vertraut machen. Im Gegensatz zur Lückenhaftigkeit meiner eigenen religiösen Erziehung hoffe ich, dass die beiden möglichst früh ein klares Bewusstsein für die Macht der Symbole und die Kraft des Gebets entwickeln. Je geläufiger ihnen die christlichen Inhalte und Rituale werden, desto besser können sie später, wenn sie alt genug sind, eine eigene Haltung entwickeln. Lieber sähe ich sie irgendwann aus vollem Bewusstsein dieser Institution den Rücken kehren, als dass sie die Religion erst spät für sich entdeckten und mühevoll nachholen müssten, was sich in Kindheit und Jugend so einfach aufnehmen lässt. Kurz – ich will ihnen meine eigene Widersprüchlichkeit ersparen. Die Haltung zur Kirche und die religiösen Überzeugungen mögen ein Leben lang schwanken – aber um überhaupt eine Haltung zu entwickeln, braucht man eine Ausgangsposition. Man muss sich entscheiden, woran man glaubt.

Endlich Nonne

Gegen Ende des Kunststudiums erhöht der Professor den Druck. Er fordert von Dionyssia und Ekaterina künstlerisch aufregendere Arbeiten. *»Ich möchte von Euren Skultpuren mehr überrascht werden – indem Ihr miteinander ringt, anstatt Euch gegenseitig gefallen zu wollen«,* schreibt er. Kurz vor der Abschlussprüfung fleht er in einem Brief: *»Kommt jetzt, lasst Euch endlich gehen!«* Es ist das letzte Mal, dass jemand so intensiv persönlichen Ausdruck von Dionyssia fordert. Das Leben, in das sie parallel zum Kunststudium stückweise hineinwächst, ihr Leben als orthodoxe Nonne, verlangt das Gegenteil. An die Stelle von Individualität tritt eine streng geregelte Hierarchie, getragen von den Prinzipien Unterordnung und Gehorsam.

Im Januar 1992 kämpfen sich Dionyssia und Ekaterina in einem klapprigen Renault 4 bei Schneetreiben über die Alpen. Im Kofferraum liegen, gut verpackt und zentnerschwer, die Kunstwerke aus Marmor, mit denen die beiden zum Examen antreten. Drei Tage vor der Prüfung erreichen sie Berlin und suchen sich den Platz, der ihnen in der Halle der Kunstakademie zur Präsentation ihrer Arbeiten zugewiesen worden ist. Es ist ein schöner heller Platz, an dem das Spiel mit Licht und Schatten der Skulpturen besonders gut funktioniert. Leuchtend sticht der weiße Marmor zwischen grellen Videoinstallationen und düsteren Zeichnungen anderer Studenten hervor, verglichen mit den Experimenten ihrer Kommilitonen wirkt die Kunst von Dionyssia und Ekaterina unschuldig und harmlos. Die beiden sind zufrieden, es kommt ihnen vor, als schiene die griechische Sonne durch ihre Steine – und auch das Prüfungsgremium ist angetan von den Skulpturen, das spüren sie, als sie den Professoren ihre Arbeiten erläutern.

Drei Tage später erhalten Dionyssia und Ekaterina das Ergebnis. Sie haben die Prüfung mit Auszeichnung bestanden und sind zur Meisterklasse zugelassen. Die beiden strahlen sich an – endlich sind sie frei. Endlich Schluss mit den Blockseminaren, zu denen sie regelmäßig nach Berlin gereist sind, Schluss mit der Korrespondenz, Schluss mit der Suche nach künstlerischem Ausdruck. Von nun an können sie sich kompromisslos auf den spirituellen Weg konzentrieren, nichts lenkt in Zukunft davon ab. Zum Abschied verschenkt Dionyssia in Berlin ihre Kunstwerke – die Eltern nehmen eine Stele und eine große weiße Schale mit, die sie im Sommer als Vogeltränke im Garten verwenden – dann springt sie in den Renault und fährt nach Griechenland zurück.

Statt Meisterschülerinnen an der Kunstakademie zu werden, planen Dionyssia und Ekaterina, Kirchen auszumalen und verfallene Klöster zu beleben. Doch zunächst müssen die beiden in Athen das Theologiestudium beenden. So lange bleiben sie Novizinnen. Insgesamt wartet Dionyssia fast fünf Jahre auf ihre Einkleidung als Nonne – eine lange Zeit verglichen mit anderen Novizinnen. Ihre ausgedehnte Probezeit hat einen pragmatischen Grund: Es existiert kein Kloster, in das die Schwestern einziehen können. Erst als Vater Dionysios Abt eines Klosters wird, kommt Bewegung in die Gruppe. Dionyssia empfindet das Warten als Herausforderung, denn an ihrer Berufung als Nonne zweifelt sie keinen Moment. Seit ihrem Abschied aus Berlin ist sie für das monastische Leben bereit.

Die Entscheidung, wo Dionysios und seine ständig wachsende Gefolgschaft sesshaft werden, fällt das Patriarchat. Im Frühjahr 1992 beruft es Vater Dionysios nach Jerusalem, wo er als Abt das Heilig-Kreuz-Kloster beleben soll. Das Kloster, ein imposantes, festungsartiges Gebäude am Rande der Jerusalemer Altstadt, wurde von Athos-Mönchen im 11. Jahrhundert errichtet. Zuletzt stand es viele Jahre leer. Die Anlage ist vernachlässigt und in einem elenden Zustand. Es gibt viel zu tun.

Kurz bevor die Frauen ihrem geistigen Vater ins Heilige Land folgen, kommt dieser gemeinsam mit dem orthodoxen Patriarchen aus Jerusalem zu Besuch nach Athen. Eines nach dem anderen stellt Vater Dionysios dem Patriarchen seine geistigen Kinder vor. Als Dionyssia, die jetzt fast 28 Jahre alt ist, an die Reihe kommt, sagt er:

»Sie ist bereit. Sie hat all ihre Studien beendet.«

»Wann kleiden wir sie ein?«, fragt der Patriarch.

»Wann immer Sie wünschen.«

»Dann machen wir es am besten gleich.«

Noch am selben Tag, dem 26. Juni 1992, vollzieht der

Patriarch den Ritus in einer zum Patriarchat gehörenden Kirche etwas außerhalb von Athen. Die Zeremonie der Einkleidung ist vergleichbar mit einer Verlobung, sie dauert nicht lang. Erst bei der feierlichen Weihe ein paar Jahre später wird Dionyssia als Braut Christi ihr Versprechen auf Lebenszeit geben. Begleitet von Gesängen, Segnungen und Gebeten schneidet der Patriarch Dionyssia, ähnlich wie bei der Taufe, einige Haarsträhnen in Form eines Kreuzes ab. Die Äbtissin eines Klosters bei Athen hat Robe und Schleier gebracht und hilft ihr beim Ankleiden. Von diesem Moment an trägt sie ihr Leben lang Schwarz. Sie wird das Kreuz schultern, wie es in den Gebeten heißt, und Christus mit jedem Schritt nachfolgen. Jetzt löst sie sich endgültig von ihrer Familie und ihrem alten Leben, die Nonnentracht signalisiert den drastischen Schnitt nach außen. Niemand wird ihr jetzt noch einen Heiratsantrag machen, keiner mehr um sie werben. Aus dem Mädchen Charlotte ist die Nonne Diodora geworden, benannt nach dem Patriarchen von Jerusalem.

»Wie nennst du dich, Schwester?«, fragt der Geistliche sie nach der Einkleidung.

»Diodora Monachi, Nonne Diodora.«

»Du sollst Gott, deinem Geronda und deinen Mitmenschen eine Freude sein.«

Ein paar Tage später betritt Diodora die Athener Universität erstmals in Nonnentracht. Der Professor, der ihre letzte Prüfung abnimmt, ist überrascht und gerührt. Diodora erkennt Tränen in seinen Augen. Sie macht ihren Abschluss mit der Auszeichnung »summa cum laude«.

Diodora empfindet das Tragen der Nonnentracht wie einen Befreiungsschlag. Der Habit macht nach außen sichtbar, was sie innerlich fühlt, er ist mächtiges Beispiel für die Symbolkraft von Kleidung und gibt ihr ein Gefühl von Sicherheit. Endlich ist sie komplett. Zudem wirkt sie durch die strenge schwarze Kleidung erhabener als in dem Mauerblümchen-Look, den sie vorher gepflegt hat. Die Robe wertet sie äußerlich auf.

Auch Kurd und Luise sind auf merkwürdige Art beruhigt, als sie die Tochter erstmals eingekleidet sehen. Die Jahre der Ungewissheit sind zu Ende, das Gefühl der Bedrohung überwunden. Jetzt ist alles klar. Doch Glück oder Stolz über den Weg der Tochter empfinden sie noch immer nicht. Charlottes Entscheidung wird respektiert, das ja – aber aus der elterlichen Perspektive hat sie weniger Wert als Heirat und Familiengründung im weltlichen Sinn. Noch erkennen sie vor allem die Selbstverleugnung, die mit Charlottes Verwandlung einhergeht. Mit Schrecken beobachten sie, wie die Tochter zielbewusst die Familienbande durchschlägt. Sie hält sich kaum noch an alte Gewohnheiten wie Dankeskarten, Geburtstagswünsche, verbindliche Zu- oder Absagen. Was in der Familie selbstverständlich zum guten Ton gehört, wird ignoriert. Nur das Neue zählt. Zu Familientagen – organisatorischen Höchstleistungen, bei denen Dutzende Menschen aller Generationen untergebracht und verköstigt werden – erscheint Diodora unangemeldet mit drei Mitgliedern ihrer Gemeinschaft. Die Unruhe, die sie auslöst, quittiert sie mit Bedauern. »Wie schade, dass ihr so kompliziert seid, wenn ich mit meiner Familie komme«, sagt sie herausfordernd zu ihrer Mutter. Wie früher als Kind geht Diodora auch heute noch an die Grenze und darüber hinaus.

Nach ihrer Einkleidung folgen Diodora und ihre Schwestern Vater Dionysios nach Jerusalem. Inzwischen haben sich zwölf Mönche und fünf Nonnen in die Obhut des Geistlichen begeben, die Schar wird stetig größer. Jetzt sprechen ihn alle als Geronda an, er ist ihr Trainer, Beichtvater, Seelsorger – ihr selbst gewählter Vater. Geronda ist kein Titel und kein Rang, der Begriff meint nichts Formelles oder Institutionelles. Ein Priestermönch wird dann Geronda, wenn andere Menschen ihn als Vorbild anerkennen und um geistige Führung bitten. Anders als in westlichen Ordensgemeinschaften gründet das Zusammenleben in der orthodoxen Spiritualität nicht auf Ordensregeln, sondern auf individuellem Gespräch. Man orientiert sich an Situationen statt an Normen, der Umgang miteinander ist familiär. Geronda führt seine Kinder streng, aber nicht autoritär. Auch Menschen außerhalb der Klostergemeinschaft suchen seine spirituelle Inspiration und reisen sogar von fernen Kontinenten an, um bei ihm zu beichten oder seinen Rat zu hören. Sein Charisma und sein Instinkt sind der Dreh- und Angelpunkt von Charlottes Wandlung: In seiner Person hat sich ihre Sehnsucht nach einem starken Vorbild erfüllt.

In Jerusalem lernt Diodora Hebräisch an der Universität. Sie wohnt in der Sommerresidenz des Patriarchen auf dem Ölberg und hilft bei der praktischen

Arbeit. Sie bewirtet Besucher des Patriarchen und führt sie durch die Kirche, poliert liturgische Messinggefäße und arbeitet im klösterlichen Garten. Wann immer es möglich ist, läuft sie hinunter zum Heilig-Kreuz-Kloster, um bei der Renovierung zu helfen. Jede freie Minute verbringt sie in den alten Gemäuern. Gemeinsam legen die Schwestern alte Fresken frei und wischen den Schmutz von hundert Jahren von Fenstern und Böden, streichen Wände an und reparieren Möbel. Sie erlebt Momente großen Glücks. *»Wir sind sehr behütet hier, wie eine große Familie um Vater Dionysios. Wie der Hirte mit seinen Schafen. Wer hätte sich je erträumt, dort sein monastisches Leben zu beginnen, wo Christus selbst gelebt und gelitten hat«,* schreibt sie nach Hause, *»es sind die schönsten Momente meines Lebens.«* Erstmals setzt sie ihren Namen in kyrillischen Buchstaben unter den Brief.

Die innere Disziplin, die einen total vergeistigten Menschen wie Geronda auszeichnet, ist harte Arbeit. Sie stellt sich nicht kurzfristig ein, sondern führt über intensives Gebet und Askese. Diodora geht mit großen Schritten auf ihrem spirituellen Weg voran. Früher, an der Kunstakademie, fertigte sie zur Übung stundenlang Skizzen an, heute vertieft sie sich mehrfach täglich ins Gebet. Sie übt sich in Demut, indem sie sich Schlaf entzieht und lange Fastenzeiten einhält, in denen sie zeitweise nicht einmal Wasser zu sich nimmt. Die orthodoxe Spiritualität baut auf dem Grundsatz auf, Gott habe sich vermenschlicht, damit der Mensch sich vergöttlichen kann. Um das Ziel der *Theosis*, der Vergöttlichung, zu erreichen und vom Heiligen Geist erfüllt zu werden, strebt Diodora die völlige innere

Leere an. Erst wenn der allerletzte Rest von Selbstbezogenheit überwunden ist, ist sie am Ziel.

Ein halbes Jahr nach Diodoras Ankunft in Jerusalem lernen Kurd und Luise Geronda kennen. Sie reisen zum ersten Mal nach Israel und sind stark beeindruckt von der Atmosphäre des Heiligen Landes. Geronda nehmen sie als charismatische Figur wahr, als beeindruckenden Menschen, doch sympathisch ist er ihnen nicht. Er erscheint ihnen streng und mitfühlend zugleich, zweifellos eine starke Führungspersönlichkeit.

Von der ersten Begegnung mit Geronda erinnert Luise vor allem seine »stechend blauen Augen und seine bohrende Art, mich auszufragen. Das war mir unangenehm. Er drang in mein Inneres und berührte das, was ich noch nicht sagen konnte oder wollte. Ich fand keinen Zugang und habe ihn innerlich abgewehrt.«

Schnell verlagert sie die Gespräche auf unverfängliche Themen, und man tauscht sich über Jerusalems Sehenswürdigkeiten aus. Dieser Mann hat ihr die Tochter abgeworben, deshalb will sich Luise ihm nicht öffnen.

Als Kurd, Luise und Diodora einen Ausflug nach Ramallah und Jericho machen, platzt auf dem Rückweg erst ein Reifen, wenig später ein zweiter. Kein israelisches Auto hält, als Diodora winkend am Straßenrand steht. Es wird allmählich dunkel, und man könnte die schwarze Gestalt mit Kopftuch für eine Palästinenserin halten. Endlich kommt ein VW-Bus zum Stehen. Steigt ein, sagt der Fahrer, wir nehmen euch mit. Als Diodora und ihre Eltern in den Bus klettern, schauen sie in Maschinengewehre. Alle Mitreisenden tragen die Waffen auf dem Schoß. Die Zusteigenden spüren

Misstrauen, Diodora ist angespannt. Zurück in Jerusalem verabschiedet sie hastig die Eltern und eilt zu Vater Dionysios, um ihm zu berichten. Die Eltern bleiben ratlos zurück. Früher hätte man noch zusammen ein Glas Wein getrunken, um das Ereignis gemeinsam zu verdauen – früher, als Charlotte alles mit ihnen geteilt hat. Heute sind sie abgemeldet. Die Episode macht schlagartig klar, dass jemand anders ihre Position eingenommen hat. Ernüchtert reisen die Eltern zurück nach Deutschland. Doch an ihrem Grundsatz, den Kontakt zur Tochter nicht abreißen zu lassen, hält Luise unbeirrt fest.

Zweieinhalb Jahre lang verbringt Diodora gut behütet in Jerusalem, seit ihrer Kindheit hat sie nicht mehr so unbeschwert gelebt. Dann überstürzen sich plötzlich die Ereignisse.

Vespergottesdienst

Ich sitze in der Roten Kirche und beobachte meine Freundin beim Vespergottesdienst. Die Schwestern wirken in ihrer schwarzen Kleidung beinahe unsichtbar, sie scheinen mit dem dunklen, nur von Kerzen beleuchteten Raum zu verschmelzen. Eine kleine Gruppe hat sich um ein Stehpult versammelt, andere haben im Chorgestühl Platz genommen. Ich erkenne einzelne Schwestern an ihrer Haltung. Die eigenwillige Anastasia zum Beispiel hat die Sitzfläche des Chorstuhls hochgeklappt und stützt sich stehend mit den Oberarmen auf den hohen Seitenwänden ab, die die einzelnen Stühle voneinander trennen. Mit gesenktem Kopf hängt sie kraftlos im Gestühl. Die beflissene Schwester Serafima schlägt Bücher auf und zu, sie ist für die Gottesdienstordnung eingeteilt und sucht eilfertig die Stellen mit jenen Psalmen und Hymnen heraus, die an diesem Abend gesungen werden. Der Gottesdienst ist bis ins Detail festgelegt, jeder Tag im Jahr hat seinen genau festgelegten Ablauf. Diodora erkenne ich an ihren langen Schritten und am Schwung, mit dem der Stoff der Tracht gegen ihre Beine schlägt.

Was für eine geheimnisvolle Welt. Mir kommen die Kalender in den Sinn, die das Kloster jedes Jahr verschickt. Es sind kleine Chroniken, in denen wichtige Ereignisse festgehalten werden. Auf jedem Monatsblatt ist ein Foto aus dem Klosteralltag zu sehen, darunter stehen Auszüge aus Reden oder Briefen. All die Jahre, in denen Charlotte und ich uns nicht gesehen haben, beschränkte sich unsere Kommunikation auf diese Kalender und auf die Weihnachtskarten, die ich im Gegenzug aus Deutschland schickte. Seit einiger Zeit gibt es englische Versionen der Kalender, anfangs waren sie ausschließlich griechisch. Ich konnte die Texte nicht lesen und erwartete doch jedes Jahr mit Spannung den ockerfarbenen Umschlag aus billigem Papier, auf den Charlotte in ihrer vertrauten Mädchen-Schönschrift meine Adresse geschrieben hatte. Ungeduldig blätterte ich den Kalender durch, bis ich irgendwo meine Freundin erkannte. Ich staunte, wie gut sie aussah. Sie schien zu leuchten, von ganz tief innen.

An diesem Abend sind die Stuhlreihen leer, ich bin die einzige Besucherin und habe weit vorne, in der dritten Reihe, Platz genommen. In den orthodoxen Kirchen stehen nicht die massiven Bankreihen der westlichen Kirchen, sondern in Reihen angeordnete Holzstühle. Schwester Dimitra hat mir das Buch *Mysterium der Anbetung* gegeben, damit ich die von den Schwestern auf Griechisch gesungenen Texte parallel auf Deutsch mitlesen kann, aber eigentlich interessiert mich der Text nicht, denn ich bin gebannt vom Gesang. Schwester Nazarene, die Vorsängerin, sticht deutlich heraus, sie ist die Hauptstimme und führt die anderen kraftvoll an. Die Schwestern singen im Wechsel, meist sind nur zwei verschiedene Stimmlagen gleichzeitig zu hören, was der Musik eine gleichförmige Klarheit verleiht, die sich dem Zuhörer einbrennt und ihm noch Stunden später in den Ohren klingt. Charakteristisch für den Gesang ist eine Dissonanz, die nicht schmerzt und nicht nach Auflösung drängt, sondern merkwürdig reizvoll klingt und mich in den folgenden Tagen magisch in die Kirche zieht.

Der seltsam disharmonische Gesang hilft mir, mich mit der fernen, dunklen orthodoxen Welt anzufreunden. Doch das Fremde überwiegt in diesen ersten Tagen. Misstrauisch beobachte ich, wie sich die Schwestern andächtig vor den Ikonen in der Kirche verneigen und jedes einzelne Heiligenbild küssen. Wie auf ein unsichtbares Signal hin löst sich eine Nonne nach der anderen zu einem bestimmten Zeitpunkt des Gottesdienstes aus der Gruppe, um die Heiligen zu verehren. Auf den Glasflächen, die die Ikonen vor direkter Berührung schützen, sieht man die Lippenabdrücke zahlloser Gläubiger, denn jeder, der die Kirche betritt, wendet sich als Erstes den Ikonen zu und küsst sie.

Ich sitze auf meinem Holzstuhl und beobachte das Geschehen wie ein Theaterkritiker, der am Ende einer Aufführung entscheiden muss, ob er die Inszenierung gut fand oder schlecht. Doch anders als der Kritiker fälle ich kein Urteil, sondern versuche, meiner Freundin, so gut es geht, zu folgen in ihre Welt. Oder gibt es noch andere Gründe, warum ich plötzlich in einer der armseligsten Gegenden Griechenlands sitze und darüber nachdenke, ob das Ikonenküssen nun unhygienisch ist oder einfach nur fremd? Einen Moment lang beobachte ich mich selbst – wie ich da fröstelnd sitze, die Jacke bis oben geschlossen, die Hände in die Taschen gestopft. Mein Blick ist skeptisch, die Körperhal-

tung lauernd. Was mache ich hier eigentlich und was hat das alles mit mir zu tun?
Vielleicht hat die Reise zu meiner Freundin bereits viel früher begonnen, vor zehn Jahren in den USA. Damals verbrachte ich als Stipendiatin ein wunderbares Jahr in Harvard. Zu Hause fühlte ich mich festgefahren, beruflich und privat. Ich war Mitte dreißig und hatte eine Krise, die Zeit in den USA, so hoffte ich, würde mich aus der Sackgasse führen und auf neue Ideen bringen, ganz gleich welcher Art. Das Programm an der Nieman-Foundation, für das ich als Journalistin ausgewählt worden war, folgte keinem Lehrplan und forderte von seinen Teilnehmern keinen Leistungsnachweis, allein das Lustprinzip galt. Man darf während des Nieman-Jahres nicht journalistisch arbeiten, das ist die einzige Bedingung, sondern soll Dinge ausprobieren oder vertiefen, die im Berufsalltag auf der Strecke bleiben. Wir widmeten uns sehr unterschiedlichen Themen – ein amerikanischer Journalist nutzte die Zeit, um Homers Ilias im griechischen Original zu lesen, ein anderer verbrachte viel Zeit im Fitnessclub, ein Dritter versuchte sich als Autor eines Romans. Ich besuchte Vorlesungen über griechische Helden und studierte in Gemäldegalerien die Heiligenmotive aus der Renaissance, lernte Alte Musik kennen und belegte ein Seminar, in dem der brillante Juraprofessor Alan Dershowitz die Ursprünge des Rechts im Alten Testament herausarbeitete. Zwar interessierte ich mich wenig für Jura, doch das Seminar bot einen guten Anlass, erstmals die Bibel zu lesen. Ich war offenbar hungrig nach Archetypen und stellte mir instinktiv einen Wissens-Kanon zusammen, der an die

Ursprünge des Lebens zurückging. Mich interessierten plötzlich existentielle Themen, doch noch wusste ich nicht, warum und wozu.

Sieben Jahre später kam ich erneut nach Harvard, diesmal war mein Mann dorthin eingeladen worden, und ich begleitete ihn mit unseren damals vierjährigen Zwillingen. Wieder sah ich Tagen, Wochen und Monaten entgegen, die vollkommen unstrukturiert waren. Keine Verpflichtungen, keine Routine, nichts. Mehr noch als bei meinem ersten Harvard-Aufenthalt fieberte ich dieser Auszeit entgegen, denn inzwischen hatte ich weniger Zeit für mich als jemals zuvor. Im Alltag zu Hause verplante ich notgedrungen jede einzelne Stunde des Tages im Voraus, anders lässt sich ein Leben mit kleinen Kinder und Beruf nicht organisieren. Manchmal hatte ich das Gefühl, ich müsse diese parzellierten Tage gar nicht mehr erleben, weil ohnehin vorher klar war, wie sie ablaufen würden.

In Harvard kam ich mir vor wie jemand, der nach einem langen Tauchgang die Welt in frischen Farben sieht. Hinter mir lagen die Babyjahre meiner Kinder, in denen ich kaum Zeit zum Lesen oder sonst etwas hatte, das mit geistiger Anstrengung verbunden war. Ich war ausgehungert und spürte eine Leere, die sich nicht mit Materiellem füllen lässt. Meine Kinder hatten mich verändert, mit ihrer Ankunft war meine Sehnsucht nach Unvergänglichem enorm gewachsen. Den Wurzeln dieser Sehnsucht wollte ich in Harvard nachgehen.

Anfangs orientierte ich mich noch reflexhaft an Themen, die mich beruflich weiterbringen könnten. Ein Seminar für erzählenden Journalismus, Werkstattberichte amerikanischer Autoren, solche Dinge. Doch dann beschloss ich, in den kommenden Monaten völlig absichtslos zu lesen. Mal nicht zu analysieren, warum ein Text gut ist und ob man bestimmte Elemente auf die journalistische Arbeit übertragen kann. Ich setzte mir keine Ziele und nahm mir nichts vor, ich ließ mich intellektuell treiben. Wenn es überhaupt so etwas wie einen Vorsatz gab, lautete dieser, geistig zu arbeiten, ohne dass dies einen unmittelbaren Nutzeffekt hätte. Bei meiner Ideensuche ließ ich mich wie damals, bei meinem ersten Harvard-Aufenthalt, allein vom Instinkt leiten. Wo würde ich dieses Mal stranden? Schon bald verschlang ich alle möglichen Bücher über Menschen, die drastisch ihr Leben verändert oder den Sinn ihres Lebens jenseits von materiellen Erfolgen gefunden haben. Meine persönliche Bibel wurde *Mountains beyond Mountains* – ein fulminantes Porträt des amerikanischen Anthropologen Paul Farmer, der globale medizinische Probleme zu lösen versucht, indem er in den ärmsten Regionen der Welt Krankenhäuser gründet und die Patienten dort kostenlos behandelt. Niemals hätte ich zu Beginn des Sabbaticals erwartet, im Laufe meines ziellosen Lesens einmal beim weltlichen Pendant Mutter Teresas zu landen und das auch noch inspirierend zu finden. Aber die Arbeit von Farmer, das wurde mir im behaglichen Lesesessel der Harvard-Bibliothek bewusst, bewegt wirklich viel. Ohne ihn wäre die Welt ärmer. Wie klein, eitel und nebensächlich erschien mir plötzlich meine eigene Arbeit – die Arbeit als Journalistin. Ich mag meinen Beruf, keine Frage – aber vornehmlich aus eigennützigen Gründen. Mich interessieren Geschichten. Es gefällt mir, mich über die Recherchen für Artikel immer neuen Themen zu widmen und anderen Realitäten als meiner eigenen zu öffnen. Schreiben hilft mir, die Welt zu verstehen. Wenn ein Artikel besonders gut gelingt, profitieren davon vielleicht auch andere. Aber verglichen mit der humanitären Arbeit eines Paul Farmer oder anderen Weltverbesserern ist die Wirkung meines Tuns gering.

Außer in Bibliotheken und Hörsälen landete ich während meines Sabbaticals beim Chor der Universität. Die Lust zu singen trieb mich seit längerem um, jetzt suchte ich eine konkrete Gelegenheit. Als ich zaghaft nachsang, was mir der Musikprofessor zur Prüfung meiner Qualifikation für den Chor auf dem Klavier vorspielte, ging ich so weit aus mir heraus wie schon lange nicht mehr. Ich war verlegen, denn es fällt mir schwer, etwas vorzuführen, was ich schlecht kann – doch ich wollte die Hürde unbedingt nehmen und manövrierte mich schließlich erfolgreich in den Chor.

Jeden Montagabend radelte ich zur Chorprobe in Harvards ehrwürdiger Memorial Hall. Umgeben von den Büsten großer Denker konzentrierte ich mich drei Stunden lang auf Noten, Texte und Töne. Beim Singen verschwanden Zeit und Raum, und ich dachte mir, so muss Meditieren funktionieren. Wir studierten geistliche Musik ein, Mozarts *Ave Verum Corpus* und die Nelson-Messe von Haydn. Da stand ich nun und sang auf Lateinisch das Glaubensbekenntnis, sang *Kyrie Eleison, Halleluja* und andere geistliche Lieder. Die Musik jagte mir wohlige Schauer über den Rücken. Ich spürte, dass sich durch das Singen eine Welt auftat, zu der ich bislang vergeblich Zugang über

Bücher und Texte gesucht hatte. Sieben Jahre zuvor hatte ich in Harvard Zuflucht bei den Erklärungen kluger Gelehrten gesucht, in der Hoffnung, sie würden mich spirituell inspirieren – ohne Erfolg. Erst der Wechsel von der Theorie in die Praxis brachte die Dinge in Bewegung. Als Kopfmensch hatte ich stets versucht, die Welt rational zu durchdringen – und nun verließ ich mich zum ersten Mal nicht auf den Verstand, sondern auf mein Gefühl. Charlotte hatte als Kunststudentin in Griechenland mit Hilfe des byzantinischen Gesangs Antworten auf grundlegende Fragen gefunden, für mich öffnete sich im Harvard-Chor eine Tür. Beide haben wir uns einem großen Thema über die Musik angenähert.

Zurück in Berlin, verfiel ich schnell in alte Gewohnheiten – das heißt, ich strukturierte meinen Alltag durch ein enges Zeitraster, erledigte möglichst viel zur selben Zeit und hatte selten das Gefühl, mich mal restlos auf eine Sache einzulassen. Ich nahm die alte Lebensweise wieder auf – jetzt allerdings begleitet von dem dumpfen Gefühl, dass irgendetwas fehlte. Etwas Großes, Erhabenes, über den Dingen Stehendes. Die Auszeit in Harvard hatte meine Sehnsucht nach Metaphysischem und Substantiellen vertieft. Instinktiv suchte ich den Kontakt zu Charlotte, ein Wiedersehen schien mir die logische Konsequenz meines Sabbaticals. Ich ahnte, jetzt würde ich sie verstehen können. Ich suchte keine Bekehrung, aber vielleicht würde ich mir etwas Hilfreiches abgucken können für mein Leben. Eine Haltung, die ich übertragen könnte auf die profanen Dinge des Alltags. Kurz – mich trieb eine diffuse Sehnsucht nach Spiritualität. Auch die Geburt meiner

Kinder spielte eine Rolle, denn jetzt hatte ich das Gefühl, ich könne Charlottes Stärke etwas entgegensetzen an Überzeugung und Stabilität. Wie meine Freundin hatte ich mit meiner Familiengründung eine folgenreiche Entscheidung getroffen – wenngleich etliche Jahre später als Charlotte.

Hätte ich in Harvard nicht die Nelson-Messe gesungen, säße ich jetzt vielleicht nicht auf diesem Holzstuhl bei Diodora im Vespergottesdienst, schießt es mir an diesem Abend in der Roten Kirche durch den Kopf. Die geistliche Musik ist mein Zugang zu dieser Welt. Doch was berührt sie in mir und was macht mich gerade jetzt so empfänglich? Zunächst einmal finde ich das alles ziemlich befremdlich. Ich betrachte die Nonnen und denke, vielleicht spielen sie den ganzen Tag eine Rolle, ein Kostüm haben sie ja bereits an. Wie ernst meinen sie es wohl mit ihrer Hingabe? Womöglich steigern sie sich in diesen Glauben hinein. Dann müssten sie sich allerdings gewaltig selbst betrügen, um ihr hartes, selbstloses Leben vor sich selbst rechtfertigen zu können.
An diesem Abend treibe ich mich nach dem Gottesdienst noch ein bisschen in der Kirche herum. Es ist ziemlich kahl hier drinnen, die Kirche ist nicht besonders alt und hat noch keine Patina. Die teppichlosen Marmorböden glänzen kalt im Kerzenlicht, von der Decke baumeln nackte Glühbirnen an langen Kabeln herunter. Noch schmücken keine Fresken die weißgekalkten Wände und trennt keine Ikonostase den Altarraum vom Kirschenschiff, die Ikonenwand ist noch bei einem Künstler in Arbeit.

Ich steige eine Stufe zum Altar hinauf, um die Gefäße darauf besser betrachten zu können. Neugierig nähere ich mich dem Opfertisch. Plötzlich scheucht mich Schwester Rahil davon wie einen räudigen Hund. »Ilka! Ksch, ksch!«, flüstert sie mit gepresster Stimme und wedelt aufgeregt mit der Hand. Ich bin dem Allerheiligsten zu nahe getreten – dem Tabernakel, in dem die heiligen Gaben in Gestalt von Brot und Wein aufbewahrt werden. Sie werden für die Spende der Kommunion an Kranke oder Sterbende in ihren Häusern verwendet. Gläubige erkennen in den heiligen Gaben das Blut und Fleisch von Jesus Christus, sie leben in der ständigen, zweifelsfreien, real gefühlten Gegenwart Jesu.
Mir fällt ein Fläschchen mit Reinigungsmittel ein, das jemand versehentlich auf dem Altar stehen gelassen hatte, als ich letztens an einem protestantischen Gottesdienst in Berlin teilnahm. Wir hatten uns zum Abendmahl vor dem Altar versammelt und fassten uns alle an den Händen, dann sagte der Pfarrer, wer wolle, könne die Oblate in den Wein tauchen. Es klang, als böte er den Gästen einer Cocktailparty Chips und einen Avocadodip an. Hinter seinem Rücken blitzte das profane Reinigungsfläschchen hervor. Kein Wunder, dass mir Rahils Verhalten vor diesem Hintergrund einen Moment lang hysterisch vorkommt.
Rahil hat ihr Leben der Anbetung geweiht, und die Anbetung findet ihren konkreten Ausdruck in den präzisen Handlungen und Symbolen der Gottesdienste. Jedes Objekt hat in dieser Kirche eine geheiligte Bedeutung, jede Bewegung ist eine Demutsgeste. Ich hingegen sehe auf dem Altar ein Gehäuse, den Taber-

nakel, mehr nicht. Und kann mir nicht vorstellen, dass außer Schwester Rahil und mir noch jemand anders in der Kirche anwesend sein soll.
Meine fehlende Ehrfurcht bringt mich angesichts von Rahils großer Ernsthaftigkeit in Verlegenheit, der Fehltritt ist mir unangenehm. Wie gerne würde ich über das sinnlich Wahrnehmbare hinausgehen und an Wunder glauben, aber es gelingt mir nicht. Meine Sehnsucht nach Spiritualität kollidiert mit meiner Rationalität. Ich eile aus der Kirche. Draußen ist es dunkel.
Auf dem Weg in die Präsidentensuite klopfe ich bei Schwester Dimitra. Mit ihr habe ich mich gleich angefreundet, weil sie aus Deutschland stammt und uns keine Sprachbarriere trennt. Schwester Dimitra hieß vor vielen Jahren einmal Bettina, war Protestantin und hat in der Pharmaforschung als Chemikerin gearbeitet. Parallel dazu suchte sie auf allen möglichen Ebenen nach Sinn und Erfüllung – zum Beispiel im Katholizismus, bei Meditationskursen in Indien oder Sozialarbeit mit Straffälligen. Nichts funktionierte. Bis sie zufällig am Bodensee ein geistiges Kind von Vater Dionysios kennenlernte und sich Anfang der neunziger Jahre nach Jerusalem aufmachte. Wie Charlotte traf die Begegnung mit dem charismatischen Priestermönch und der Orthodoxie Bettina wie ein Blitzschlag. »Ich hatte das Gefühl, er weiß alles über mich«, beschreibt sie ihre erste Begegnung mit Geronda, »als ob er durch mich durchschauen könnte.« Sie spürte, dieser Mann würde ihr Antworten auf alle Fragen geben können, ihm wollte sie sich anvertrauen. Endlich war ihre Suche zu Ende. Umstandslos schloss sie sich 1994 der Gruppe an.

»Ne!«, ruft Schwester Dimitra, als ich anklopfe, das heißt auf Griechisch »ja«.
Ich stecke den Kopf durch die Tür und sehe die Nonne an einem schmalen Schreibtisch über einen Laptop gebeugt sitzend. Ihr rechtes Bein ruht ausgestreckt auf einem Holzklotz, der Fuß ist gebrochen, als sie kürzlich gegen einen großen Stein gelaufen ist, während sie, den Kopf rückwärtsgewandt, mit jemandem sprach. Jetzt verbringt Dimitra viel Zeit in ihrer Zelle und bewegt sich auf der Etage im Rollstuhl hin und her. Von den Gottesdiensten ist sie entschuldigt, sie betet mehrmals täglich allein.
Ich hätte ein paar Fragen, sage ich. »Darf ich reinkommen?«
»Natürlich!«
Sofort kommt Bewegung in die winzige Zelle. Schwester Dimitra rückt Stühle, kocht Wasser, gießt Tee auf und bietet Kekse an. All ihre Bewegungen wirken ein bisschen unbeholfen, was nicht allein am Gipsfuß liegt, sondern an Dimitras Natur. Motorisch und charakterlich ist sie ein großes Kind geblieben – treuherzig und vollkommen unschuldig, ein bisschen tapsig. Sie staunt und strahlt und begeistert sich uneingeschränkt für alles, was um sie herum geschieht. Man muss Dimitra eher bremsen als anstacheln, sie sprüht vor Ideen. Einige davon werden umgesetzt, beispielsweise durfte sie sich im Kloster eine Art Kräuterküche einrichten, in der sie naturreine Salben, Seifen und Essenzen herstellt, die im Klosterladen verkauft werden.
Ich erzähle von meinem Fauxpas in der Kirche. Um die mystische Bedeutung des Tabernakels besser zu ver-

stehen, frage ich, wie lange die konsekrierten Gaben durchschnittlich darin aufbewahrt werden.

»Bis sie gebraucht werden«, antwortet Dimitra, »das kann eine lange Zeit dauern.«

Ich will es genau wissen. »Brot und Wein sind doch organische Substanzen. Werden die nicht irgendwann schlecht?«

Dimitra schaut mich mit schreckensgeweiteten Augen an. »Aber nein! Sie sind doch heilig!« Sie weist mich darauf hin, dass in dem Tuch, das den Altar bedeckt, Knochensplitter eines Märtyrers eingenäht sind. »Diese Reliquien sind selbst heilig, sie heiligen alles.« Dann überreicht sie mir einen schmalen Band aus ihrem Bücherregal. Es ist ein deutsches Fachlexikon, das die liturgischen Grundbegriffe der Orthodoxie erklärt. Auch von den Dingen, die sinnlich nicht gegenwärtig, aber dennoch anwesend sind, ist die Rede. Das wird mir helfen.

Ich bedanke mich bei Dimitra, und wir wechseln das Thema.

Dimitras aktuelles Projekt betrifft das Verlagswesen. Sie möchte Reden veröffentlichen, die Geronda und Gerondissa gehalten haben.

»Wie gründet man eigentlich einen Verlag?«, fragt Dimitra. »Das kann doch nicht so schwer sein.« Dann hangelt sie sich zu einem Bücherregal hinüber und kramt eine kleine Blattsammlung hervor, die zwischen hellgrünen Umschlagseiten zusammengeheftet ist. Vorne drauf ist ein stilisiertes Kreuz gedruckt, hinten ein Foto von Geronda. Das Heftchen mit dem Titel *Der innere Feind. Ein Interview mit Archimandrit Dionysios* gehört zu Dimitras ersten Werken als Herausgeberin.

Bis zum eigenen Verlag sind noch ein paar Schritte zu gehen.

Dimitra klickt auf dem Computer ein paar Symbole an und zeigt mir Etiketten, die sie für ihre Naturkosmetik-Produkte entworfen hat. Ein Salbei- und ein Minzezweig verbinden sich in Form eines Kreuzes und die Rote Kirche taucht als Emblem auf. Dann öffnet sie ein Foto von Vater Dionysios, es ist eine Porträtaufnahme. Dimitra zoomt schrittweise das Gesicht heran, bis die Augen riesig groß auf dem Bildschirm erscheinen. Wie sie da sitzt und versonnen ihren geistigen Vater betrachtet, könnte man sie für einen verliebten Teenager halten. Doch die Arglosigkeit, mit der sie ihren Geronda in meiner Gegenwart anhimmelt, ist eigentlich der beste Beweis für die Unschuld dieser Beziehung.

»Welche Rolle spielt Geronda für euch Nonnen?«

»Wir wollen eine Beziehung zu Gott finden, und dabei hilft uns Geronda, unser Seelenvater. Wir wollen keine Beziehung zu ihm.«

»Wie hilft er euch?«

»Er begleitet uns auf unserem geistigen Weg. Das ist ein schmerzhafter Weg, weil man merkt, dass man sich mit Dingen identifiziert, die nichts mit dem Wesentlichen zu tun haben. Man muss sich von vielem trennen, immer wieder neu.«

»Und dafür muss man ins Kloster gehen?«

»Wer sich für das Kloster entscheidet, will sich ändern und Christus erfahren. Um das zu erreichen, muss man sich der geistigen Führung von jemandem hingeben, dem man vertraut. Das ist eine freie Entscheidung. Aber nur wenn man sich völlig öffnet und hingibt, merkt der Vater, was einem fehlt und was man braucht. Wir haben uns im Kloster für Gehorsam entschieden, aber das Wort Gehorsam hat im Westen eine ganz andere Bedeutung als das, was wir hier leben. Unser Leben hat nichts mit Selbstgeißelung zu tun, wie es von außen oft missverstanden wird. Sondern mit Achtung und Ehrerbietung voreinander, mit Wachsen und Hingabe. Hierarchien gibt es überall, auch in der Natur.«

Dimitra spricht im Tonfall einer Märchenerzählerin. Ihre Augen sind weit aufgerissen, und sie scheint über die Magie des Klosterlebens zu staunen, als höre sie davon zum ersten Mal. Sie liebt dieses Leben und achtet das Führungsprinzip bedingungslos. Die Einsicht in die Notwendigkeit, sich geistlicher Führung hinzugeben, gehört zu den wesentlichen Merkmalen des orthodoxen Glaubens. Oder, anders ausgedrückt – wer sich auf die spirituelle Suche macht, kommt unter der Obhut eines Geronda viel weiter, als wenn er allein auf sich gestellt bleibt.

Obwohl Diodora den Titel Gerondissa trägt, steht sie nicht auf der gleichen Stufe wie ihr männliches Pendant Geronda. Frauen können die Funktion eines Geronda in der orthodoxen Kirche genauso wenig ausüben wie die eines Priesters, das heißt, sie können die Beichte nicht abnehmen und keine Messe zelebrieren. Die strikte Rollenverteilung leitet sich wie alles in der Orthodoxie aus der Bibel ab: Der Priester symbolisiert in der Messe Jesus, und Jesus war ein Mann.

Gerondissa heißt wörtlich übersetzt »die Ältere« und entspricht ungefähr der Bedeutung einer Äbtissin in westlichen Ordensgemeinschaften. Formal ist Diodora

momentan keine Äbtissin, denn diesen Titel trägt in Karditsa eine ältere Nonne, die der Gründungsgemeinschaft des Klosters entstammt. Obwohl nominell keine Äbtissin, leitet Diodora faktisch das Kloster. Darüber hinaus wird sie von allen Schwestern als geistige Mutter anerkannt, also auch von jenen, die gerade in einem anderen der insgesamt drei Klöster der Gemeinschaft leben – in Theben oder dem Georgskloster.
Wegen ihrer fortgeschrittenen geistlichen Reife bildet Diodora die Brücke zwischen Geronda und den Schwestern, sie ist sowohl sein geistiges Kind als auch Vermittlerin zwischen ihm und seinen anderen Kindern – sie ist eine Art Sprachrohr nach beiden Seiten. Vermittelt bei Missverständnissen und gibt Anweisungen von oben nach unten weiter. Auch die Gerondissas der beiden anderen Klöster wenden sich zuallererst an Diodora, wenn es Gesprächsbedarf gibt.
Dimitra hat Diodora als Zeichen ihrer Hingabe vor vielen Jahren die eigenen Tagebücher übergeben. Sie ordnet sich ihrer Gerondissa kompromisslos unter, holt sich beispielsweise sogar eine Erlaubnis, wenn sie sich außerhalb der Mahlzeiten ein Marmeladenbrot schmieren möchte. Diodora, fügt Dimitra hinzu, habe ihr sehr auf ihrem geistigen Weg geholfen. »Sie ist so stark und hat so viele Gaben, ein ganz besonderer Mensch. Man erlebt an ihrem Beispiel, wie jemand über sich hinauswächst und frei wird.« Diodora ist leuchtendes Vorbild, von den Schwestern geliebt und verehrt.
Auf der Etage ist es inzwischen noch stiller als üblich geworden, ab zehn Uhr gilt im Prinzip Nachtruhe, Ausnahmen werden großzügig erlaubt. Dimitra ver-

abschiedet mich herzlich. Auf ihrem Computer hat sich inzwischen der Bildschirmschoner eingeschaltet. Es ist ein Foto von Geronda als jungem Mönch.
Wenig später liege ich, begraben unter drei Lagen von Decken, in meinem schmalen Bett und kann nicht schlafen – obwohl ich die Ruhe und Isolation des Klosters als Gegenpol zu meinem überreizten Großstadtleben sehnsüchtig erwartet hatte, fühle ich mich plötzlich abgeschiedener, als mir lieb ist. Ich ahne, wie einsam man hier sein kann. Und dass es lange dauert, bis man tatsächlich angekommen ist.

Kindheit im Saarland: Auf dem Flohmarkt verkauften Ilka und Charlotte in den 1970ern alte Spielsachen.

Unzertrennliche Freundinnen: Charlotte und Ilka in der Homburger Ballettschule.

Charlotte mit vierzehn Jahren

Ilka als Teenager

Charlotte in ihren Studienjahren an der Berliner Kunsthochschule

Ilka in ihren Studienjahren in München

Die Gegend rund um das Kloster bei Theben ist mythologisch aufgeladen: Einige der Dörfer, auf die Diodora blickt, sind in der Odyssee *erwähnt.*

Das Kloster des Heiligen Sankt Georg, ein ehemaliges Priesterseminar, liegt versteckt und einsam auf einer Anhöhe. Manchmal hört man hier die Wölfe heulen.

Schwester Esther ist im Georgkloster für die Ikonen zuständig. Sie malt, restauriert und reinigt die Heiligenbilder.

Schwester Spiliotissa im Gespräch mit älteren Schwestern im Refektorium des Sankt-Georg-Klosters.

Eine Nonne schneidet Brot für die Liturgie. Der Priester segnet das Brot während des Gottesdienstes.

Der orthodoxe Gottesdienst besteht hauptsächlich aus gesungenen Hymnen.

Schwester Spiliotissa begrüßt ihre Gerondissa respektvoll mit einem Handkuss.

Die Ikonen machen für die Gläubigen eine unsichtbare Welt zugänglich.

Der heutige orthodoxe Gottesdienst greift auf uralte heilige Traditionen zurück und unterscheidet sich nur wenig vom Gottesdienst der Antike.

Schwester Dimitra kommt wie Diodora ursprünglich aus Deutschland.

Die Heilige Liturgie in der Kirche des Sankt-Georg-Klosters erstreckt sich über drei Stunden. Die Ikonenwand trennt den Altarraum vom Kirchenschiff.

Bei ihrer Inthronisation als Äbtissin und seitdem zu anderen feierlichen Anlässen trägt Diodora einen prächtigen roten Umhang.

Charakteristisch für die byzantinische Kirchenmusik: Der Gesang der Schwestern wird durch kein begleitendes Instrument unterstützt.

Geronda und Gerondissa: Diodora küsst ihrem geistlichen Vater die Hand, als sie während des Gottesdienstes von ihm das gesegnete Brot erhält.

Bruder Chrysostomos aus dem Petra-Kloster stammt aus Chicago. Sein Name bedeutet auf deutsch »Goldmund«.

Das Kloster »Zur Erhöhung des Heiligen Kreuzes« hoch über dem Dorf Theben haben Diodora und ihre Schwestern aufgebaut.

Die Nonnen wirtschaften sehr sparsam und versorgen sich zum Teil selbst: Schwester Damaskini im Ziegenstall.

Diodora trägt als geistige Mutter die Verantwortung für rund fünfzig Schwestern aus vierzehn verschiedenen Ländern. Schwester Spiliotissa mit dem Kätzchen ist eine von ihnen.

Reden über damals und heute.

Ilka und Diodora spazieren über die Wiesen, die das Kloster bei Theben umgeben.

Aufbaujahre

Lehmbrocken spritzen am Auto hoch, die Reifen laufen heiß. Steil geht es jetzt den Berg hinauf. Diodora schaltet einen Gang herunter. Konzentriert lenkt sie den Wagen Meter für Meter hinauf. Sie schaut gebannt durch die Windschutzscheibe. Gleich sieht sie zum ersten Mal den Ort, an dem sie und die Schwestern ihr Kloster errichten werden.

Noch eine Linkskurve, dann ist Diodora am Ziel. Eine weiße Feldkirche schmiegt sich einsam in struppige Hügellandschaft, ein Stück von ihr entfernt steht ein verlassener Schuppen. Mehr ist nicht zu sehen – weit und breit nur Ödnis. Der Wind weht kräftig hier oben, und kein Zivilisationslärm dringt herauf, man hört nur das Rauschen des Windes in buschigen Kiefern. Diodora schaut versonnen ins Tal hinunter. Die Gegend ist mythologisch aufgeladen: Unten, am Fuße des Berges Kithäron, soll sich das Ödipus-Drama abgespielt haben. Einige der Dörfer, auf die sie blickt, sind in der Odyssee erwähnt.

Es ist März 1994, der Frühling lässt auf sich warten, noch blüht kein Strauch, und die Bäume sind kahl. Nüchtern betrachtet sieht es hier oben ziemlich unwirtlich aus. Sich an dieser Stelle ein vitales Kloster vorzustellen, scheint ein kühner Gedanke. Diodora spürt ein mulmiges Gefühl. Ob wir das schaffen?, fragt sie sich.

Doch die Sache ist längst entschieden. Anlass für die Klostergründung auf dieser 400 Meter über der Stadt Theben gelegenen Anhöhe ist das große Stück Land, welches ein älteres Ehepaar Geronda vermacht hat. Von staatlicher Behörde und kirchlicher Synode ist die Gründung bereits offiziell anerkannt und beurkundet worden. Auf dem Papier existiert das Kloster mit dem Namen »Erhöhung des Heiligen Kreuzes« schon, jetzt muss es nur noch konkrete Form annehmen. Eine große Aufgabe.

Die Schwestern, es sind jetzt rund 15 Frauen aus acht verschiedenen Ländern, haben beschlossen, Diodora zu ihrer Äbtissin zu machen. Geronda ist einverstanden. Die demokratische Wahl durch die gesamte Schwesternschaft wird erst im darauffolgenden Jahr stattfinden, wenn das Kloster sichtbar Kontur angenommen hat. Ebenso wird die feierliche Inthronisation durch den Bischof erst eineinhalb Jahre später stattfinden. Doch schon jetzt einigen sich die Schwestern darauf, dass Diodora inoffiziell die Führung übernimmt.

Als Erstes werden Bauwagen organisiert, in denen die Schwestern wohnen, bis das erste Gebäude errichtet ist. Die Mahlzeiten bereiten die Nonnen auf einem Spirituskocher zu – in der akuten Bauphase gilt es, zweimal täglich vierzig, fünfzig Leute zu verköstigen, denn auch die Arbeiter müssen versorgt werden. Und lange bevor das Kloster Form angenommen hat, kommen bereits Busse voller Besucher, die ebenfalls bewirtet werden. Wasser wird in leeren Fanta-Flaschen von einer weit entfernten Quelle herbeigeschleppt – eine Tagesaufgabe für eine Nonne. Eineinhalb Jahre lang geht das so, dann können sie endlich eine eigene Wasserbohrung finanzieren. Was für ein Ereignis, als in 430 Metern Tiefe das Wasser sprudelt! Anfangs haben die Schwestern sich, ihre Wäsche und das Geschirr in Plastikwannen gewaschen. Abends, wenn es dunkel wird, werden Kerzen angezündet, denn auch Elektrizität lässt Jahre auf sich warten. Die nächste Ortschaft Theben liegt zehn Kilometer weit entfernt, alle Anschlüsse müssen neu gelegt werden.

Im Winter, wenn es geschneit hat, sind die Schwestern oft tagelang komplett isoliert auf ihrer Anhöhe, niemand kommt hinauf oder hinunter. Während der kalten Monate breiten sich Bronchitis und Fieberinfekte in den notdürftig mit Heizstrahlern ausgestatteten Bauwagen aus, es ist klamm und feucht. Mehr noch zehrt die sengende Hitze der Sommermonate an den Kräften der körperlich hart arbeitenden Frauen. In den schweren schwarzen Gewändern staut sich die Wärme. Doch niemand jammert. Zimperlichkeit lehnen Diodora und ihre Schwestern ab, Resolutheit gehört zum Selbstverständnis dieser Frauen. Wo es geht, packen sie selbst mit an, das haben sie im Laufe ihrer Studienjahre gelernt, als es immer wieder Anlass gab, Wohnungen und Häuser zu renovieren und umzugestalten. Mit jeder dieser Renovierungen haben die Schwestern ihre handwerklichen Fähigkeiten verbessert – und sich bei den Männern ihrer Umgebung Respekt verschafft. Nonnen, die mit Mundschutz Holzböden schleifen und mit großen Flex-Maschinen hantieren, hat man hier noch nicht gesehen.

Das primitive Leben schweißt die Schwestern fest zusammen, es ist trotz aller Anstrengung voller glücklicher Momente und zeigt, wie wenig man eigentlich braucht. Jede von ihnen spricht später begeistert von dieser Zeit. »Unsere schönsten Jahre«, sagt Diodora über die Jahre im Bauwagenlager, »wir waren Kinder!« Das Bauen wird finanziell hauptsächlich durch Schenkungen von Freunden des Klosters ermöglicht. Zudem fließen Sachspenden von allen möglichen Seiten: Vom Staat gibt es den Strom umsonst, und die Armee schenkt den Schwestern ausgemusterte Feldbetten und Essenskonserven, gelegentlich transportiert sie in Tankwägen Wasser, das knappste und wichtigste Gut, herbei. Später helfen die Soldaten, Tausende Bäume zu pflanzen. Anwohner bringen Lebensmittel oder spenden Baumaterial. Die am Bau des Klosters beteiligten Architekten sind geistige Kinder Gerondas, sie liefern ihre Entwürfe zum Selbstkostenpreis oder engagieren sich ehrenamtlich. Diese Großzügigkeit auf allen möglichen Ebenen erklärt sich durch die Rolle der Kirche in Griechenland. 97 Prozent der Bürger sind griechisch-orthodox, die Kirche ist integraler Teil ihres Lebens und das Vertrauen auf die Kraft des Heiligen Geistes grenzenlos. Zu Grundsteinlegungen, Schiffstaufen oder Geschäftseröffnungen erscheinen Priester so selbstverständlich wie zu Hochzeiten und Beerdigungen. Geweihtes Wasser wird in Familien als Arzneimittel verwendet – angeblich wirkt es Wunder. Zum Osterfest, dem höchsten Feiertag der Orthodoxen, lässt man die Speisen des Festmahls segnen und legt geweihte Kuchen auf die Gräber der Verwandten. Und weil es im Leben nichts umsonst gibt, weil eine

Hand die andere wäscht, helfen die Menschen im Gegenzug der Kirche, wann immer sie können. Versorgt beispielsweise ein Technikhändler das Kloster mit Computern und Telefonen, erhofft er sich dafür von den Schwestern spirituelle Unterstützung, indem sie ihn in ihre Gebete einschließen. Der Tausch von materiellen Gütern gegen die Aussicht auf Seelenheil und Gnade treibt schillernde Blüten.

Bei der Gestaltung des Klosters setzt Diodora hohe Maßstäbe. Schön soll der Bau werden, das ist klar – aber gleichzeitig auch ökologischen Prinzipien folgen. Im Frühling 1996 schreibt sie ihren Eltern: »*Uns geht es allen sehr gut, Gott sei Dank! Wir sind auf der Suche nach guten Fachleuten für Isolation, ökologisches Bauen und energiesparende Lösungen am Bau. Das in Griechenland zu finden ist schwer! Kennt Ihr nicht einen erfindungsreichen und guten Architekten, der uns helfen möchte? Er könnte seine Ferien bei uns verbringen und Vorschläge an Ort und Stelle machen. Das wäre die größte Hilfe, das beste Geschenk, das man unserer Gemeinschaft machen könnte.*«

Ein Foto aus dieser Zeit zeigt Diodora auf dem Baugelände. Der Wind zerrt an ihrem Schleier, und sie trägt einen wuchtigen schwarzen Kasten. Es ist ein Mobiltelefon – eines jener unhandlichen frühen Modelle, die Anfang der neunziger Jahre auf den Markt kamen. Über das Telefon hält sie ständig Kontakt mit Geronda, ihrem geistigen Vater, der mit seinen Brüdern noch im Jerusalemer Heilig-Kreuz-Kloster lebt. Nichts geschieht ohne seine Einwilligung. Er wacht aus der Ferne nicht nur über die praktische, sondern vor allem über die spirituelle Entwicklung der Gemeinschaft. Jede einzelne Schwester arbeitet hart an sich selbst, um vollständig in der Gemeinschaft aufzugehen. Diodora beschreibt diese Arbeit damals in einem Brief nach Hause: »*Das lernen wir hier im Kloster: zusammenleben, Rücksicht nehmen, Verständnis für die Schwächen des anderen entwickeln durch Erkennen eigener Schwächen, Freude an den Gaben des Nächsten, Zusammenarbeit. Kommunikation. Letzteres ist wohl eines der schwierigsten Dinge, wir erkennen hier bei uns tagtäglich, dass man häufig gar nicht richtig miteinander kommuniziert, sondern ein jeder in seiner Welt lebt – mit seinen eigenen Vorstellungen und Ideen, ohne richtig offen für den Nächsten zu sein. Und gerade bei uns, wo wir zu so vielen zusammenleben, müssen wir lernen, ein ›Herz und eine Seele‹ zu werden. Wir müssen wie die verschiedenen Glieder eines Leibes werden, in perfekter Abstimmung und Zusammenarbeit, sonst ist es kein richtiges Kloster! Und das verlangt tägliche Arbeit an sich selbst, um über sein eigenes Ich hinauszuwachsen und um anzufangen, sein Gegenüber zu sehen. Geronda hilft uns, zu erkennen. Er ist die Seele unserer Gemeinschaft.*«

Eineinhalb Jahre nachdem die Schwestern das Ödland bezogen haben, ist das Gelände planiert und mit Kies bestreut, Tausende von Bäumen sind gepflanzt, Taufbecken und Glockenturm, Friedhof und Stallungen errichtet. Das Hauptgebäude, in dem sich später Zellen und Arbeitsräume, Küche und Refektorium befinden werden, existiert in Ansätzen. Das Kloster ist zum Greifen nahe.

Am 14. September 1995 erhält Diodora die Weihe als Nonne. Sie verspricht sich Jesus auf Lebenszeit, sie

wird seine Braut. In der orthodoxen Kirche heißt der Ritus »Tonsur«, was auf Lateinisch »scheren« bedeutet, denn bevor Diodora Keuschheit, Besitzlosigkeit und Gehorsam gelobt, wird ihr das Kopfhaar geschnitten. Je nach geistlichem Reifegrad der Nonnen unterscheidet man zwischen »Großem Schima« und »Kleinem Schima«, was Eingeweihte äußerlich an kleinen Unterschieden im Habit erkennen. Diodora überspringt das »Kleine Schima« und erreicht, nur acht Jahre nachdem sie auf Naxos die Orthodoxie kennenlernte, die höchste Weihestufe, die die Kirche einer Frau ermöglicht.
Kurd und Luise reisen zu Diodoras feierlicher Tonsur nach Griechenland, als Eltern spielen sie eine besondere Rolle. Viele Gäste aus Familien, Nachbarschaft und anderen Klöstern sind gekommen. Zusammen mit Diodora legt die Amerikanerin Aemiliani ihr Gelübde ab, und zwei Schwestern werden eingekleidet. Weil die kleine Kirche nur einen Bruchteil der Gäste aufnehmen könnte, findet der Gottesdienst am Abend im Freien statt. Diodoras Eltern werden in die erste Reihe gedrängt. Luise fühlt sich fremd und elend, als sie sieht, wie zwei Schwestern ihre Tochter rechts und links untergehakt nach vorne führen. Diodora trägt ein langes, hochgeschlossenes Gewand aus blütenweißem Stoff, das in der Taille locker gegürtet ist. Die braunen Haare fallen lang den Rücken hinunter, sie sehen struppig aus, seit Diodoras Einkleidung vor drei Jahren sind sie nicht mehr geschnitten worden. Diodoras Gesicht wirkt wie bemalt: Die üblicherweise vom Schleier unbedeckte Partie von der Stirn bis zum Kinn ist rötlich von der Sonne gegerbt, die restliche Haut

schneeweiß. Ihr Blick ist konzentriert, sie wirkt abwesend, fast entrückt. Mit beiden Händen fasst Geronda Diodoras Haare wie zu einem Zopf zusammen und schneidet sie im Nacken ab. Als er die Schere ansetzt, krümmt sich Luise innerlich. Sie hat das Gefühl, ihre Tochter werde verstümmelt.

Einen Tag später wird Diodora feierlich als Äbtissin inthronisiert. Viele weitere Gäste sind gekommen, gleichzeitig feiert man an diesem Tag das jährliche Klosterfest. Diodora trägt zur Amtseinführung einen tiefroten, an den Säumen goldbestickten Umhang, der eng gefältelt ihr schwarzes Habit umspielt. In der Hand hält sie einen traditionellen Äbtissinnenstab. Den Blick auf den Boden gesenkt, schreitet sie in einer kleinen Prozession hinter Geronda und dem Bischof, der sie während der Liturgie ins Amt einsetzen wird, über den Hof. Sie sieht eindrucksvoll aus und sehr entschlossen. Geronda beschreibt Diodora in seiner Ansprache als reich begabten Menschen mit einer vorzüglichen Ausbildung. Sie sei ein gutes Beispiel dafür, sagt er, dass man nicht Nonne oder Mönch wird, weil man das Leben verabscheut oder vor etwas flüchten muss, sondern weil man etwas viel Größeres gefunden hat.

Auf einem Foto von den Feierlichkeiten sieht man die Eltern mit Pappbechern in der Hand auf Plastikstühlen im Schatten vor dem Haupthaus sitzen. Kurd trägt einen dunklen Anzug mit Krawatte, Luise ein förmliches Kleid mit Goldknöpfen. Sie strahlt viel Würde aus, und ihre Augen wirken verweint.

Mit der Einsetzung als Äbtissin übernimmt Diodora, erst 31 Jahre alt und kaum der eigenen Lehrzeit ent-

wachsen, viel Verantwortung. Es gibt kein Vorbild, an dem sie sich orientieren kann – sie selbst hat nie längere Zeit unter der Obhut einer Äbtissin gelebt. Wie stark sie sich von der Aufgabe herausgefordert fühlt, zeigt ein Brief, den sie ihrer Mutter schrieb, als sich andeutete, dass sie Äbtissin wird: *»Mutter, ich möchte Dir einige Gedanken anvertrauen, Du wirst vielleicht lachen – aber es wird wahrscheinlich ein neues Kloster gebaut, und alle möchten, dass ich Äbtissin werde. Da ich aber weiß, wie ich bin – erst mal viel zu jung und außerdem von Natur aus alles immer nach meinen Vorstellungen leiten und lenken wollend, die Vorstellungen der anderen nicht anerkennend, uneinfühlsam, dickköpfig, hart, humorlos, ernst, selbstbewusst und selbstvertrauend –, glaube ich, es ist für mich und die anderen nicht gut, wenn ich Gerondissa bin.*
Ich fühle, dass mein Ideal einer Frau immer Du warst und auch jetzt noch bist, dass ich Dich bewundere und als Vorbild in allem habe, was ich anfange, dass ich alle anderen mit Dir vergleiche und an Dir messe und selbst so werden möchte wie Du.
Ich kann mir keine bessere Gerondissa vorstellen als Dich. Willst Du nicht dieses Amt übernehmen?
Es umarmt Dich von Herzen Deine Dionyssia
P.S. Bitte schwarze Kniestrümpfe besorgen für Schwester Aemiliani«

Es klingt, als wolle sie noch einmal Kind sein und sich unter den warmen Rockschößen der Mutter verstecken. Ein letztes vertrauensseliges Aufbegehren, bevor es richtig ernst wird. Als Tochter ist die Wahl zur Äbtissin ein denkwürdiges Ereignis in Diodoras Leben.

Jetzt hat sie die Frau, die sie von allen am meisten bewundert, hinter sich gelassen. Sie ist der Mutter endgültig entwachsen und hat das geschafft, wovon viele Töchter nur träumen: Sich von der Prägung der Mutter frei zu machen und sie gleichzeitig weiterhin als zentrale Größe im eigenen Leben anerkennen zu können.

Diodora, erste und einzige deutsche Äbtissin in Griechenland, scheint den Kirchenfunktionären für eine Leitungsfunktion bestens geeignet. Sie weiß Beziehungen zu knüpfen und zu nutzen, das ist wichtig für das Kloster, denn es ist arm und auf Spenden angewiesen. Anders als in Deutschland bekommen die Klöster in Griechenland keine festen und regelmäßigen Zuwendungen von den Kirchen. Die Nonnen wissen nie, mit wie viel Geld sie wann rechnen können.

Als die Schwestern den Grundstein ihres Klosters legen, wissen sie nicht, ob sie das Gebäude jemals finanzieren können. Vielleicht reichen die Mittel fürs Erdgeschoss, vielleicht auch nicht. Als das Erdgeschoss Form annimmt, ist noch unklar, ob es einen ersten Stock geben wird. Am Ende gibt es sogar eine zweite Etage, und das Dach wird ausgebaut – und es existieren Pläne für den Bau einer weiteren Kirche ganz oben auf der Bergkuppe. Ob es jemals dazu kommen wird, steht in den Sternen.

Diodora entwickelt großes Geschick darin, Geld und andere Mittel für das Kloster aufzutreiben. Das hat sie bereits in ihrer Schul- und Studienzeit geübt, die sie mit insgesamt rund zehn Stipendien bestritt. Jetzt hält die Äbtissin Vorträge auf internationalen Konferenzen und wirbt, wo immer sie kann, für die Belange

des Klosters. Sie betreibt persönliches Fund-Raising auf hohem Niveau. Klappert potentielle Spender in Athen und anderswo ab. Stattet Unternehmern in Deutschland Besuche ab, die für ihr christliches Engagement bekannt sind. Mal handelt sie Vorzugskonditionen für Baumaterialien oder technische Geräte aus, ein anderes Mal fließen Spenden.
Die Kommunikation mit der alten Welt verlagert sich auf Telefonate und Faxe, später E-Mails. Die Zeit der ausführlichen Schilderungen in Briefen ist vorbei. Diodora muss sich jetzt nicht mehr andauernd rechtfertigen oder erklären, die Familie respektiert ihren Entschluss. Alle paar Jahre kommen die Eltern jetzt zu Besuch, doch nah sind sie der Tochter noch immer nicht. Die Orthodoxie wirkt exotisch, das Klosterleben unzugänglich. Es wird viele Jahre dauern, bis die Wunden geschlossen sind und sich wieder bedingungslose Vertrautheit einstellt. Luise registriert voller Anerkennung, wie sehr sich Diodora bei Besuchen um sie kümmert – aber sie empfindet es als das Kümmern einer fremd gewordenen Person. Diodoras Zuwendung fühlt sich für die Mutter ein wenig gezwungen und bemüht an – so gezwungen und bemüht wie der ungewohnte Stil ihrer Briefe. Doch gleichzeitig ist Luise dankbar für jedes Lebenszeichen ihrer Tochter. Bei aller Zwiespältigkeit rechnet sie es Diodora hoch an, dass sie sich immer wieder anstrengt, Kontakt zur Familie zu halten.
Die grundsätzlichen Diskussionen zwischen Eltern und Tochter münden jetzt, in der Aufbauzeit des Klosters, in eine Phase praktischer Unterstützung. Luise bringt den Schwestern eine riesige Küchenmaschine

aus Deutschland zur besseren Bewältigung der täglichen Gemüsezerkleinerung mit. Kurd wird vornehmlich als Arzt wahrgenommen und vermittelt medizinische Hilfe auf allen möglichen Ebenen. Beide Eltern greifen tatkräftig zu Spaten und Schubkarre, wenn der Klostergarten umgegraben werden oder ein Kiesweg angelegt werden muss. Den sichtbaren Fortschritten des Klosterbaus können sie leichter folgen als Charlottes Wesensveränderung in den Anfangsjahren. Damals war Charlotte vorangeprescht, als gelte es, einen Rekord zu brechen. Damals wirkten ihre von religiöser Symbolik durchtränkten Schilderungen auf die Familie befremdlich, ihr Verhalten übereifrig. Sie brauchte die gestanzte Sprache als Panzer. Damals war sie innerlich noch nicht frei, sondern steckte mittendrin im Prozess ihrer Transformation. Jetzt, als Äbtissin und Klostergründerin, wirkt sie zunehmend souverän und gelassen. Ihr Innenleben und das äußere Auftreten sind deckungsgleich.

Über die Jahre entwickelt sich das Kloster zu einem vitalen geistlichen Zentrum. Wie eine kleine Trutzburg thront das byzantinisch anmutende Haupthaus auf der Bergkuppe hoch über Theben. Im Hof blühen Rosenstöcke, und es duftet nach Rosmarin und Lavendel. Das Haupthaus umfasst jetzt drei Geschosse. Ganz oben, im holzgetäfelten Dachgeschoss, ist die Bibliothek untergebracht. Hier stehen neben theologischer Fachliteratur auch Kochbücher und Länderkunden, Romane von Marguerite Duras und Saint-Exupéry sowie Werke von Karl Marx.

Die Gästezimmer des Klosters sind ständig belegt, aus

aller Welt kommen Besucher angereist, meist sind es Verwandte und Freunde aus den Heimatländern der Schwestern. Die Klostertore stehen weit offen, Gastfreundschaft spielt bei den Schwestern eine herausragende Rolle. Für eine orthodoxe Klostergemeinschaft ist die Gruppe ungewöhnlich zugänglich. Das bleibt von den Kirchenoberen nicht unbemerkt.

Freundinnen

Diodora und ich sitzen auf dem Balkon, der vor der Präsidentensuite und dem Zimmer meiner Freundin entlangläuft. Es ist fünf Uhr am Nachmittag und Diodora hat bereits einen Zwölfstundentag hinter sich, sie wird weitere fünf bis sechs Stunden in Bewegung sein. Die gemeinsame Stunde von fünf bis zum Vespergottesdienst dient einer Art Nachbesprechung. Jetzt kann ich all die Fragen loswerden, die sich in den vergangenen Tagen angestaut haben.

Einige Fragen hatte ich bereits vor meinem Abflug in Berlin notiert, aber viele davon hat die Erfahrung vor Ort über den Haufen geworfen. Ich war angereist mit der Vorstellung, ich könne Diodora nach einer Phase des Aufwärmens ALLES fragen – wie sich das unter alten Freundinnen eben versteht. Was unsere Vertrautheit betrifft, wurde ich nicht enttäuscht. Vielleicht liegt es daran, dass wir damals in Homburg die schönsten Jahre geteilt haben – das sorglose Alter zwischen zehn und vierzehn, wenn einem die Welt zu Füßen liegt. Man hat alle elementaren Dinge gelernt, kann sprechen, laufen, schwimmen, Fahrrad fahren, lesen und schreiben – und man denkt, der Rest fliege einem ebenso mühelos zu. Alles scheint in diesem Alter möglich, noch bremsen keine Ängste, Zweifel oder Zwänge, alles traut man sich zu. Es ist das Alter, das keine Ambivalenz kennt. Gut möglich, dass ich Charlotte all die Jahre stellvertretend für dieses Lebensgefühl vermisst habe – für die Geborgenheit und Unbeschwertheit unserer Kindheit.

Aus der fernen Berliner Perspektive interessierten mich vor allem praktische Aspekte dieses unvorstellbaren Klosterlebens. Was tragt ihr unter dem Habit und bedeckt ihr auch beim Schlafen euren Kopf?, hatte ich mir beispielsweise vorgenommen zu fragen. Keine dieser Fragen will ich ihr jetzt noch stellen. Sie schienen mir in dem Moment überflüssig, in dem ich Diodora zum ersten Mal als Äbtissin erlebt habe. Meine Freundin strahlt so viel Würde aus, dass ich sie unmöglich nach ihrem Nachtgewand fragen kann. Meine Berliner Fragen wirken in Griechenland überholt. Hier, im Zentrum dieser rätselhaften orthodoxen Welt, verschiebt sich meine Interessenlage: Das Mystische rückt in den Vordergrund. Ich möchte meine Freundin so gern im tiefsten Innern verstehen.

Diodora und ich sitzen uns auf weißen Plastikstühlen gegenüber. Am Horizont malt die untergehende Sonne einen hellroten Rand über die ansteigenden Berge. Direkt unter uns schaufeln Bauarbeiter Schutt auf einen Lieferwagen, krachend landen die Steine auf der Ladefläche. Diodora wedelt eine Fliege aus ihrem Gesicht. Wie sie da in der Abendsonne sitzt, den Rücken durchgedrückt und die Schultern gesenkt, kerzengerade wie eine Primaballerina, ruft sie für einen Augenblick die Freundin aus Kindertagen in Erinnerung. Charlotte besaß schon als Kind etwas Bestimmendes, sie wurde gewissermaßen als Respektsperson geboren. Sie verkörperte den Typ Mädchen, mit dem man sich nicht anlegen, sondern von dem man gut gefunden werden will. Als Jugendliche gehörte sie nie zu denen, die sich leicht für etwas hergeben. Sie bewegte sich so zielsicher durchs Leben, als folge sie einem geheimen Plan. Ihr Urteil bedeutete mir viel. Noch in unseren Studienjahren, als wir vorrangig über Briefe Kontakt hielten, suchte ich Trost und Rat bei ihr, zum Beispiel als die Ehe meiner Eltern zerbrach. Ich war achtzehn Jahre alt und kaum mit der Schule fertig, als sich unsere Familie in einem selbstzerstörerischen Durcheinander verlor. Damals schrieb mir Charlotte: *»Sei stark und verlier nicht den Mut! Es ist kein Grund, verbittert und hart zu werden. Dass sich Deine Einstellung zur Ehe noch mehr zum Negativen entwickelt hat, ist schade. Du könntest es doch gerade aus Deiner Erfahrung heraus besser machen. Ich habe oft das Gefühl, man muss an diese Dinge mit viel Idealismus und Optimismus herangehen. Ich denke oft an eine Ehe – und es kommt mir gleichzeitig so dumm und hausfrauenartig vor, dass ich mich schon jetzt mit dem Heiraten beschäftige! Aber ich freue mich so sehr darauf, eine Familie zu gründen und zu versuchen, sie heil und glücklich aufzubauen. Ich muss oft daran denken, wie schön es sein wird, wenn ich Kinder habe und einen Mann. Allerdings werde ich davor erst mal lange genug meine Freiheit ausleben.«*

Ich frage mich, welches Leben Charlotte heute wohl führen würde, wenn sie nicht ins Kloster gegangen wäre. Alles hätte ich meiner Freundin früher zugetraut – alles außer Nonne. Vermutlich würden sich unsere Leben heute nur in ihren Schwerpunkten unterscheiden, wäre Charlotte nicht ausgebrochen. Sie hätte mehr Kinder als ich, und der Beruf wäre ihr weniger wichtig als mir, stattdessen würde sie sich sozial engagieren.

Als ich Diodora auf ihre große Jugendliebe anspreche, antwortet sie abwehrend: »Aber das war doch nur eine kindliche, unschuldige Liebe!«

»Warum bist du Nonne geworden und nicht Mutter von sechs Kindern?«, frage ich weiter.

»Im Kloster habe ich etwas gefunden, das weit über den Erfolg und das Materielle hinausgeht. Etwas, das Wahrheit und Ewigkeit verheißt. Ich bin Nonne geworden, um meinem Leben einen Sinn zu geben, der mit der Ewigkeit zu tun hat.«

Und schon sind wir bei den wesentlichen Fragen angekommen. Das geht im Kloster schnell.

»Was ist der Sinn des Lebens?«

»Die Vorbereitung auf das nächste Leben. Eigentlich haben wir uns schon frühzeitig ins Grab versetzt, das sieht man ja auch an unserer schwarzen Kleidung. Wir sind jederzeit bereit zu sterben. Den Tod vor Augen zu haben relativiert die Bedeutung von Materiellem. Es hilft, den Raum auszuloten und zu erkennen, was wirklich wichtig ist. Wir Nonnen haben alles hergegeben, was man sich in Form von Gütern, Macht und Anerkennung vorstellen kann. Alles, was wir jetzt bekommen, ist unerwartet und geschenkt.«

»Kennst du noch das Gefühl von Angst?«

»Vor Aufgaben und Herausforderungen habe ich keine Angst, aber vor der Trennung von Gott. Als ich ins Kloster ging, hatte ich Angst, ob ich es schaffen werde. Ob meine Suche nach Gott Erfolg haben wird. Das

Ziel jeder Nonne und jedes Mönches ist die Theosis – die Vereinigung mit Gott. Wir wollen fliegen lernen, unsere Vorbilder sind Engel.«

»Wie soll das funktionieren?«

»Indem man seinen Egoismus komplett überwindet. Als Einzelner verschwindet und stattdessen der Gemeinschaft dient. Frei wird für die Energie des Heiligen Geistes. Das ist mit unaufhörlicher geistiger Arbeit verbunden. Jeden Tag säubern wir unsere Herzen. Graben nach Schmerzen, Ängsten, Aggressionen, Neid, Nervosität und all diesen Dingen. Wenn wir es schaffen, vor unserem Tod unser Herz zu säubern, können wir auch anderen ein Licht auf ihrem Weg sein. Dieses Ziel setzen wir uns in unserem Kloster.«

»Ein gereinigtes Herz ist also frei von allem Unbewussten im Sinne von Freud?«

»Jedenfalls wollen wir nichts unterdrücken. Wir versuchen, alles ans Licht zu bringen. Würden wir das nicht tun, wären wir hier ein Haufen von Neurotikern, denn unterdrücken kann man Gefühle und Leidenschaften nur vorübergehend.«

»Und bei dieser Säuberung des Herzens hilft euch Geronda.«

»Zentrale Bedeutung hat bei uns die Beichte, sie ist unser Training für die Seele. Geronda nimmt die Beichte ab, er ist unser Trainer, er erkennt und entwickelt unsere Talente. Er hält mir einen Spiegel vor und hilft mir, mich selbst zu erkennen. Alles, was ich mache, geschieht unter seiner Leitung.«

»Damit habe ich ein echtes Problem – mit dieser totalen Selbstaufgabe und diesem bedingungslosen Gehorsam gegenüber Geronda. Das widerspricht völlig meinem eigenen Bedürfnis nach Freiheit und Selbstbestimmung. Es ist so undemokratisch.«

»Den Gehorsam gegenüber unserem geistigen Vater kann man nicht mit weltlichen Machtstrukturen vergleichen. Ich gebe mich nicht Geronda hin, sondern Gott. Geronda ist meine Brücke zu Gott. Nur durch seine Führung kann ich dorthin gelangen, wo ich hin will. Und was die Freiheit betrifft – niemand kann so frei werden wie wir. Frei sein von sich selbst – von allen materiellen Interessen und niederen Instinkten, von Machthunger, Erfolgszwang, Eitelkeit und Stolz – diese Freiheit von sich selbst ist die größtmögliche Freiheit, die ein Mensch erleben kann.«

»Welche Voraussetzungen muss ein Geronda für diese verantwortungsvolle Aufgabe mitbringen?«

»Demut. Nur wenn man demütig wird, kann man Gott erkennen. Ein Geronda muss in seiner spirituellen Entwicklung schon extrem weit gekommen sein und als Vorbild überzeugen. Alles, was er lehrt und vermittelt, kennt er aus eigener Erfahrung. Als sein geistliches Kind muss man ihn so schätzen und ihm so vertrauen, dass man sich ihm total öffnen will.«

»Ohne einen Geronda geht gar nichts?«

»Das hängt davon ab, wie weit man kommen will. Wenn man es mit der Suche nach Gott wirklich ernst meint, dann braucht man die spirituelle Begleitung unbedingt. Jemand, der sich ganz allein auf den Weg macht, wird ziemlich sicher enttäuscht.«

»Was unterscheidet deinen Geronda von anderen? Warum hast du dich damals auf Naxos speziell bei ihm so geborgen gefühlt?«

»Ich hatte sofort das Gefühl, einen Menschen gefunden

zu haben, durch den ich an die Quelle komme. Man verliebt sich nicht plötzlich ins Klosterleben, sondern findet eine Vertrauensperson, die einem den Weg zeigt. Bei Geronda hatte ich das Gefühl, meine ganze Person werde angesprochen – und nicht nur der Bereich Kunst, dem ich in den Jahren zuvor einen unverhältnismäßig großen Stellenwert beigemessen hatte. Geronda strahlte eine große Reinheit aus, er war durchtränkt vom Gebet. Ihm wollte ich mich sofort anvertrauen. Mein Vater hat mal gesagt, zum Glauben findet man nur über einen anderen Menschen. Dieser andere Mensch ist für mich Geronda.«

»Gibt es eine bestimmte Methode bei der geistigen Arbeit?«

»Die Beichte ist für uns elementar. Das Sakrament der Beichte ist kein Strafgericht, sondern entwickelt eine heilende Wirkung. Beichten bedeutet für uns, sich für ein Gespräch zu öffnen. Man redet sich etwas von der Seele. Das ist wie Medizin.«

»Ihr führt die Beichte in Form eines Gespräches?«

»Bei uns gibt es keine Beichtstühle wie bei den Katholiken. Man braucht keine Angst zu haben, sich vor dem Beichtvater, diesem Repräsentanten Gottes, bloßzustellen. Man kann ihm also ruhig ins Gesicht schauen bei der Beichte. Gott ist kein Rächer, sondern ein liebevoller Vater und Pädagoge. Wir wissen doch sowieso alle, dass wir nicht perfekt sind. Also können wir unsere Schwächen auch eingestehen. Dann beginnt ein Entwicklungsprozess. Man arbeitet an sich selbst. Es macht müde und alt, wenn man nicht regelmäßig Ballast abwirft und sich erneuert. Durch die Beichte wird man frei und entwickelt neue Kräfte.«

»Hast du niemals einen Durchhänger? Dein Leben ist hart. Was treibt dich immer wieder neu an?«

»Die Gottesdienste. Dort kann man sich sammeln und zurückschauen. Man wird ruhig. Mir geht es oft so, dass ich physisch kaputt in den Gottesdienst gehe und mit neuen Kräften herauskomme.«

»Gibt es gar nichts aus deinem alten Leben, was du vermisst?«

»Schwimmen! Ich war früher eine totale Wasserratte.«

»Warum schwimmst du dann nicht mehr?«

»Wir machen hier kein Wellness-Programm. Wir spielen auch nicht miteinander Schach und sitzen nicht gemütlich vor dem Fernseher, denn all so etwas würde uns vom Wesentlichen ablenken. Schwimmen wäre reiner Zeitvertreib aus einem selbstsüchtigen Motiv. Als ich vor ein paar Jahren chronisch krank war, hätte Schwimmen mir gutgetan, und in diesem Fall hätte nichts dagegen gesprochen. Aber ich fand es schön, darauf zu verzichten.«

»Das ist doch masochistisch! Was soll diese Selbstkasteiung bringen?«

»Uns geht es beim Verzicht nicht darum, zu leiden. Wir betrachten solche Gelegenheiten, auf etwas zu verzichten, als Geschenke. Sie haben einen heilenden Effekt für unsere Seele und geben uns die Möglichkeit, spirituell zu wachsen. Das ist etwas Schönes!«

»Aber wie kann man bloß ein Leben lang freiwillig auf Sex verzichten?«

»Wir haben uns dafür entschieden, unseren Körper dem Geist unterzuordnen. Sexualität ist kein Wert für uns, wir bekommen stattdessen so viel anderes. Geschlechtlichkeit lässt sich mit der Intensität der Göttlichen Liebe, wie wir sie erleben, nicht vereinbaren.«

»Diese Liebe ist so unschuldig und rein wie die Liebe von Adam und Eva im Garten Eden, bevor sie der Versuchung erlagen und ihr bedingungsloses Gottvertrauen verspielten.«

»Genau diesen ursprünglichen Zustand streben wir an. Wir versuchen, Eros in Agape zu verwandeln – also in die bedingungslose, einseitige, selbstlose Liebe. Die Liebe, wie wir sie verstehen, ist nicht partnerschaftlich, sondern gemeinschaftlich. Sie ist nicht ausschließlich auf einen Menschen gerichtet, sondern schließt im Gegenteil alle Menschen ein.«

»Warum bist du ausgerechnet bei der Orthodoxie gelandet? Warum nicht, sagen wir, Benediktinerin in einem Kloster in Süddeutschland geworden?«

»In der Orthodoxie habe ich in viel intensiverer und lebendigerer Form gefunden, was meine Eltern mir in Ansätzen mitgegeben haben. Im Westen ist Glaube wie ein Bonbon mit Papier im Mund, in der Orthodoxie ist es das Bonbon pur. Die Intensität des Christentums wie ich es von zu Hause kenne, war mir zu schwach. Als Protestant reicht die Feststellung aus, dass man Christ ist – und dann kann man sich auf dem Sofa zurücklehnen und ein Buch lesen. Protestantismus ist Theorie, Orthodoxie ist Praxis. Wir Orthodoxen ringen täglich um Gott, jeden Tag aufs Neue. Glaube und Leben sind eins, sie gehen ineinander über. Glaube ist bei uns nichts Abstraktes, sondern etwas sehr Physisches. Als sei Gott anwesend.«

In diesem Moment beginnt jemand, das Koppano zu schlagen. Gleich beginnt der Vespergottesdienst. Bevor

Diodora in die Kirche hinübergeht, überreiche ich ihr in meinem Zimmer ein paar Gastgeschenke. Für die Schwestern habe ich Schokolade mitgebracht, das ist unverfänglich und immer passend. Meiner Freundin schenke ich ein paar CDs, die mir viel bedeuten. Schütz ist dabei, Grabgesang von Mozart und Motetten von Guillaume du Fay. Ich weiß, dass sie gelegentlich Musik hört, um sich zu entspannen. Ab und zu eine CD einschieben, auf Autofahrten zum Beispiel oder während Routinearbeiten am Computer – das ist Diodoras äußerstes Zugeständnis an sich selbst. Behutsam wickelt sie die kleinen Pakete aus, lobt das schöne Geschenkpapier, streicht es glatt und studiert interessiert die Cover der CDs. »Ich würde mich freuen, wenn wir in Zukunft viel Schönes teilen könnten«, sagt sie. Ich nicke und bin plötzlich sehr gerührt. Diodora verabschiedet sich und geht. Die Geschenke vergisst sie mitzunehmen.

Ich werfe mich erschöpft aufs Bett. Der Crashkurs in orthodoxer Spiritualität hat mich geschafft. Unser Gespräch über den Glauben kam mir ähnlich intim vor wie ein Gespräch über Männer mit den Freundinnen in Berlin. Als hätte ich Diodora über ihr Liebesleben ausgefragt. Über Glauben und Religion reden wir in Gesellschaft zu Hause wenig. Das liegt daran, dass immer weniger Freunde etwas mit der Kirche zu tun haben wollen. Zudem gilt Religiosität als etwas sehr Persönliches. Man fragt selten danach. Ergibt sich doch mal ein Gespräch, endet es oft in hitzigen Debatten. Kaum ein anderes Thema schürt so starke Gefühle wie das Thema Religion.

Ich esse ein Stück von der Schokolade, die ich den

Schwestern mitgebracht habe. Ein kleiner Zuckerschock tut jetzt gut.
In Gedanken rekapituliere ich unser Gespräch. Besonders die Passage über die Liebe hat sich mir eingeprägt. Alles zielt auf die vollkommene Reinheit der Seelen – auf das absolut Gute. Die Nonnen streben das Urbild des Gartens Eden an. Adam und Eva vor dem Sündenfall – diese Art unschuldiger Beziehung zu Gott ist ihre Idealvorstellung. Genauso erscheint das Urchristentum, die Gemeinschaft von Jesus und den zwölf Aposteln, den Orthodoxen als Ideal der christlichen Gemeinschaft. Wieder schließt sich ein Kreis für mich. Meine in Harvard begonnene Suche nach den Anfängen hat mich nicht zufällig an diesen Ort geführt, wo man wie am Ursprung leben will.
In gewisser Weise kann ich nachvollziehen, dass ein gottgefälliges Leben sehr erfüllend ist. Wenn man alles im Leben einer so noblen Bezugsgröße wie Christus unterordnet, alle Entscheidungen an diesem Wertmaßstab ausrichtet – dann überträgt sich das Gute auf das eigene Leben. Ich kann auch verstehen, dass Askese und Disziplin berauschend wirken. Wer schon mal länger gefastet hat, kennt diesen Zustand von Euphorie, der sich nach einer Woche einstellt. Und die Ernüchterung, wenn man wieder den alten, schlechten Gewohnheiten verfällt. Auf dieser vordergründigen Ebene kann ich meiner Freundin folgen – aber natürlich sind meine Motive beim Fasten alles andere als selbstlos und spirituell. Ich reinige beim Fasten meinen Körper, um mich besser zu fühlen – und dann wieder frisch gestärkt nach Anerkennung, Einfluss und Erfolg zu streben. Nach Werten also, die im Kloster nicht zählen.

Reifeprüfungen

Bald nach Diodoras Inthronisation eilt der Klostergemeinschaft der Ruf voraus, etwas Besonderes zu sein: Eine deutsche Äbtissin! Mehr ausländische als griechische Nonnen, die meisten von ihnen jung und sehr gut ausgebildet! Die reisen ja so viel in der Welt herum und fahren häufig Auto! So viele Besucher im Kloster! Und es wird sogar gelacht! Der frische Geist und die Extravaganz rufen in der Diözese Neider auf den Plan. Hinter vorgehaltener Hand wird über Vater Dionysios' Gabe hergezogen, begabte junge Frauen aus allen möglichen Ländern um sich zu scharen. Einer bezeichnet die Schwestern abschätzig als Models und unterstellt ihnen damit, sie seien gesinnungslos, denn in Griechenland wird das Wort »Model« schnell mit käuflicher Liebe assoziiert. Offenbar ist es für die alten Herren der Amtskirche unvorstellbar, dass aufrechter Geist allein das Fundament dieser ungewöhnlichen Gemeinschaft bildet. Die Schwestern seien überheblich, heißt es, ihre Internationalität und Aufgeschlossenheit widersprächen den eigentlichen Prinzipien eines Klosters. Die üble Nachrede dringt bis in die höchsten Kreise der Kirche, und schließlich schaltet sich der zuständige Bischof ein.

Klammheimlich widerruft er die im Juni 1996 verabschiedete Satzung des Klosters und stellt damit dessen rechtliche Grundlage in Frage. Die Satzung formuliert unter anderem die Ziele des Klosters – »Unaufhörliche Lobpreisung des dreieinigen Gottes durch Liturgien und persönliches Gebet. (...) Die makellose Verwirklichung des Lebens von Jesus Christus von jenen, die durch stetige Askese nach Gott streben. (...) Mannigfaltige Unterstützung der Menschen, tätige Liebe nach allen Seiten und Verbreitung christlicher Werte durch Unterrichtung vor allem junger Mädchen, durch Zusammenkünfte, Übersetzungen, Veröffentlichungen und andere angemessene Mittel.« Ferner legt die Satzung fest, dass die Äbtissin mit einem besonderen Umhang sowie einem Stab ausgestattet wird – beides alte, von Vater Dionysios wiederbelebte byzantinische Traditionen, die Macht symbolisieren und von Bischöfen in vielen anderen Frauenklöstern längst abgeschafft worden sind.

Für Diodora beginnt ein Nervenkrieg. Als Äbtissin erlebt sie die Auseinandersetzung hautnah und lernt die politischen und sozialen Strukturen ihrer neuen Heimat in einer Weise kennen, auf die sie gern verzichtet hätte. Der Moment ist gekommen, in dem sie – auf sehr unerwartete Weise – von ihrer Vergangenheit eingeholt wird: Die Widersacher des Klosters reiben sich an der deutschen Herkunft der Äbtissin. Sie wird zum Spielball eines komplexen Machtkampfes.

Tapfer hält sie dagegen. Wobei Spannungen zwischen Klöstern und Bischöfen grundsätzlich nichts Ungewöhnliches sind. Nicht jeder, der die säkulare Welt hinter sich gelassen hat, ist frei von Machtstreben und

Neid. Die hohen Würdenträger der Amtskirche konkurrieren miteinander um Bedeutung und – sie streiten um die Frauen. Denn wer viele Nonnen und vermögende Klöster unter sich hat, gilt als einflussreich und mächtig.

Jedes Kloster untersteht einem Bischof, auch Metropolit genannt, und einer Diözese. Es gibt 72 Bischöfe in Griechenland und einen Erzbischof. Sie sind die Hüter der orthodoxen Norm. Die Klöster handeln innerhalb der Diözese selbständig wie eine Gemeinde und unterstehen ihr in Verwaltungsfragen. Das heißt, sie müssen für jede Tonsur, Einkleidung oder ähnliche Zeremonie die Einwilligung des Bischofs einholen. Die Zustimmung wird dokumentiert und aufbewahrt, im Prinzip ist sie reine Formsache – es sei denn, einer Schwester fehlt die griechische Aufenthaltsgenehmigung oder das Kloster verstößt in anderer Weise gegen die Rechtsordnung. Gleichwohl erzeugt die Notwendigkeit der Zustimmung bewusst eine Abhängigkeit der Klöster vom Wohlwollen ihres Bischofs und kann zur Machtausübung missbraucht werden.

Je reicher ein Kloster ist, desto mehr Prestige bedeutet es für den Bischof. So ist die Amtskirche einerseits an blühenden Klöstern interessiert, schränkt andererseits jedoch deren Rechte ein. Oft regieren Bischöfe die ihnen unterstellten Klöster despotisch, und nur selten wagen Klöster, dagegen aufzubegehren. Vielen Bischöfen fehlt zudem Verständnis für das monastische Leben, weil sie es nur in Ausnahmefällen selbst erfahren haben. So herrscht ein natürlicher Antagonismus zwischen der Institution Kirche und den Klöstern als geistliche Zentren.

Sechs Jahre lang versucht Diodora, den Bischof umzustimmen. Immer wieder bittet sie ihn in freundlichen Briefen, den Widerruf der Verfassung rückgängig zu machen. Jahrelang hofft sie, man könne sich friedlich einigen. Doch 2003 verschärft sich der Machtkampf plötzlich. Der Bischof lässt die Muskeln spielen, indem er den Schwestern androht, den Kaplan ihrer Kirche abzuziehen. Dann kündigt er an, ihnen die Besuche ihres Gerondas zu verbieten. In Zukunft müsse Geronda sich vorher eine Erlaubnis holen, bevor er den Schwestern die Beichte abnimmt. Letzteres trifft die Gemeinschaft im Mark – es stellt ihr elementares Recht in Frage, sich ihren geistigen Vater selbst zu wählen.
Als der Konflikt eskaliert, schreckt Diodora auch vor einem radikalen Schritt nicht zurück. Sie beschließt, sich gerichtlich zu wehren. Weil es sich bei der für ungültig erklärten Klostersatzung um einen Verwaltungsakt handelt, kann sie direkt das oberste Gericht anrufen. Anfang 2004 reicht sie Klage gegen die Rechtmäßigkeit der bischöflichen Entscheidung ein. Grundlage der Klage ist ein Verfahrensfehler: Weil der Bischof den Widerruf nicht durch die Heilige Synode verabschiedet und entsprechend veröffentlicht hat, ist er angreifbar.
Die Klage ist ein beispielloses Moment in der Geschichte der Klostergemeinschaft. So kämpferisch hat sich noch keine Nonne gezeigt – jedenfalls hat bisher noch keine einen Bischof verklagt. Fünf zermürbende Jahre später, Anfang 2009, erhalten die Schwestern vom höchsten Gericht Griechenlands in allen Punkten Recht. Die Verwaltungsakte des Bischofs sind damit für ungültig erklärt, die Satzung des Klosters ist rechts-

kräftig. Das Urteil zeugt von der Unabhängigkeit des obersten Gerichts gegenüber der mächtigen Kirche. Es ist ein Triumph für Diodora und ihre Schwestern.

Doch inzwischen wird die Gemeinschaft auf andere Art herausgefordert. Ein Bischof, dem Geronda freundschaftlich verbunden ist, tritt mit der Bitte an die Gemeinschaft heran, ein vom Aussterben bedrohtes Kloster in Zentralgriechenland zu beleben. Karditsa heißt die kleine Stadt in Thessalien, an deren Rand sich dieses nur noch von wenigen alten Nonnen bewohnte Kloster befindet. Und gleich noch ein zweites Kloster in Thessalien sollen die Schwestern künftig betreuen: eine unweit von Karditsa in den Bergen gelegene, sehr vernachlässigte Anlage, die nach dem Heiligen Sankt Georg benannt ist. Das Georgskloster wurde zuletzt als Priesterseminar genutzt und steht derzeit leer. Geronda wird mit seinen Brüdern ebenfalls Richtung Norden aufbrechen, um dort als Abt die Klosterruine Petra wiederzubeleben. Alle drei Klöster befinden sich in derselben Diözese und sind untereinander in rund 30 Minuten mit dem Auto zu erreichen.

Das Ansuchen des Bischofs auszuschlagen kommt für die Schwestern nicht in Frage, denn es würde dem Geist von Geronda und seiner Gefolgschaft gründlich widersprechen. Die Nonnen und Mönche empfinden jeden Wunsch, der an sie herangetragen wird, als Gottesruf. Im blühenden Theben zu bleiben, anstatt nach Karditsa zu gehen, wo sie gebraucht werden, wäre aus Sicht der Frauen falsch. Es hieße, die eigenen Interessen vor die der anderen zu stellen.

Diodora und ihre Schwestern lassen das Kloster, das

sie in den vergangenen Jahren hingebungsvoll zum Leben erweckt haben, schweren Herzens hinter sich. Die Frauen teilen sich in verschiedene Gruppen auf, die Trennung schmerzt. In Theben bleiben nur etwa neun Schwestern zurück – gerade noch genug, um den Laden am Laufen zu halten. Die Griechin Ieronimi, die Gerondas Gemeinschaft bereits seit der Jerusalemer Zeit angehört, wird in Theben als neue Äbtissin eingesetzt. Diodora zieht mit einer Abordnung nach Karditsa. Eine dritte Gruppe unter Führung von Gerondissa Mariam, ebenfalls eine Griechin, zieht ins Georgskloster.

Die Situation in Karditsa ist prekär, denn dort ist bereits eine Äbtissin im Amt – die alte Gerondissa Fevronia. Zusammen mit drei greisen Schwestern, die aus der ursprünglichen Gemeinschaft verblieben sind, hat sie jahrelang in Karditsa die Stellung gehalten. Gerondissa Fevronia ist in Thessalien auf die Welt gekommen und hat die Gegend nie verlassen. Sie spricht ausschließlich Griechisch und ist eine Nonne der alten Schule.

Es wird von Diodora viel Fingerspitzengefühl erfordern, um den Stil ihrer jungen, internationalen Gemeinschaft mit jenem der Alten zu synchronisieren. Nominell wird sich Diodora der Gerondissa Fevronia unterordnen, doch faktisch führt sie die Gemeinschaft. Sie bleibt unangefochten die geistige Mutter sämtlicher, nun auf diverse Standorte verteilter Schwestern.

Dem Kloster, das die Schwestern im Oktober 2003 in Karditsa beziehen, fehlt jener Liebreiz, den das Kloster bei Theben so reichlich besitzt. Letzteres besticht durch die abgeschiedene Lage hoch oben auf dem

Bergrücken – die unberührte, ausschweifende Landschaft mit ihren Mandelbäumen mildert die Härten des monastischen Lebens. In Karditsa hingegen brandet eine Schnellstraße ans Kloster heran, und auf den umliegenden Feldern türmt sich Zivilisationsmüll. Die byzantinischen Gesänge der Schwestern konkurrieren mit Bau- und Autolärm, scharfem Hundegekläff oder, viel schlimmer, mit bedrückenden Klagelauten, die aus den Fenstern eines Heims für spastisch gelähmte Kinder dringen, welches unmittelbar an die Klostermauern grenzt.

Die Klosterkirche von Karditsa ist bei der Ankunft der Schwestern noch ein Rohbau. Die Innenwände sind zur Isolierung rabenschwarz mit Teer getüncht, Türen und Fußböden fehlen, ebenso Dachziegel auf der Kuppel. Die Kirche trägt den Namen »Rote Kirche« – er soll an das Blut orthodoxer Gläubiger erinnern, die während der türkischen Fremdherrschaft im 16. Jahrhundert an dieser Stelle ermordet wurden. Ihre Relikte fand man, als 1999 das Fundament der Kirche gelegt wurde.

Das Haupthaus des Klosters in Karditsa erinnert architektonisch an eine Behörde oder an ein Krankenhaus. Zwei seitlich in die Länge gezogene Gebäude stehen einander gegenüber, dazwischen öffnet sich ein karger, schmuckloser Hof. Die Gebäude haben eine geringe Tiefe, jedes Stockwerk durchzieht ein langer, fensterloser Korridor, von dem einzelne kleine Zimmer abgehen. Man begegnet sich allenfalls im Treppenhaus und kommuniziert im Vorübergehen.

Was für eine gewaltige Aufgabe, diesen spröden Ort zu verzaubern! Von den Schwestern ist kein Wort des

Bedauerns zu hören, jede Form von Verzagtheit ist ihrer Weltanschauung fremd. Im Gegenteil preist Diodora unermüdlich die Vorteile des neuen Standorts: »Es ist eine große Chance, mit einer Stadt verbunden zu sein und eng mit den Menschen dort arbeiten zu können. Wer weiß, was sich daraus noch alles ergibt.« Wer sein Leben in die Hand Gottes gelegt hat, hadert nicht mit äußerlichen Entscheidungen, sondern erkennt auch in der unpopulärsten Wendung seines Schicksals noch einen Sinn. Mönche und Nonnen nutzen solche Herausforderungen zur spirituellen Übung: Je besser man es schafft, die eigenen Bedürfnisse und Wünsche hintanzustellen, und je gelassener man auf Härten reagiert, desto weiter ist man auf dem spirituellen Weg gekommen.

Diodora hat bessere Jahre erlebt als das Jahr 2003. Zusätzlich zum Umzug und der damit verbundenen Trennung der Schwestern kämpft sie mit einer chronischen Krankheit. Seit einiger Zeit will eine Wunde am Fuß nicht heilen, offenbar funktionieren ihre Abwehrkräfte nicht. Weitere Entzündungen folgen, Haut und Nieren sind betroffen. Diodoras Körper ist geschwächt, ihr Zustand elend. Lange sträubt sie sich dagegen, krank zu sein – *»weil ich von meinem Charakter her nicht krank sein will und mich auch nicht länger mit dem Thema meiner Gesundheit beschäftigen will«* –, dann fügt sie sich den Tatsachen und begibt sich in medizinische Behandlung. Ein Arzt in Athen verschreibt der Äbtissin hohe Dosen Kortison, was die Symptome lindert, jedoch starke Gelenkschmerzen auslöst. Jetzt schickt die Kirche ihre Frontfrau zu einem Spezialisten in die USA – da scheut sie weder Kosten noch

Mühe, zudem gibt es eine starke orthodoxe Gemeinde in Amerika und entsprechende Verbindungen nach Griechenland. Der amerikanische Spezialist rät Diodora, die von starken Nebenwirkungen begleitete Behandlung mit Kortison einzustellen und ihren Lebensstil zu ändern. Diodora lernt, dass sie schonender mit ihren Kräften umgehen muss, denn die tiefere Ursache der Erkrankung liege in Überanstrengung und ungesunder Ernährung. Offenbar haben all die Jahre wechselvoller Arbeit in sengender Hitze oder schlecht beheizten Räumen, die unausgewogenen und unregelmäßigen Mahlzeiten, harten Fastenperioden und der chronische Schlafmangel ihren Tribut gefordert. Diodora ist an die Grenzen ihrer Kräfte gegangen und noch darüber hinaus, sie hat sich überfordert. Auch diese Erfahrung verbucht sie als spirituelle Übung: »Ich war damals jung und unerfahren und habe meinem Körper wenig Beachtung geschenkt. Aber wenn ich meinem Körper schade, ist das Sünde, denn ich gehöre nicht mir selbst, sondern der Gemeinschaft«, so lautet ihr Fazit über die Zeit der Krankheit. Diodora hat das monastische Prinzip der Besitzlosigkeit konsequent umgesetzt: Nichts gehört ihr mehr, wirklich nichts. Sogar die eigene Gesundheit wird in den Dienst am Nächsten gestellt.

Als Diodora aus den USA zurückkehrt, konfrontiert Geronda sie mit dem Vorschlag des Erzbischofs von Athen und ganz Griechenland, sie möge ein weiteres Mal studieren – zum Beispiel Jura, möglichst weit weg vom Kloster mit seinen ständigen Anforderungen, an einem Ort, wo niemand an ihr zerrt, möglichst in einem Land mit mildem Klima, das würde ihrer Gesundheit guttun. Diodora schreckt zurück, sie ist jetzt fast vierzig und hat sich die Zukunft anders vorgestellt als Paragraphen paukend, zumal jetzt, wo es in Thessalien neue Klöster zu beziehen und eine Menge zu gestalten gibt. Erst sagt sie sich nein, das kann ich nicht, das geht jetzt nicht, diesmal mache ich nicht mit. Doch der Vorschlag gärt und arbeitet in ihr, sie holt sich Rat bei ihrem Bruder, einem Juristen in Berlin, und beginnt, die Vorteile eines solchen Studiums zu sehen. Eigentlich liegen Religion und Jura, die Wissenschaft der Gerechtigkeit, gar nicht so furchtbar weit auseinander. Das Studium klingt interessant, und eine Juristin fehlt in der Gemeinschaft, sie wird dringend benötigt. Zudem würde ihr das geregelte Leben sicher guttun. Zögernd willigt Diodora ein und immatrikuliert sich schließlich in Frankreich, um auf diese Weise nebenbei eine ihrer Fremdsprachen zu perfektionieren. Die neue Volte in ihrem Leben ist Herausforderung und Therapie zugleich. Sie bekommt Gelegenheit, wieder zu Kräften zu kommen und gleichzeitig zu wachsen.

Im Januar 2004 beginnt Diodora ihr Studium in Toulon. Geronda stellt ihr Schwester Jerusalem an die Seite – eine junge Nonne, die als Kind mit ihren Eltern aus Russland nach Israel gezogen war. Dort lernte sie Mitte der neunziger Jahre Geronda kennen und beschloss, ihm ins Kloster zu folgen. Damals war sie vierzehn, und die jüdischen Eltern, ein Mathematikprofessor und eine Juristin, beide sehr klug und gebildet, sträubten sich nachhaltig gegen die Entscheidung ihrer Tochter. Also wartete sie, bis sie volljährig war, lernte in der Zwischenzeit heimlich Griechisch und

konvertierte mit achtzehn zur Orthodoxie. Ein Stück erkennt Diodora sich selbst in der zehn Jahre jüngeren, hochbegabten Schwester, die nun in Toulon ihre vierte Fremdsprache lernt – beide fochten sie ihre Entscheidung hartnäckig gegen die Familie durch.
Mit einem Empfehlungsschreiben ihres Erzbischofs ausgestattet, machen sich die beiden Nonnen in Toulon auf Wohnungssuche. Zunächst wohnen sie, wie damals als Studentinnen in Athen, bei Freunden des Klosters zur Untermiete, später teilen sie sich eine Wohnung. Bei der Immatrikulation kommt es zum Eklat. Frankreich befindet sich auf dem Höhepunkt der Diskussion darüber, ob muslimische Schülerinnen im Unterricht ein Kopftuch tragen dürfen oder nicht. Wenige Wochen nachdem Diodora sich an der Universität einschreibt, wird das umstrittene Gesetz verabschiedet, welches auffällige religiöse Symbole – das islamische Kopftuch genauso wie die jüdische Kippa oder das christliche Kreuz – an Schulen verbietet. Niemand weiß, wie die Regelung anzuwenden ist und ab wann sie gilt, es herrscht blanke Hysterie. Bei der Einschreibung wird Diodora aufgefordert, ein Foto vorzulegen, auf dem sie ohne Schleier zu sehen ist. »Es ist nicht so, dass ich mich morgens entscheide, ob ich den Schleier heute tragen will oder nicht. Ich bin Nonne, und die Kleidung ist Teil meiner Lebensform«, erklärt sie. Die Universitätskraft zeigt sich unbeeindruckt und beharrt auf dem Foto ohne Schleier. Auch bei den Prüfungen dürfe sie nicht im Habit erscheinen, es könne ja sein, dass sie in den weiten Ärmeln Hilfsmittel verberge, bedeutet man ihr. Diodora hält kämpferisch dagegen, der Streit eskaliert, und schließlich landet sie beim Dekan.

Der kommt zu dem Schluss, dass das Erscheinungsbild der Nonne »die öffentliche Ordnung nicht störe«, und lässt sie gewähren. Diodora hat, wie immer, gewonnen. Zum ersten und bislang einzigen Mal macht sie Schlagzeilen. Die Zeitung *Nice-Matin* titelt am nächsten Tag: »Universität von Toulon toleriert religiöses Kopftuch«. Für den Studentenausweis liefert Diodora ein Foto ab, das aus der Zeit stammt, bevor sie als Nonne eingekleidet wurde. Es ist über zwölf Jahre alt.

In nur vier Jahren absolviert Diodora auf Französisch das Jura-Studium. Die Semesterferien verbringt sie regelmäßig im Kloster, das braucht sie zur Stärkung. *»Der Sommer in Griechenland war aufbauend, erfüllend und erfrischend, und nun bin ich wieder gerüstet für einen weiteren anstrengenden Winter, den ich verbringen werde wie ein Fisch außerhalb des Wassers«,* schreibt sie in einem Brief nach Deutschland. Inzwischen umfasst die auf mehrere Klöster verteilte Gemeinschaft ungefähr 50 Nonnen und Novizinnen. Die Frauen kommen aus 14 verschiedenen Ländern – aus Amerika, Norwegen, Deutschland, Israel, Rumänien, Russland, Armenien, Georgien, Südafrika und anderen.

2007 macht Diodora erfolgreich ihren Abschluss als Juristin. Es war kein Zufall, dass man sie ausgerechnet zum Studium der Rechtswissenschaft gedrängt hat. Jetzt ist sie bestens gewappnet für juristische Auseinandersetzungen, sollte jemand den Nonnen Land und Besitz streitig machen.

Besuch in Ormylia

Bunte Sonnenschirme auf einem blendend weißen Sandstrand ziehen am Autofenster vorbei. Palmen säumen die Autobahn, und eine Yacht pflügt durchs blauglitzernde Meer. Vor zwei Stunden sind Diodora und ich in der kargen Umgebung der Roten Kirche aufgebrochen, und jetzt, an der Ostküste Griechenlands unweit von Thessaloniki, wirkt es, als führen wir gemeinsam in die Ferien. Im Kofferraum steht ein Korb mit Reiseproviant, den uns die Schwestern im Kloster gepackt haben. Auf der Rückbank sitzen Schwester Rahil und eine Novizin, denn egal, wohin Diodora fährt, das Auto ist immer voll besetzt. Jede Fahrt wird logistisch gut genutzt, um Schwestern, Lebensmittel, Einrichtungsgegenstände, Akten oder Baumaterialien von einem Ort zum nächsten zu transportieren. Schwester Rahil muss in Thessaloniki, wo sie studiert, ein paar Bücher holen, das trifft sich gut. Wir machen einen Tagesausflug nach Ormylia – jenem Kloster, in das Geronda Charlotte zur Weiterbildung geschickt hatte, nachdem sie sich auf Naxos begegnet waren. Ich bin sehr gespannt auf das Kloster, das auf meine Freundin vor rund zwanzig Jahren einen so folgenreichen Eindruck machte. Hier hat sie beschlossen,

Nonne zu werden. Für Diodora ist es eine Reise in die Vergangenheit, für mich ein Ausblick in die Zukunft. Am Beispiel Ormylias werde ich besser verstehen können, in welche Richtung sich Diodora und ihre Schwestern vielleicht einmal entwickeln werden, denn hier ist bereits vieles verwirklicht, was in Theben, Karditsa und dem Georgskloster noch angestrebt wird.

Das Kloster Ormylia gilt als besonders schön gestaltet, und der Gesang seiner Nonnen wird in ganz Griechenland gerühmt. Es wurde vor über vierzig Jahren gegründet und zählt rund 120 Schwestern, es ist ein großes, reiches, intaktes Kloster.

Diodora erzählt, dass sie damals, als sie von Ormylia wegfuhr, vom Bus aus das Strandleben beobachtet hat und dass ihr diese Welt mit ihren Bikinis, Wasserbällen und Surfbrettern plötzlich so unendlich weit entfernt vorkam. »Ich wusste, dass ich das alles nicht mehr will«, sagt sie. Seither hat sie nicht mehr im Meer gebadet. Ich schaue durchs Autofenster aufs glitzernde Meer. Nicht weit von hier befindet sich die schmale Halbinsel mit der legendären Mönchsrepublik Athos – jener heilige Berg, der ohne Regierung, Macht und Obrigkeit auskommt. Die Mönche in diesem Miniaturstaat am Rande Griechenlands haben sich ganz und gar von der Welt abgewandt, sie leben in ihrer eigenen Demokratie. Der Athos ist das spirituelle Zentrum der Ostkirche, hier hüten die Mönche das Geheimnis des Glaubens in seiner ursprünglichsten Form. Sie pflegen das geistliche Leben in einer Intensität, als gälte es die reine Essenz des Christentums abzuschöpfen und für den Rest der Welt zu konservieren. Der Athos ist wie eine Wache, die aufgestellt wurde, damit die anderen dumpf weiterschlafen können, habe ich mal gelesen. Die Mönchsrepublik ist von Beginn an nur Männern zugänglich, Frauen dürfen den Berg nicht betreten. Doch was ich bei Diodora erlebe, ist ganz und gar von dem inspiriert, was der Athos-Mönch Geronda ihnen vorlebt und erzählt. Die Schwestern leben in der athonitischen Tradition.

Wir haben die Hauptstraße verlassen und biegen auf einen Feldweg ab. Ein Olivenbaum reiht sich an den nächsten, die Gegend ist für ihre dicken schwarzen Oliven bekannt. Der Boden ist fruchtbar, die Wiesen satt grün, die sanften Hügel erinnern an die Toskana. Jetzt ist es nicht mehr weit. »Gab es für dich eigentlich einen Moment der Berufung für das Leben als Nonne?«, frage ich. Diodora schaut konzentriert nach vorn auf die Straße und hält das Steuer gerade. »Einen konkreten Moment im Sinne einer Erscheinung gab es nicht«, sagt sie, »aber ich hatte von Anfang an ein Gefühl der Sicherheit, dass ich das Richtige gefunden habe. Ich habe den Ball aufgefangen, den Geronda mir zugespielt hat. Das Ja! von meiner ersten Begegnung mit ihm ist mein Leben geworden.« Die Antwort enttäuscht mich. Ich hatte gehofft, es gäbe eindeutigere Zeichen für diese schwerwiegende Entscheidung. Eine Eingebung oder gar Erscheinung. Dann hätte ich mich leichter getan, den Schritt nachzuvollziehen.

Diodora lenkt den Wagen auf einen großen Parkplatz. Wir kommen als ganz normale Besucher nach Ormylia, Diodora hat unseren Besuch nicht angekündigt. Sie meldet uns an der Pforte an und wird herzlich begrüßt. Auch wenn man sich nicht persönlich kennt – die Tracht verbindet. Ein Schild neben dem Eingang

listet auf, was im Kloster alles verboten ist: Shorts, Miniröcke, Handys, Fotoapparate, Videogeräte, Hunde, Spaghettiträger-Tops und Muscle-Shirts. Frauen müssen Röcke tragen. Die Besuchszeiten im Kloster sind auf vier Tage in der Woche beschränkt, und Telefonanrufe werden nur zu bestimmten Uhrzeiten entgegengenommen. Große Teile der Klosteranlage bleiben Besuchern grundsätzlich verschlossen. Gäste müssen sich lange im Voraus anmelden – wenn man sie überhaupt aufnimmt. Die Nonnen von Ormylia legen viel Wert darauf, unter sich zu bleiben. Ich ahne, dass in Ormylia ein etwas anderer Geist weht als bei Diodora und ihren Schwestern. Diodoras Gemeinschaft nimmt jeden auf, der im Kloster anklopft – ganz gleich, ob er angemeldet ist oder nicht, ob er spät kommt, wie er gekleidet ist und woran er glaubt.
Ein gepflasterter Weg führt uns durch einen Olivenhain hindurch nach oben, und ich staune, wie weitläufig die Klosteranlage sich hinzieht. Dies ist kein Kloster, sondern ein Dorf! Zwanzig, vielleicht dreißig Gebäude schließen, umgeben von einer weitläufigen Mauer, dicht aneinander an. Auf dem Klosterhof stehen Tische und Bänke einladend im Schatten großer Bäume, man blickt auf Magnolien, Pinien und Zypressen, der Duft von Flieder liegt in der Luft. Die Gebäude sind aus Naturstein gemauert oder ockerfarben verputzt und durch hölzerne Wandelgänge miteinander verbunden. Gelegentlich leuchtet eine Fassade altrosa, oder es blitzt eine Fenstereinfassung himmelblau auf. Die Farben und Materialien sind so gut aufeinander abgestimmt, dass die Anlage erstaunlich elegant wirkt und jederzeit in einer Wohnzeitschrift

abgebildet werden könnte. Hier stimmt jedes Detail. Sogar die Schöpfkelle eines kleinen Brunnens ist keine Industrieware, sondern ein aus Kupfer gehämmertes Einzelstück. Tadellos gepflegte Blumenbeete säumen die Wege, und man spürt bei jedem Schritt, dass jemand mit viel Sinn für Ästhetik dieses Kloster gestaltet hat. Ormylia ist das Werk von Geronda Aemilianos, dem geistigen Vater von Diodoras Geronda. Die beiden Athos-Mönche teilen eine Leidenschaft für Architektur – wären sie in der Welt geblieben, dann wären sie dort Architekten geworden. Auf unserem Rundgang zeigt Diodora mir beiläufig ein Taufbecken im Freien. Es ist in Form eines Kreuzes aus hellem Stein gemauert, sehr schlicht und einladend, ein Entwurf von Geronda, wie alles hier vom Athos inspiriert.
An den Tischen im Klosterhof sitzen Eltern, die ihre Töchter besuchen, lauter bunte Familien mit schwarzen Nonnen in ihrer Mitte. Heute ist Sonntag, und gleich beginnt der Vespergottesdienst, eine gute Gelegenheit für einen Besuch. Im Kloster hat sich schnell herumgesprochen, dass Diodora zu Besuch gekommen ist. Im Gasthaus, das über verschiedene Salons, eine Küche und Esszimmer verfügt, empfangen uns zwei ältere Nonnen. Beide kennen Diodora von früher, als sie noch Charlotte hieß und ein paar Tage in Ormylia verbracht hat. Ein junges Mädchen damals, verwirrt und erschlagen von der Wucht der Religion, nach Vorbildern suchend und sich Schritt für Schritt nach vorne tastend. Auch heute wirkt Diodora im Zusammensein mit den älteren Nonnen wie ein junges Mädchen, so zuvorkommend und bescheiden, als wäre sie nicht Äbtissin, sondern irgendeine Nonne. Uns werden wie

üblich bei Gastbesuchen im Kloster Wasser, Kaffee und eine Süßigkeit serviert, man tauscht belanglose Neuigkeiten aus und ist freundlich zueinander. Diodora fragt, ob sie Vater Aemilianos sehen und ihm ihre Ehre erweisen könnte, doch die Antwort lautet nein. Der ehrwürdige Mönch, er muss um die achtzig Jahre alt sein, ist seit längerem ernstlich krank. Alzheimer, heißt es. Er liegt hinter einer der vielen Türen des Klosters und wird dort seit etlichen Jahren gepflegt. Die Nonnen schirmen ihn vollkommen ab, niemand darf ihn besuchen, nicht einmal Geronda, sein großer spiritueller Sohn.

Die beiden Nonnen geleiten uns in ein Esszimmer und lassen uns dort allein. Der Tisch ist mit weißem Tischtuch und Stoffservietten festlich gedeckt, es gibt hausgemachte Pommes frites, gegrillte Sojabällchen und frischen grünen Salat, Tomaten, Käse, Oliven, Auberginencreme und Wein. An den Wänden hängen Fotos von Weisen und Würdenträgern, auch ein Bild von Altvater Aemilianos ist dabei: große dunkle Augen blicken aus schweren Lidern in einem schmalen Gesicht, er wirkt zartfühlend, gütig und fast zerbrechlich. Diejenigen, die ihn kennen, beschreiben ihn als edel und außergewöhnlich fröhlich. Auf Aemilianos geht die Internationalität und Frische zurück, die Geronda in seinen Klöstern so nachhaltig fördert und prägt.

Wir speisen und plaudern, ein Essen ohne Silentium und Lesung, wir haben tatsächlich Ferien. Diodora entdeckt bei Rahil eine Haarsträhne, die vorwitzig aus dem Schleier lugt, und sie korrigiert ihre Erscheinung mit der Umsicht einer Mutter, die verhindern möchte, dass ihr Kind sich blamiert.

Nach dem Essen ist Diodora einen Moment lang unentschlossen. Zum Vespergottesdienst, der jetzt beginnt, wollen wir nicht zu spät kommen – aber unaufgefordert das Zimmer und das Gasthaus zu verlassen wäre nicht höflich. Also bleiben wir sitzen und warten, bis uns die Schwestern holen. In dieser Welt verständigt man sich mehr durch Formen als mit Worten.

Ein Eisentor trennt die Kirche, das Herz von Ormylia, vom Besuchertrakt. Dahinter beginnt die Stille. Der Hof vor dem Eingang zur Kirche ist mit einem riesigen Mosaik der Arche Noah bedeckt, das kunstfertige Schwestern von Hand mit Kieselsteinen gelegt haben. Die Schwalben, Störche und Eulen wirken so lebendig, als würden sie gleich abheben in die Luft. Das Kirchengebäude tritt deutlich unter den anderen Gebäuden hervor, es steht frei in der Mitte und ist traditionell byzantinisch gemauert: Horizontale rote Ziegelreihen wechseln mit weißen Zierstücken aus Marmor, was den Effekt eines leuchtend fröhlichen Karo-Musters erzeugt. Das Fröhliche von außen setzt sich im Eingangsportal fort, dessen Wände ganzflächig mit farbenfrohen Fresken ausgemalt sind. Man sieht Gerüste und Farbtöpfe herumstehen, die Schwestern haben ihre Arbeit noch immer nicht vollendet, seit zehn Jahren sind sie mit dem Ausmalen der Kirche beschäftigt.

Tief drinnen im Kirchenschiff glänzt es prachtvoll auf allen Ebenen. Ein riesiger runder Kerzenleuchter aus Silber schwebt tief unter der Decke, an seiner Unterseite hängen Kugeln und flache Heiligenfiguren, die zu tanzen beginnen, wenn die Kerzen des Leuchters an Festtagen brennen. Die monumentale Ikonen-

wand quillt über von vergoldeten Schnitzereien, lauter Blätter und Blüten und Vögel aus glänzendem Gold. Auf dem Fußboden schließlich ein Mosaik aus farbigen Marmorstücken, dessen spiralenförmige Vielfalt einen schwindlig macht. Wie draußen an den Wohngebäuden sind auch die Farben in der Kirche vollendet miteinander abgestimmt: Jadegrün, Türkisblau und Orangerot treffen als Grundtöne aufeinander.
Benommen von so viel Schönheit stelle ich mich in den für Besucher vorgesehenen Bereich. Diodora wird ein Ehrenplatz ganz vorne zugewiesen. Unter den seitlichen Kuppeln der Kirche stehen sich die Sängerinnen mit großem Abstand gegenüber, zwei Gruppen von jeweils rund 15 Nonnen. Männlich und rau klingen die Stimmen dieser Frauen, ganz anders als das lieblich zarte Halleluja, das mir aus dem Gottesdienst zu Hause oder aus den Oratorien westlicher Komponisten vertraut ist. Mächtig wie eine Flutwelle rollen die geübten Stimmen im Gleichklang durch die Kirche und spülen mich hinweg, ich suche Halt an der Lehne eines Stuhles, so gewaltig wirkt dieser Gesang. Spätestens jetzt verstehe ich, warum die Nonnen von Ormylia auf eingeschränkte Besuchszeiten bestehen: Wer seine Kunstfertigkeit zu solcher Perfektion bringen will, braucht eine konzentrierte Atmosphäre.
Die Nonnen wissen um ihre Wirkung, einige halten ihre Arme abwehrend vor der Brust verschränkt, als fühlten sie sich von den Besuchern bedrängt. Vor mir wirft sich Diodora auf dem Boden, flach ausgestreckt liegt sie da. Zum ersten Mal sehe ich meine Freundin in dieser Geste tiefer Demut, hier wirkt es angemessen und gar nicht fremd. Nach einer Stunde ist die Vesper

vorüber, ich wünschte, der Gottesdienst würde länger dauern, zum ersten Mal habe ich Lust auf mehr. Hier greift alles harmonisch ineinander – Stimmen, Farben, Gerüche, Formen, Licht.

Draußen kann ich eine Weile nicht sprechen, so sehr wirkt das, wozu göttliche Kraft die Menschen inspiriert, in mir nach. Und selbst wenn es Gott gar nicht gibt, wenn er nur als Erfindung der Menschen in ihren Köpfen existiert, ist das, wozu die Idee des Göttlichen Gläubige befähigt, umwerfend.

Auf dem Weg zum Klosterausgang kommen wir an der alten Kapelle vorbei, in der Charlotte damals ihren ersten orthodoxen Gottesdienst erlebt hat. Die Kapelle ist winzig und bescheiden, kein Vergleich zu dem Prachtbau, aus dem wir gerade kommen. Ohne viel Beiwerk hat die Liturgie ihre Wirkung entfaltet. Jetzt kann ich mir vorstellen, wie offen und bereit Charlotte damals für den orthodoxen Glauben war. Sie hat in Griechenland die authentischste Form der christlichen Religion gefunden. Es ging ihr um alles oder nichts.

Im Klosterladen entdecke ich Aufnahmen der liturgischen Gesänge, ich kaufe alle sieben CDs. Ich ahne, dass sie in Berlin viel weniger Kraft haben werden als hier in Ormylia, aber das ist egal. Der Laden ist so makellos gestaltet wie alles in dieser Klosteranlage. Handarbeiten und Lebensmittel werden angeboten, Bücher und Devotionalien, alles sehr ansprechend präsentiert. Mir kommt Dimitras improvisierte Kräuterküche und die rumpelige Kammer, in der sie ihre Naturkosmetik verkauft, in den Sinn. Von so einem Laden träumt Dimitra bestimmt, sage ich spaßend zu Diodora. Wichtiger als so ein Laden ist die Truppe, antwortet sie vielsagend, und ich verstehe sofort, was sie meint. So perfekt und geschmackvoll Ormylia auch sein mag – die Nonnen werden streng und rigide geführt, sie wirken verschlossen und ernst. Ganz anders als die Schwestern der Roten Kirche.

In diesem Moment fühle ich mich dem Kloster in Karditsa sehr verbunden – ich spüre, wie sehr ich diesen spröden Ort mag. Das Unperfekte macht ihn lebendig, und die Natürlichkeit der Schwestern anziehend. Die Nonnen von Ormylia arbeiten in professionellen Werkstätten, sie schneidern, sticken, weben und nähen, sie malen, entwerfen und gestalten auf höchstem Niveau. Es wirkt, als seien hier die Musterschülerinnen des monastischen Lebens versammelt. Doch ich fühle mich bei den offenherzigen Nonnen der Roten Kirche wohler.

Wir fahren schweigend in die Nacht. Diodora tippt ununterbrochen Textnachrichten in ihr Handy. Erst jetzt fällt mir auf, dass das Telefon in Ormylia die ganze Zeit über ausgeschaltet war. Eine große Ausnahme. Wie viel sich an nur einem Nachmittag anstaut, erkenne ich auf unserer Rückfahrt: Diodora ist dreieinhalb Stunden lang durchgängig damit beschäftigt, ihre Nachrichten aufzuarbeiten. »Worum geht es bei den Nachrichten hauptsächlich?«, frage ich.

»Ich bin die Brücke zwischen Geronda und den Schwestern. Meistens geht es um Missverständnisse. Eine Schwester hat beispielsweise eine Anweisung falsch verstanden und muss daraufhin korrigiert werden. Das erlebst du wahrscheinlich auch dauernd mit deinen Kindern. Oder Geronda leitet mir eine Nach-

richt weiter, um die ich mich dann kümmern muss. Das läuft alles über mich«, antwortet sie.
Ich staune, wie wenig Diodora delegiert. Ich glaube nicht, dass die Äbtissin von Ormylia so dicht an jedem ihrer Schäflein dran ist. Vermutlich fühlen sich die Schwestern genau wegen dieses Übermaßes an Aufmerksamkeit bei Diodora so geborgen.
Im Kloster in Karditsa verabschieden wir uns für die Nacht. Die Umarmung ist herzlich, wir sind uns nähergekommen an diesem Tag.

Im Zentrum der Mystik

Es ist halb sechs Uhr morgens und ich liege flach auf dem Boden. In der Präsidentensuite dämmert es. Wenn ich die Augen öffne, schaue ich in die Gesichter von Bischöfen, von denen gerahmte Fotos an den Wänden hängen. Neben mir glüht ein Heizlüfter. Ich presse meine Wirbelsäule auf den Flokati-Teppich und mache Sit-ups – eine Gewohnheit, die ich mir vor einiger Zeit gegen chronische Rückenschmerzen verordnet habe. Bauch einziehen, Becken kippen, langsam aufrollen. Nach drei Durchgängen zu je fünfzehn Übungen fühle ich mich besser. Ich wünschte, ich könne mir Spiritualität genauso einfach verordnen wie die Rückengymnastik. Draußen schlägt jemand das hölzerne Koppano. Die rhythmischen Schläge kündigen den Beginn des Gottesdienstes an. Ich bin hellwach. Heute soll ich zum ersten Mal Geronda sehen. Ich bin neugierig auf den Priestermönch, über den ich bereits so viel gehört und den ich bislang nur auf Fotos gesehen habe. Was ist das für ein Mensch, der meine Freundin dazu gebracht hat, ein zweites Leben zu beginnen? Es wird heute kein persönliches Treffen geben, das nicht. Aber ich kann ihn bei der heiligen Liturgie erleben, die er an diesem Sonntag hier in Karditsa in der

Roten Kirche feiert. Instinktiv ziehe ich mir schwarze Sachen und ordentliche Lederschuhe statt der üblichen Sneakers an. Ich möchte nicht auffallen. Mit einem Glas Wasser und einem trockenen Keks rüste ich mich für die kommenden drei Stunden. Ein Kaffee wäre mir lieber, doch in der Küche ist um diese Zeit niemand, und allein dort herumzuhantieren erschiene mir unpassend.

In der Kirche sehe ich Diodora im Gespräch mit einer Schwester stehen. Als sie mir zulächelt, spüre ich mit einem Mal, wie viel sie mir bedeutet. Das passiert mir öfter im Kloster, vor allem dann, wenn ich sie längere Zeit nicht gesehen habe oder sie im Gottesdienst betrachte. In solchen Momenten wird mir die Fremdheit zwischen uns bewusst und gleichzeitig meine Sehnsucht nach Nähe.

Diodora sagt, komm, ich stelle dich der Gerondissa Fevronia vor, und zieht mich sanft am Arm hinüber zu einer Art Thron. Darin sitzt eine bucklige alte Frau mit finsterer Miene. Instinktiv küsse ich ihre Hand. Diodora sagt auf Griechisch, dass wir Freundinnen aus Kindertagen sind, und das Gesicht der alten Nonne entspannt sich. Mein Handkuss hat sie zum Lächeln gebracht.

Ich habe mir vorgenommen, die Rituale meiner Gastgeber so weit zu übernehmen, wie ich sie glaubwürdig umsetzen kann. Sehr weit komme ich nicht. Ich zwinge mich zu nichts, was nicht von innen heraus kommt. Alles andere wäre unehrlich. So bin ich die meiste Zeit während des Gottesdienstes passiv. Einen Handkuss bringe ich nur dann zustande, wenn ich weiß, mein Gegenüber versteht, so wie die alte Gerondissa, einzig

die Sprache dieser Symbole und jede andere Geste wäre verletzend. Wenn ich die Kirche betrete, bekreuzige ich mich, ebenso im Refektorium vor dem Essen oder anderen Gelegenheiten, bei denen ich das Bedürfnis habe. Zunächst fühle ich mich wie eine Betrügerin, denn als Protestantin, denke ich, steht mir das Segenszeichen nicht zu. Was natürlich Unsinn ist.
In der Anfangszeit des Gottesdienstes, dem Morgenlob, ist die Kirche fast leer. Erst nach eineinhalb Stunden, wenn die heilige Liturgie beginnt, füllt sich der Raum mit Gläubigen, die eigens wegen Geronda in Bussen aus einem anderen Ort angereist sind. Viele der Gläubigen haben gesäuerte Brote mitgebracht und geben sie bei Schwester Rahil ab, die dem Priester beim Gottesdienst assistiert. Auf einem Tisch liegen Stifte und Zettel, darauf werden die Namen jener verstorbenen Angehörigen notiert, derer heute zum Ende der Liturgie gedacht wird. Dieses Ritual der Erinnerung spielt eine vitale Rolle im orthodoxen Glauben. Es ist eine subtile Form der Kommunikation zwischen Lebenden und Toten. Man knüpft ein unsichtbares Band zwischen dem irdischen Leben und dem Jenseits. Beides geht in der Orthodoxie fließend ineinander über.

Während des Morgenlobs betritt Geronda durch eine Seitentür die Kirche. Eine Weile sitzt er ruhig auf einem Stuhl. Diodora löst sich aus der Gruppe der Sängerinnen und tritt neben ihn, die beiden sprechen miteinander, ohne sich dabei anzuschauen, beide haben ihre Gesichter nach vorn gerichtet. Die liturgischen Gewänder des Priesters hängen an einem Haken, es sind prächtige Roben, Stolen und manschetten-

artige Armbinden aus leuchtenden, üppig bestickten Stoffen. Geronda zieht sich ein Teil nach dem anderen über sein schwarzes Mönchshabit.
Die Nonnen stehen sich in zwei Gruppen gegenüber und singen einstimmig im Wechsel. Ein Teil der Frauen hält konstant einen Grundton, was insgesamt den Eindruck von Mehrstimmigkeit erweckt. Keine Orgel oder sonst ein begleitendes Instrument unterstützt die Sängerinnen, das ist charakteristisch für die byzantinische Kirchenmusik.
Das Portal der Roten Kirche öffnet und schließt sich fortlaufend, ständig kommt jemand hinein oder geht hinaus. Handys klingeln, man tuschelt und kramt in Handtaschen. Kleine Kinder laufen herum und machen Lärm, niemand stört sich daran. Gerondissa Fevronia, die alte Äbtissin, geht auf ihrem Ehrenplatz sitzend Papiere durch. Je mehr man sich dem feierlichen Höhepunkt – dem heiligen Abendmahl – nähert, desto konzentrierter wird es in der Kirche.
Mich erfasst ein Gefühl von Gemeinschaft. Hier betet niemand abgeschieden für sich selbst. Die Gläubigen sind ihrem Gott sehr nah, das kann man deutlich spüren, je weiter die Liturgie vorangeschritten ist. In der orthodoxen Welt besteht keine grundsätzliche Trennung zwischen dem Sakralen und Profanen, dem Ewigen und Vorläufigen, dem Himmlischen und Irdischen. Sie berühren sich und existieren miteinander. Die Gegensätze zwischen Natürlichem und Übernatürlichem werden aufgehoben. Die Vereinigung der Gläubigen mit Christus, die sich im Mysterium der heiligen Liturgie vollzieht, ist kein Symbol, sondern sie ist wirklich.

Ich staune über die üppige Anzahl von Gefäßen und Gewändern, mit der die Liturgie gestaltet wird. Der Gesang der Nonnen und der Geruch des Weihrauches werden zunehmend intensiver, die Spannung steigert sich zum Ende hin – es ist die Spannung zwischen der finsteren Vergangenheit des Sündenfalls und dem erleuchteten Zustand der Erlösung. Nach zwei Stunden habe ich das Gefühl, Zeit und Raum würden verschwinden. Vielleicht ist das die berühmte spirituelle Energie, denke ich, vielleicht bin ich aber auch nur müde und erschöpft. Ich fühle mich wehrlos und verletzlich.

Kurz darauf hält es mich nicht mehr auf meinem Platz. Auf einmal zieht es mich nach vorne, ich will Teil des Ganzen sein. Geronda bereitet die Opfergaben mit Bewegungen vor, die so präzise und konzentriert sind wie die eines Tänzers während einer Choreographie. Zigtausende Male hat er diese Bewegungen schon ausgeführt, und doch wirken sie so unverbraucht und frisch, als feiere er an diesem Tag zum ersten Mal die Liturgie. Die meiste Zeit steht er mit dem Rücken zur Gemeinde und spricht die Gebete von ihnen abgewandt, doch seine Stimme füllt kraftvoll den Raum. Sie klingt tief und sehr rein.

Jetzt trägt er die vorbereiteten Opfergaben durch die Mitte des Kirchenschiffes zum Altar, und ich sehe aus der Nähe, wie er den von einem Tuch bedeckten Kelch, in dem Brot und Wein zur Konsekration gemischt sind, mit ausgestreckten Armen hoch in die Luft hält. Seine schneeweißen Haare sind im Nacken zu einem kleinen Knoten gebunden, die Augen leuchtend blau und seine Lippen voll. Ich bin überrascht, wie wohlgenährt er

aussieht. Von Fotos kenne ich ihn als hohlwangigen jungen Asketen.
Diodora empfängt vor den Schwestern das Sakrament, dann stellt sie sich an die Seite Gerondas und hilft mit geübten Bewegungen den Gläubigen, das Sakrament von einem goldenen Löffel auf würdevolle Art entgegenzunehmen. In der Hand hält sie ein rotes Tuch bereit, um abzuwischen, was möglicherweise auf den Lippen hängen bleibt. Wenn das Tuch gewaschen wird, gießen die Nonnen das Waschwasser an einem speziell für Kirchenabwässer reservierten Ort ab. So geht das Wasser direkt in die Erde, und die Gläubigen können sicher sein, dass das, was aus ihrer Sicht das Blut Christi ist, nicht mit gewöhnlichen Abwässern vermischt wird.
Kurz entschlossen reihe ich mich in die Schlange der Wartenden ein. Ich will aus meiner Rolle der passiven Zuschauerin ausbrechen, will deutlich zeigen, dass mich das Ganze hier sehr wohl betrifft. Es kostet mich einiges an Überwindung, mich anzustellen. Ich fühle mich unsicher – so, als würde ich eine Rolle spielen, die ich noch nicht beherrsche. Das Gefühl kenne ich von zu Hause. Auch dort bin ich mir beim Abendmahl meiner Sache nicht sicher. Vermutlich liegt es daran, dass ich nicht regelmäßig zum Gottesdienst gehe. Mir fehlen Geläufigkeit und Routine, vielleicht auch Innigkeit und Überzeugung.

Ich stehe in der Roten Kirche noch nicht lange in der Schlange, als mich Schwester Aemiliani plötzlich am Arm beiseitezieht. »After baptism!«, flüstert sie scharf, »nach der Taufe«. Ich verstehe nicht, was sie von mir

will. Ich bin doch getauft! Sogar konfirmiert. Zwar protestantisch, aber immerhin. Zu Hause habe ich bei den Katholiken oft genug an der Eucharistiefeier teilgenommen, ohne dass sich jemand daran gestört hätte. Vielleicht habe ich Schwester Aemiliani missverstanden und es geht nur um die Frage der Reihenfolge, überlege ich. Vielleicht meinte sie, erst sollen die Orthodoxen an die Reihe kommen und ich später, ganz zum Schluss. Eine Weile laufe ich ziellos durch die Kirche. Zum Abschluss der Eucharistiefeier verteilt Geronda das gesegnete Brot – das *Antidoron*. Als Zeichen christlicher Nächstenliebe kann es auch an Gläubige ausgegeben werden, die nicht orthodox sind. Wieder stelle ich mich an. Diesmal bin ich richtig, denke ich, aber Minuten später zieht mich Diodora sanft beiseite. Sie ist offenbar amüsiert über meine Hartnäckigkeit. Mit einem Lächeln sagt sie: »Ich stelle dir Geronda später vor.« Als hätte ich die Gelegenheit der Brotausgabe nutzen wollen, ihrem geistigen Vater guten Tag zu sagen. Dann taucht sie ab in der Menge der Besucher, die sie begrüßen und um ihren Segen bitten wollen.
Ich bleibe ratlos und gekränkt zurück. Mir wird klar, wie wenig die Zugehörigkeit zu einer Religion allein vom guten Willen abhängt. Sich einer religiösen Gemeinschaft anzuschließen bedeutet vielmehr, sich gewissen Regeln zu unterwerfen und Rituale zu kennen. In meine Verstörtheit mischt sich Empörung über die Zurückweisung. Ist es nicht total unchristlich, mich auszuschließen? Wo bleibt eigentlich die berühmte Nächstenliebe, wenn man mich derart vor den Kopf stößt? Ich bin doch in bester Absicht hergekommen –

nämlich um die Orthodoxie kennenzulernen. Von meiner Seite gibt es keine Vorbehalte. Gut, eine gewisse Skepsis kann ich nicht verleugnen. Aber ließe sich die Skepsis nicht am besten auflösen, wenn man mich mit offenen Armen aufnähme? Mich gewissermaßen in der Umarmung überzeugte?
Irritiert verlasse ich die Kirche und gehe hinüber in den Wohntrakt. Dort drängen sich viele Menschen, es sind Freunde des Klosters, die von weit hergekommen sind, um die Liturgie mit Geronda zu feiern. Das Mittagessen wird heute in zwei aufeinanderfolgenden Schichten serviert, damit alle einen Platz finden. Erst kommen die Würdenträger und auswärtigen Gäste an die Reihe, dann Nonnen und Hausgäste. Auf der Veranda begegne ich Diodora. Sie spürt meine Verstörtheit und fragt: »Magst du dich vielleicht irgendwo hinsetzen und in Ruhe etwas trinken?« Ich ringe kurz um Worte und sage schließlich: »Gern einen Kaffee.« Es entsteht eine kurze Pause. Dann bemerke ich: »Im katholischen Gottesdienst, an dem wir manchmal in Berlin teilnehmen, lassen sie mich die Eucharistie empfangen. Hier ist das wohl anders?«
Diodora nickt und wiederholt: »Hier ist das anders.« Sie drückt mir die Hand und geht ins Haus, wo die Gäste auf sie warten. Mich fröstelt. Nach drei Stunden in der unbeheizten Kirche bin ich von Kopf bis Fuß ausgekühlt. Warum hat Diodora mich nicht einfach umarmt? Das hätte ich als Freundin getan. Schnell verwerfe ich den Gedanken. Umarmungen gehören im Kloster nicht zum Programm, im Gegenteil. Ermutigung erfährt man hier im Metaphysischen. Nicht Körperwärme spendet Trost, sondern die Nähe zu Gott.

Ich setze mich im Klosterhof auf eine Mauer und beobachte die vielen Menschen. Eine junge Frau bringt mir einen Kaffee. Sie stellt sich als Freundin von Diodora aus der Athener Studienzeit vor und hilft heute ein bisschen mit. Sie ist Lehrerin und hat einen kleinen Sohn, der sitzt gerade auf dem Sofa und betrachtet mit Schwester Aemiliani kleine Heiligenbilder. Die beiden wirken sehr vertraut.

Die Gäste haben sich herausgeputzt, keine Frau trägt Hosen. Weiblichkeit wird hier sehr betont, man sieht viel Make-up und gefärbte Haare, altmodische Dauerwellen, billigen Goldschmuck und andere klimpernde Accessoires. Wie streng und formschön die schwarz gewandeten Nonnen sich vor diesem schillernd bunten Hintergrund abheben. Je länger ich auf meinem Mäuerchen sitze, desto besser kann ich mich mit der Zurückweisung während der Liturgie abfinden. Ich ahne, dass die Glaubensgemeinschaft eine harte Nuss ist, die sich nicht so ohne weiteres knacken lässt. Hier haben Rituale, die von der säkularen Gesellschaft weitgehend der Beliebigkeit preisgegeben wurden, durchaus Folgen. Das gefällt mir und das habe ich bislang unterschätzt. Vielleicht liegt gerade hier der Schlüssel zum Erfolg. Einfach nur interessiert und aufgeschlossen zu sein reicht nicht aus. Ohne etwas zu investieren, kommt man auf dem spirituellen Weg nicht voran. Wie in allen Bereichen des Lebens muss man etwas dafür tun, wenn man es gut haben will.

Zu Hause, als Journalistin, bin ich es gewohnt, an allen möglichen Ereignissen teilnehmen zu dürfen, ohne mich wirklich auf sie einzulassen. Ich darf fast überall beobachtend dabei sein und jederzeit neugierige Fragen stellen. Überhaupt kann man sich inzwischen fast überall unverbindlich an- und abmelden. Die Grenzen zwischen Öffentlichem und Privatem, zwischen allgemein Zugänglichem und Persönlichem verschwinden immer mehr. Hier, drei Flugstunden und ein paar hundert Kilometer Autofahrt von Berlin entfernt, bin ich nun erstmals auf eine fremde, exotische Welt gestoßen, zu der ich nicht ohne weiteres Zugang bekomme. Sicher, vordergründig werde ich bereitwillig aufgenommen, und die Gastfreundschaft der Nonnen erleichtert die ersten Schritte. Aber ich bin Zaungast, mehr nicht. Und vom Zaun aus wirkt das Geschehen im Kloster viel geheimnisvoller, als wenn man mittendrin ist.

Das Unerklärliche im Leben dieser Frauen zieht mich an. Wäre mir alles verständlich, wäre der Reiz wohl weniger hoch. Von innen betrachtet, sieht alles vermutlich ganz anders aus. Ist man erst mal drin im Kloster, gibt es für alles eine Erklärung. Die geschlossene Welt der Nonnen kennt keine Fragen, keine Diskussionen. Alles ist geregelt. Der Gedanke, sich nicht andauernd für etwas entscheiden zu müssen, hat etwas angenehm Wohltuendes. Ich beneide die Nonnen um ihre Gewissheit. Zugleich bereitet mir diese Gewissheit Unbehagen. Schlimmer Gedanke, wenn die Gewissheit ein Irrtum wäre. Wenn man sich etwas vormachen würde. Alles Mögliche wird im Klosterleben ausgespart – zum Beispiel so fundamentale Themen wie Sex oder Kinderkriegen. Gott ist der Dreh- und Angelpunkt in dieser archaischen Welt – einer Welt, die sich zurückorientiert am Garten Eden. Man kennt nur Gut oder Böse, richtig oder falsch, schwarz oder weiß. Das Bunte, Überraschende, Unerwartete des Lebens geht verloren. So stelle ich mir das jedenfalls vor.

Als der letzte Besucher sich verabschiedet hat, kehrt wieder Ruhe im Kloster ein. Sofort beginnen die Schwestern aufzuräumen und abzuwaschen. Nur das Nötigste wird besprochen, die Aufgaben scheinen klar verteilt. Ich sehe Nonnen geschäftig durch die Flure huschen, blicke auf verschlossene Türen und frage mich, was hinter diesen Türen wohl geschieht. Die Zellen sind der einzig mögliche Rückzugsort der Schwestern, hier ist so etwas wie Privatheit möglich, ein letzter Rest von Eigenleben. Ich suche Rat bei Schwester Dimitra, vielleicht kann sie mir wie neulich ein paar grundlegende Dinge erklären. Als ich auf ihr Zeichen hin die Tür öffne, sehe ich sie auf dem Bett liegen, den Gipsfuß auf einem Kissen hochgelagert. Ihre Stimme klingt verschlafen, offenbar habe ich sie geweckt, das tut mir leid. Doch ich bin froh, die Nonne beim Nickerchen ertappt zu haben. Es beruhigt mich, dass Askese und körperliches Wohlbefinden sich nicht ausschließen. Noch habe ich keine genaue Vorstellung vom monastischen Leben und der damit verbundenen spirituellen Arbeit. Aber mit sinnloser Selbstkasteiung hat es augenscheinlich nichts zu tun.

Dimitra, wie immer freundlich, lädt mich ein, in einer Stunde wiederzukommen. Wie schon bei meinem letzten Besuch gibt es Tee und Kekse, wieder beantwortet sie geduldig meine Fragen. Das Erlebnis vom Vormittag in der Kirche lässt mir keine Ruhe – ich will wissen, worin der tiefere Grund liegt, mich so kategorisch vom Abendmahl auszuschließen und mir sogar das *Antido-*

ron zu verwehren. Ich komme mir vor wie eine Nachhilfeschülerin. Heute steht Geschichte auf dem Lehrplan. Dimitra versetzt mich zurück in das Jahr 1054, dem Jahr der Großen Kirchenspaltung. Nach einem längeren Prozess der Entfremdung kam es damals zur Trennung. Aus der ursprünglichen ungeteilten Kirche bildeten sich die von Byzanz geprägte orthodoxe Kirche und die von Rom geprägte römisch-katholische Kirche. Entscheidend für die Spaltung war der Primatanspruch der Päpste. Diesen Anspruch lehnte der Osten entschieden ab. Hier ist Christus selbst das einzig mögliche Haupt der Kirche.

Dimitra erklärt mir, dass in den orthodoxen Kirchen die Eucharistie noch genauso gefeiert wird, wie sie die Kirchenväter des vierten und fünften Jahrhunderts mit ihren Gemeinden feierten. Die orthodoxen Gläubigen sehen sich in der Tradition der christlichen Urgemeinde und grenzen sich daher in ihren Riten und Regeln streng von anderen Konfessionen ab. Die Sorge um die Bewahrung des »rechten« ursprünglichen Glaubens – das heißt, der Reinheit des Glaubens und seiner Integrität bis in jede Einzelheit des Überlieferten – prägt das Selbstverständnis dieser Kirche. Sie fühlt sich nicht als eine der christlichen Konfessionen im Rahmen des gespaltenen Christentums. Die orthodoxe Kirche fühlt sich als *die* »eine, heilige, allumfassende und apostolische Kirche« des Glaubensbekenntnisses – als die einzig wahre Kirche.

Das ist ein hoher Anspruch. Jetzt leuchtet mir ein, warum eine unbedarfte Protestantin wie ich nicht einfach mal so in die Kirche marschieren und das Sakrament der Eucharastie empfangen darf. Meine Teilnahme wäre ein winziger Schritt in Richtung Verweltlichung und damit dem Ende der orthodoxen Identität. Man stemmt sich mit aller Macht gegen jegliche Verwässerung und Beliebigkeit und verteidigt bedingungslos den Absolutheitsanspruch. Zumal die Feier der Eucharistie nicht irgendein Ritual ist, nicht irgendein Produkt überlieferter Lehrsätze, die Generation für Generation weitergereicht wurden – sie ist vielmehr das Fundament des orthodoxen Glaubens, denn in ihr verbindet sich Gott mit den Menschen. Dass ich auch das *Antidoron* nicht empfangen darf, geht auf die Ernsthaftigkeit der Gemeinschaft meiner Freundin zurück, die das gesegnete Brot ausschließlich Orthodoxen vorbehalten. Hier macht niemand Kompromisse.

»Wenn jemand protestantisch oder römisch-katholisch ist, kann er bei uns nicht an der heiligen Kommunion teilnehmen. Er kann sich für oder gegen die Orthodoxie entscheiden, aber die Konfessionen nicht miteinander mischen. Wenn alles in einen großen Topf geworfen wird, schmeckt am Ende gar nichts mehr richtig«, sagt Dimitra. »Außerdem setzt die heilige Kommunion die Beichte und die richtige innere Einstellung voraus. Die Seele muss rein sein.« Beim Wort Beichte läuten bei mir alle Alarmglocken. Sofort habe ich die Beichtstühle der katholischen Kirche vor Augen – diese düsteren Holzverschläge, in denen man, getrennt durch eine Wand, dem Priester seine Sünden beichten soll. Eine absurde Vorstellung, sich da reinzusetzen. Keinem der Geistlichen, die ich im Laufe der Jahre in deutschen Gotteshäusern erlebt habe, würde ich etwas Persönliches anvertrauen wollen. Warum auch? Wenn ich etwas falsch gemacht habe, muss ich dafür selbst geradestehen, anstatt die Verantwortung zu delegieren. Ich könnte es nicht akzeptieren, dass mich irgendein Priester von irgendetwas freispricht. Ich verabschiede mich von Dimitra und gehe hinaus, spazieren. Noch oft in den kommenden Tagen werde ich auf dem staubigen Sandweg weitläufig ums Kloster laufen. Es sind kleine Märsche, um die Gedanken zu sortieren. Um Abstand zu bekommen und Luft zu holen.

Klosteralltag

In dieser Nacht habe ich erstmals gut und tief geschlafen – vielleicht ein Zeichen, dass ich langsam im Kloster ankomme. Als um halb sechs die rhythmischen Schläge des hölzernen Koppano zum Morgengebet riefen, habe ich mich umgedreht und weitergeschlummert. Jetzt springe ich erwartungsvoll aus dem Bett. Es ist der fünfte November 2008. In der Nacht hat sich entschieden, wer neuer Präsident der USA sein wird. Am Vorabend habe ich Diodora gefragt, wie sie sich über den Ausgang der Wahl informieren wird. Im Kloster gibt es weder Fernseher noch Tageszeitung, auch ein Radio habe ich noch nicht gehört. »Wir haben unsere Quellen«, hat meine Freundin vage geantwortet und dabei gelächelt. Vermutlich meint sie die familiären Verbindungen der amerikanischen Schwestern oder die eigenen Kontakte zur orthodoxen Kirche in Amerika. Oder sie meint das Internet, das im Kloster rege genutzt wird. Jedenfalls empfiehlt ihr Ton keine Nachfrage. Man muss sich im Kloster an eine gewisse Zurückhaltung gewöhnen. In der Regel passieren die Dinge einfach so, nichts wird angekündigt oder erklärt. Nur wer sehr direkt fragt, erhält konkrete Informationen – und selbst dann antworten die Nonnen oft nur mit einem Schulterzucken. Einmal, als Diodora unterwegs war, habe ich abends eine Schwester gefragt, wann meine Freundin, die noch an diesem Tag zurückerwartet wurde, wohl käme. »Wir hoffen, sie kommt heute noch«, lautete ihre unbestimmte Antwort. Allein Diodora hat den Überblick, welche Schwester sich gerade wo aufhält. Und es gehört zum Prinzip Gehorsam, dass Informationen nur in Absprache mit der Gerondissa nach außen getragen werden. Wer mit mir plaudert, braucht dazu die Genehmigung von Diodora.

Mein iPod ist an diesem Novembermorgen meine einzige Informationsquelle. Über ihn komme ich ins Internet, denn weil mein Zimmer direkt neben dem von Diodora liegt, kann ich von ihrem drahtlosen Zugang ins Netz profitieren. Die Verbindung ist schwach und bricht immer wieder zusammen, doch schließlich lande ich erfolgreich auf einer Nachrichtenseite. Obama hat es geschafft! Ich ziehe mich an und eile hinunter in die Küche. Dort bekomme ich ein Frühstück *continental style*, mit Kaffee, Toast und weichgekochtem Ei. »Obama hat gewonnen!«, rufe ich Schwester Serafima in der Küche zu. Sie lächelt stumm. »Und was hat das mit uns zu tun?«, scheint sie zu sagen.

An diesem Tag kommt ein staatlicher Kontrolleur ins Kloster. Er ist aus Thessaloniki angereist, um im Auftrag der Diözese die Buchhaltung des Klosters zu prüfen. Wie sich herausstellt, weisen die Bücher große Lücken auf. Jahrelang hatte die alte Gerondissa Fevronia die Buchführung an ein externes Büro delegiert, und nun zeigt sich, dass wesentliche Aufstellungen aus den letzten Jahren fehlen. Eine komplette Inventarisierung des Klosterbesitzes ist nötig. Der Kontrolleur, ein ehemaliger Beamter aus dem Finanzministerium, entpuppt sich als freundlicher älterer Herr. Er bietet Diodora an, sie im Schnellverfahren in die Feinheiten der Buchführung einzuarbeiten. Fünf Tage lang kommt er jeden Tag ins Kloster, um Papiere zu sichten und meine Freundin anzuleiten. Fünf Tage lang zählt sie Ikonen, forscht in verstaubten Aktenordnern nach Urkunden, die den Grundbesitz des Klosters belegen, und besorgt alle möglichen Nachweise. Fünf Tage lang macht sie einen Spagat zwischen der alten Gerondissa Fevronia und dem korrekten Kontrolleur. Sie muss die Würde der durch den Kontrollbesuch irritierten Äbtissin bewahren und gleichzeitig den Beamten für die Interessen des Klosters einnehmen. Beides scheint zu gelingen. Am Ende der Woche kennt sie sich so gut aus, dass sie ihrerseits die Äbtissinnen der beiden anderen zur Gemeinschaft gehörenden Klöster einarbeiten kann. Künftig werden die Bücher intern geführt. Für Diodora und ihre Schwestern ist das ein großer Schritt in Richtung Autonomie und Selbstkontrolle. Diese Frauen zieht so schnell niemand über den Tisch.

Während sie mit dem Kontrolleur beschäftigt ist, stellt mir Diodora Schwester Nazarene an die Seite. Nazarene ist mir als Vorsängerin in der Kirche vertraut, mehr noch als ihre anmutige Figur und das hübsche Gesicht sticht ihre Stimme heraus. Sie gehört zur Handvoll der höher geweihten Schwestern in Karditsa und ist eine tragende Säule der Gemeinschaft. Aus großen Augen beobachtet sie aufmerksam ihr Umfeld, immer bereit, irgendwo einzugreifen oder auszuhelfen. Nie sieht man Nazarene untätig, selten im Gespräch. Sie ist sehr zurückhaltend, ich weiß nicht, ob aus Scheu oder Höflichkeit.

Als meine Gesellschafterin führt Nazarene mich durchs Kloster. Sie zeigt mir Gemüsegarten und Ziegenstall. Wir stehen vor einem kleinen Acker, auf dem ein paar schlapp aussehende Salatköpfe wachsen. Ein jämmerlicher Anblick. Im Vorjahr hat man es mit Artischocken versucht, aber das hat auch nicht funktioniert, erzählt Nazarene. Jetzt experimentieren die Schwestern mit Weinreben. Es ist schwer, bei großer Hitze mit eingeschränkten Wasservorräten eine grüne Oase zu schaffen. Von der Selbstversorgung ist das Kloster jedenfalls noch weit entfernt. Zurzeit holen die Nonnen Obst und Gemüse zum Großteil auf dem Wochenmarkt. Jeden Freitag füllen sie einen ganzen Lieferwagen mit Resten, die weggeworfen würden, weil sie nach dem Wochenende nicht mehr verkauft werden dürfen, die aber noch in tadellosem Zustand sind. Manchmal bringen Anwohner Olivenöl vorbei oder Brot oder Fleisch. Grundsätzlich investieren die Schwestern nicht viel Geld in diese Dinge, sondern lieber in – zum Beispiel – die Ausbildung einer der jüngeren Schwestern. Ich frage Nazarene, was sie am liebsten noch anschaffen würde. Sie sagt: »Wir träumen von einer Kuh.«

Nazarenes Name leitet sich von der Stadt Nazareth ab. Dort hat sich die Jüdin 1994 in einer orthodoxen Kirche entschlossen, zum Christentum zu konvertieren. Ähnlich wie Schwester Jerusalem, die Diodora zum Studium nach Frankreich begleitet hat, war Nazarene mit ihren Eltern, beide jüdische Akademiker, als Kind aus Russland nach Israel emigriert. Damals hieß sie Marina Rosen. Wie bei den meisten Schwestern dieses Klosters ist auch Marinas Geschichte die Geschichte einer rigorosen Entscheidung. Und wie fast alle Schwestern redet sie ungern über ihr altes Leben. Einige behaupten, sie hätten ihren alten Namen vergessen. Andere können sich nicht mehr an ihr Geburtsdatum erinnern. Im Kloster feiert man nicht den Geburtstag, sondern den Namenstag des Heiligen, nach dem man benannt worden ist. Denn sich selbst zu feiern würde dem monastischen Leitmotiv, sich selbst zurückzunehmen, widersprechen. Geboren zu werden ist kein eigenes Verdienst und keine Leistung. Die Heiligen dagegen werden wie Schutzengel verehrt. Im monastischen Leben sind sie so etwas wie Vorbilder. Man feiert sie, weil sie bereits als Menschen eins mit Gott geworden sind. Darauf zielen jeder Mönch und jede Nonne in ihrem Tun – ihm durch Askese und spirituelle Praxis, durch ein allgemein gottgefälliges Leben so nah wie möglich zu kommen.

Wir sitzen im Klosterhof auf einer Steinmauer und blinzeln in die Herbstsonne. Ich ringe um jedes Detail von Nazarenes Lebensgeschichte. Wie kam es, dass sie, die im kommunistischen Russland praktisch nichts vom Christentum erfahren hatte, sich in Israel plötzlich dafür entflammte? »Ich weiß nicht, was es war. Aber es gefiel mir alles so gut – die Kirchen, die Glocken, die heiligen Stätten. Ich mochte es furchtbar gern. Und ich wollte Christin sein. Ich wollte es einfach«, antwortet sie. Kurz nach ihrer Ankunft in Israel kaufte sie sich eine kleine Ikone. Die jüdischen Eltern waren entsetzt. Jedes Mal, wenn Besuch ins Haus kam, hielten sie die Tochter an, diese unselige Ikone zu verstecken. Marinas plötzliche Leidenschaft fürs Christentum löste bei ihnen so starke Gefühle aus, wie nur Glaubensgegensätze sie auslösen können. Sie empfanden Scham, Schuld und das Gefühl, verraten zu werden. Auch Versagen warfen sich die Eltern vor. Vielleicht war es falsch gewesen, Marina in Russland zu entwurzeln und nach Israel zu bringen. Vielleicht litt die Tochter, die neuerdings so ruhig und in sich gekehrt war, an Depressionen? Kurze Zeit später kappte Marina aus eigenem Antrieb weitaus drastischer ihre Wurzeln, als die Eltern es mit der Einwanderung nach Israel getan hatten. Gemeinsam mit einer alten Freundin aus Russland besuchte sie das Heilig-Kreuz-Kloster in Jerusalem und begegnete Geronda. »Er hat so schön mit uns gesprochen. Wie ein Vater mit seinen Kindern«, erinnert sie sich. Der Abt gab ihr Antworten auf Fragen, die sie sich vorher nie gestellt hatte. Marina blieb. Einmal fuhr sie noch nach Hause, um zu packen und ihren Pass zu holen. Auch die Freundin lebt heute im Kloster, ihr Einsatzort ist Theben. Sie hat den Namen Dionyssia bekommen.

»Mir gefällt dieses Leben. Es ist ein bisschen wie im Kibbuz«, sagt Nazarene. Der Vergleich leuchtet mir ein. Wie im Kibbuz, diesem sozialistischen Gesellschaftsentwurf im Mini-Format, wird auch im Kloster alles geteilt – Arbeit und Pflichten genauso wie Gewinne. Die Schwestern werden vom Gefühl getragen, eine eingeschworene Gemeinschaft zu sein. Der Gedanke, sich bedingungslos aufeinander verlassen zu können, hilft auch über Durststrecken hinweg.

»Ein Zuhause und eine Familie kann jeder haben. Aber das ist nur ein kleines Stück von der Welt. Ich wollte die ganze Welt«, sagt Nazarene. Mit einer Armbewegung verbindet sie Himmel und Erde. Ein Betonmischer rumpelt den Sandweg heran, auf dem Nachbargrundstück warten Handwerker. Ausgerechnet hier, in der staubigen Einöde einer Kleinstadt im Herzen Griechenlands, eröffnet sich für Nazarene die ganze Welt. Noch kann ich ihr nicht folgen. Aber ich bin entschlossen herausfinden, was sie meint.

Eine Schwester schlägt das hölzerne Schlagbrett. Es ist zehn Uhr, Zeit zum Mittagessen. Die frühen Essenszeiten im Kloster erinnern an jene von Krankenhäusern und bringen den Biorhythmus weltlicher Besucher ziemlich durcheinander. Doch bei den Mahlzeiten geht es um viel mehr als nur ums Essen. Nach der Kirche ist der Speisesaal der zweitwichtigste Ort des Klosters. Das gemeinsame Mahl erinnert an das letzte Abendmahl Christi, und es weist auf das ewige Gastmahl voraus, das die Gläubigen im Paradies erwartet. Die Mahlzeiten sind zeremoniell ähnlich angelegt wie die Gottesdienste: Gebete und Segenssprüche umrahmen die schweigend eingenommene, von einer Lesung begleitete Mahlzeit.
Heute gibt es Spaghetti Bolognese. Wie üblich stehen eine Wasserkaraffe und kleine Schälchen mit Oliven, Schafskäse und Auberginencreme auf dem Tisch. An Wochenenden und Festtagen gehört zu jedem Gedeck auch ein kleines Glas Wein. Zu Beginn jeder Mahlzeit wird gemeinsam ein Gebet gesprochen, dann schlägt Diodora eine kleine Messingglocke, die auf ihrem

Tisch, dem quer zu den anderen Tischen gestellten Ehrentisch, steht. Das Silentium beginnt, ab jetzt wird geschwiegen. Diejenige Nonne, die gerade zur Lesung eingeteilt ist, nimmt ihren Platz am Stehpult ein und liest während der gesamten Mahlzeit einen Text. Meist werden die Lebensgeschichten von Heiligen vorgetragen, jeden Tag kommt ein anderer an die Reihe. Oder man liest aus Schriften, die Geronda den Schwestern ans Herz legt – zum Beispiel spirituelle Texte seines eigenen Lehrmeisters Vater Aemilianos, des ehemaligen Abts vom Kloster Simonos Petras auf dem Berg Athos.

Heute liest Schwester Serafima, jene Russin, die erst seit wenigen Jahren im Kloster ist und deren Übereifer gelegentlich in verschämtes Kichern umschlägt. Ihr Griechisch ist noch stockend, manchmal bleibt sie im Text hängen oder verhaspelt sich. Weil ich die Sprache nicht verstehe, zieht die Lesung wie eine fremde Melodie an mir vorüber, und ich versuche stattdessen, in den Mienen der Anwesenden zu lesen. Mit mir am Gästetisch sitzen zwei jüngere Männer, eine Frau und ein Greis, es sind geistige Kinder Gerondas. Sie kommen aus Rumänien und leben bereits mehrere Monate als Gäste im Kloster. Man hat sie in einem Gebäude untergebracht, welches den Zellen der Schwestern gegenüberliegt und längst noch nicht deren Standard erreicht hat. Es fehlen Bäder und Möbel, nur wenige Räume sind beheizt, doch das stört die Gäste nicht. Die Rumänen revanchieren sich für die Gastfreundschaft durch Hilfsarbeiten. Sie errichten Zäune, schleppen Steine, verputzen Wände oder tun, was sonst noch so anliegt. Die Frau hat ein feines Gesicht und trägt eine

Pudelmütze auf dem Kopf, ihr Körper ist auffallend drahtig. Sie stellt sich später als Judith vor und zeigt ein Foto aus vergangenen Zeiten, auf dem sie auf einem Rennpferd sitzt. Judith ist Jockey, aber irgendwie ist ihr Leben aus dem Ruder gelaufen, und nun sitzt sie beim Essen im Kloster meiner Freundin. Wenn ich Judith richtig verstehe, hat Anastasia sie beim Trampen in Georgien mitgenommen, so ging die Sache mit dem Kloster los. Der Greis ist Judiths Vater, er braucht viel Zeit zum Essen, in seinem Kiefer stecken kaum noch Zähne.

Am Tisch gegenüber von mir sitzen die Nonnen. Ich erkenne die höher geweihten Schwestern an den Kopfbedeckungen, die sie zusätzlich zum üblichen, das Gesicht umrahmenden Schleier tragen. Von diesen kleinen Käppis fällt ein dünner Schleier luftig über die Schultern, und das ganze Ensemble zieht die gesamte Gestalt optisch in die Höhe. Doch auch ohne die kleinen Unterschiede in der Kleidung setzen sich die meisten höher geweihten Nonnen äußerlich von jenen Schwestern ab, die geistig noch nicht so weit gekommen sind: Die einen sind schlank, die anderen dicklich. Offenbar gibt es einen Zusammenhang zwischen dem Grad spiritueller Reife und der jeweiligen Körperfülle. Wer sich geistig unter Kontrolle hat, bleibt auch beim Essen maßvoll und besonnen. Spirituelle Arbeit geht eng mit Selbstbeherrschung einher. Man braucht unendlich viel Disziplin, um es in geistlichen Übungen wie Beten, Fasten, Beichten, dem Studium heiliger Texte oder Gehorsam gegenüber dem Lehrmeister zur Meisterschaft zu bringen – um tatsächlich an die Substanz zu gelangen, statt an der Oberfläche zu treiben.

Die Übungen zielen darauf, den eigenen Willen vollständig unterzuordnen und alle Energie darauf zu verwenden, nahe bei Gott zu sein. Sich nicht ablenken zu lassen von materiellen Sehnsüchten, sondern den Geist kompromisslos auf das Göttliche zu lenken. Seinen Körper nicht mit Spaghetti Bolognese zu füllen, sondern mit spiritueller Energie. Sich zu sammeln, statt zu zerstreuen.

Wie in jeder Gemeinschaft gibt es auch im Kloster zwei Kategorien von Menschen – die Vorreiter und die Mitläufer. Die einen gehen an ihre Grenzen, die anderen nicht. Die einen sind voller Energie und Tatendrang, die anderen träge und einfallslos. Man kann das Klosterleben in seiner vollen Härte leben, man kann es sich aber auch ziemlich gemütlich machen. Die Aktiven sorgen dafür, dass Essen ins Haus kommt, die Heizung funktioniert und der Laden darüber hinaus noch Anerkennung erfährt. Die Passiven waschen ab, wischen auf und tun nicht mehr als das, was man ihnen aufträgt. Die Großen helfen den Kleinen, und wer hier groß ist oder klein, bleibt jedem selbst überlassen. Es ist eine Frage des Einsatzes und der Haltung.

Ich bewundere die reiferen Nonnen für die Entschiedenheit, mit der sie ihr Ziel verfolgen – das Ziel, vollkommen demütig zu sein, selbstlos und gut. Einigen von ihnen ist anzusehen, dass sie das, was sie anstreben, auch tatsächlich leben. Sie strahlen die Unerschütterlichkeit von Menschen aus, die genau wissen, was sie wollen. Bisher habe ich diese besondere Aura nur bei sehr wohlhabenden oder mächtigen Menschen kennengelernt – eine Aura der Sicherheit. Bislang kannte ich sie nur von Einzelnen, hier im Kloster potenziert

sie sich. Ich bin von lauter Menschen umgeben, die im Reinen mit sich sind. In guten Momenten überträgt sich diese Sicherheit auf mich. Dann fühle ich mich angenehm geerdet.
Wieder ertönt die Messingglocke von Diodoras Tisch. Das Essen ist vorüber. Serafima, die Vorleserin, verbeugt sich vor ihrer Gerondissa und erhält ein symbolisches Stück Brot – es ist symbolisch für die ihr durch die Tätigkeit als Vorleserin entgangene Mahlzeit. Serafima küsst Diodoras Hand als Zeichen ihrer Ehrerbietung und zieht sich zurück, um anschließend allein zu essen. Diodora spricht ein Dankesgebet und verlässt als Erste den Raum, die anderen Schwestern schließen sich der Reihe nach an, es folgen Novizinnen und Gäste. Draußen verbeugen sich die Schwestern der Reihe nach vor ihrer Gerondissa und küssen ihr die Hand. Ich frage mich, wie sich Thavoria dabei fühlt, jener Frau ihre Reverenz zu erweisen, die ehemals ihre Kommilitonin und Verbündete an der Kunstakademie war. Als ich Diodora ein paar Tage später frage, ob ihre herausgehobene Stellung die Freundschaft mit Thavoria beeinträchtige, winkt sie ab. »Wir sind nach wie vor enge Freundinnen und ergänzen uns perfekt. Häufig beneide ich die Schwestern, dass sie sich in Ruhe auf eine Sache konzentrieren können, während ich mich um alles kümmern muss. Als Äbtissin bin ich die Dienerin von allen – darum muss man mich nicht beneiden.« Trotzdem werde ich den Eindruck nicht los, dass es auch im Kloster kleine Rivalitäten und Eifersüchteleien gibt. Solche zutiefst menschlichen Empfindungen lassen sich nicht einfach mit der weltlichen Kleidung abstreifen und zurücklassen. Wer welche

Zelle zugeteilt bekommt und wer die Gerondissa auf Reisen begleiten darf, wer was an welcher Universität studiert – all diese Entscheidungen bergen Konflikte, die Diodora immer wieder aufs Neue schlichten muss.

Nach dem Essen zerstreuen sich die Nonnen auf dem Klostergelände. Jede geht einer von Diodora abgesegneten Aufgabe nach. Nazarene bringt mich zu Schwester Meletia, einer der wenigen Nonnen aus Gerondissa Fevronias Gefolgschaft, die noch leben. Meletia ist über neunzig Jahre alt und bettlägerig, sie wird rund um die Uhr betreut. Die jüngeren Schwestern wechseln sich mit der Pflege ab, immer ist jemand bei ihr, auch nachts. In der Nacht wird die alte Nonne alle vier Stunden gedreht, damit sie sich nicht wundliegt. Jetzt liegt Meletia auf dem Rücken und schläft. Ihre winzige Gestalt zeichnet sich unter der Bettdecke ab, und ihr Kopf wirkt so klein wie der einer Puppe. Nazarene setzt sich aufs Bett der greisen Schwester und tätschelt ihre Wange. Ihr Blick ist voller Zärtlichkeit, und ich spüre eine Nähe zwischen diesen beiden Frauen wie die einer Mutter und ihrem Kind.

Der Arzt habe gesagt, diese Frau sei ein Wunder, erzählt Nazarene. Seiner Meinung nach müsse sie starke Schmerzen leiden, doch immer, wenn er sie untersucht, ist sie munter und lacht. Ich denke an meine Großmutter, die auf der unpersönlichen Pflegestation ihres Altersheims gestorben ist. Wie schön es sein muss, so liebevoll gepflegt zu werden wie Schwester Meletia.

»Wir erwarten ihr Ende und haben schon einen Platz für ihr Grab ausgesucht«, sagt Nazarene und vertreibt ein paar Fliegen, die um Meteoris Gesicht surren. Es klingt fröhlich, der leichtherzige Ton überrascht. Doch in der halben Stunde, die ich mit Nazarene bei der schlafenden Nonne verbringe, begreife ich, dass sich die monastische Gesellschaft in nichts so sehr von der Gesellschaft draußen unterscheidet wie im Umgang mit dem Sterben. Hier lebt man nicht im Schrecken vor dem Tod, denn er ist nicht das Ende, im Gegenteil. Das Leben gilt nur als Vorspiel für die Herrlichkeit danach. Niemand muss hier fürchten, im Angesicht des Todes Versäumtes nachholen oder sein Verhalten korrigieren zu müssen. Die Nonnen leben jederzeit so, dass sie mit reinem Gewissen sterben können. Vor allem im Tod macht dieses Leben Sinn.

Bei den Mönchen in Petra

Ich stehe im Gemeinschaftsraum des Klosters in Karditsa und suche nach Diodoras frischer Handschrift bei der Gestaltung. Vergebens. Ich sehe Möbel aus dunklem Eichenholz, gehäkelte Spitzendeckchen und Bonbonschalen auf Tischen und Kommoden, bestickte Sofakissen. Eine Standuhr tickt, und an den Wänden hängen gerahmte Fotos von Geistlichen. Die Baumwollgardinen vor den Fenstern sind zum größten Teil zugezogen.

Nichts von dem kleinbürgerlichen Stil erinnert an meine alte Freundin. Charlottes Stil früher war mädchenhaft und heiter. Sie hatte eine Schwäche für schöne Stoffe und fröhliche Farben und mochte lichte Räume. Diodora lacht, als ich frage, wer im Kloster die Möbel aussucht und nach welchen Kriterien man sie kauft. »Wir nehmen alles, was wir geschenkt bekommen. Hier in Karditsa war das meiste schon da, als wir herkamen. Nur ein paar Betten wurden noch gebraucht, die hat ein Einrichtungsladen gespendet. Gerondissa Fevronia hat die Möbel vor vielen Jahren angeschafft, und wir wollen nichts verändern, solange sie lebt.« Ich frage, ob sie sich am Dekor des Klosters stört. »Falls irgendwann mal Geld übrig sein sollte, können wir das

Haus umgestalten. Erst mal gibt es viel wichtigere Dinge – die Kirche zum Beispiel«, sagt Diodora. Sie schließt sogar kräftige Farben an den Wänden im Haus nicht aus, Rot zum Beispiel oder Grün. Dann wäre der frische, nonkonforme Geist der Gemeinschaft auch äußerlich sichtbar.

Diodora ist an diesem Novembermorgen auffallend entspannter als in den Tagen zuvor, sie hat sich zu mir an den Frühstückstisch gesetzt, und gemeinsam köpfen wir Eier. Augenscheinlich ist auch eine Nonne, diese Personifizierung von Selbstbeherrschung und Disziplin, mal besser und mal schlechter in Form, das finde ich tröstlich.

Wie stets entscheidet sich das Tagesprogramm auch heute kurzfristig. Im Kloster plant niemand detailliert im Voraus, einzig die religiösen Festtage und Liturgien sind fixe Punkte im Kalender, alles Weitere ergibt sich spontan. Die schöne Gelassenheit, dieses In-den-Tag-Hineinleben ist Ausdruck größten Gottvertrauens. »Wenn wir anfangen, eigene Pläne zu machen, dann unterscheiden wir uns nicht mehr von der Welt«, sagt Diodora.

Für mich hat sie heute ein Treffen in Gerondas Kloster arrangiert – dem Kloster Petra. Ob ich den Geistlichen allerdings wirklich treffen kann, ist unwahrscheinlich. Noch immer ist nicht klar, ob ich ihn überhaupt kennenlernen werde. Meiner Frage, ob ich ihren geistigen Vater treffen könne, weicht Diodora regelmäßig aus. »Mal sehen« oder »Ich frage ihn« lautet die Standardantwort. In guten Momenten denke ich, sie fragt ihn. In schlechten Momenten habe ich das Gefühl, sie wimmelt mich ab. Weltliche Neugierde reicht als Motiv für ein Gespräch mit dem großen Archimandriten vermutlich nicht aus. Aber ich bin begeistert von der Idee, zumindest das Kloster Gerondas heute kennenzulernen.

Der Weg nach Petra führt über eine schmale Landstraße, die sich in großen Bögen einen dicht bewaldeten Berg hinaufschraubt. Neben mir im Auto sitzt Bruder Salomon, ein Mönch aus Weißrussland und Freund des Klosters, der in Petra etwas zu reparieren hat. Im Kofferraum hat Salomon schwere Werkzeugkisten verstaut, Lebensmittel und was es sonst noch zwischen den Klöstern hin und her zu transportieren gibt. Unsere Unterhaltung ist begrenzt, keiner spricht des anderen Sprache, doch Salomon bemüht sich mit Händen und Füßen, mir von einem wundersamen Fund aus der Umgebung zu berichten. Von Wundern und Fügungen erzählen alle Mönche und Nonnen gern, immer wieder höre ich Geschichten, die in Variationen davon berichten, dass wichtige Ereignisse überraschend mit dem Todes- oder Namenstag eines bestimmten Heiligen zusammenfallen. Die wundersamen Geschichten sollen illustrieren, dass nichts aus Zufall geschieht, sondern alles schicksalhaft miteinander verwoben und das Werk Gottes ist.

Wir schlängeln uns an einer Schweine- und einer Ziegenherde vorbei und biegen schließlich in eine kleine Auffahrt, an der ich ohne Salomons Hinweis glatt vorbeigefahren wäre. Lediglich ein unauffälliges Holzschild mit den Buchstaben »Petra«, das jemand an einen Baumstamm genagelt hat, weist auf das Kloster hin. Wobei ein Kloster im eigentlichen Sinne nicht zu sehen ist. Ich sehe lediglich eine kleine Kirche, die sich unauffällig ins Gras duckt, und ein seitlich langgestrecktes Gebäude, das in erbärmlichem Zustand ist und gerade restauriert wird. Wohnen kann in dieser Ruine niemand. Verschiedene Containerwagen stehen auf dem Gelände verstreut, aus einigen steigt Rauch auf, offenbar dienen sie so lange als Unterkünfte, bis Wohnhäuser auf dem Gelände errichtet sind. Jetzt begreife ich: Der große Geronda lebt in einem Container! Sein Kloster habe ich mir anders vorgestellt, viel komfortabler und repräsentativer. Dafür ist es hier wildromantisch und ursprünglich. Das Kloster liegt eingebettet in einem der seltenen Eichenwälder Thessaliens. Knorrige alte Bäume bieten Schutz, das Gras ist ungeschnitten und von Blumen durchsetzt. Noch hat niemand Wege angelegt oder sonst wie die Natur gezähmt, alles darf wuchern. Die Stille dröhnt in den Ohren.

Es gibt keine Pforte, bei der wir uns anmelden könnten, doch schon läuft ein Mönch zur Begrüßung herbei. Er trägt eine schwarze Fleecejacke über seiner Kutte und auf dem Kopf eine Wollmütze wie ein Raver. Der Mönch stellt sich als Vater Chrysostomos vor, was auf Deutsch Goldmund heißt. Bruder Salomon leert den Kofferraum und verschwindet in dem langen Gebäude.

Chrysostomos trägt eine Brille und einen langen Bart aus struppigen roten Haaren, er wirkt selbstbewusst und weniger verlegen als andere Priestermönche, die ich bisher kennengelernt habe. Bei einem Begrüßungskaffee im Gäste-Container reden wir uns warm. Chrysostomos ist Amerikaner und ungefähr mein Alter, ich frage ihn nach seiner Meinung zum Ausgang der

Wahl. Er sei zufrieden mit dem Sieg Obamas, doch sein eigentlicher Favorit sei jemand anderes gewesen, sagt er und nennt einen Namen, den ich nie gehört habe, ein Kandidat, der ganz früh bei den Vorwahlen ausgeschieden ist. Ich bin überrascht, wie gut der Mönch informiert ist, und frage nach seiner Quelle. »Ich habe mir eine Meinung gebildet«, sagt Chrysostomos, und es klingt, als sei es ein Kinderspiel, sich in diesem abgelegenen griechischen Laubwald über amerikanische Innenpolitik zu informieren. Das Internet habe geholfen, fügt er hinzu und deutet auf eine Satellitenantenne auf dem Dach des Containers. Manchmal funktioniert es, manchmal nicht.

Chrysostomos wurde in Chicago als Sohn griechischstämmiger Einwanderer in die Orthodoxie hineingeboren. Nach der Schule ging er zum Studium an eine theologische Hochschule in Boston und hörte dort einens Tages Geronda bei einem Vortrag. »Ich hatte vorher mit dem Gedanken gespielt, Priester zu werden, und jetzt war alles klar«, beschreibt Chrysostomos die Begegnung vor 26 Jahren, und wie bei allen geistlichen Kindern Gerondas klingt es, als habe damals ein Blitz in sein Leben eingeschlagen. Der knapp Zwanzigjährige brach seine Zelte in Amerika ab und zog auf den Athos zu Geronda. Unterbrochen von den üblichen Studienjahren in Athen gehört er seither zu den engen Vertrauten des Altvaters und folgt ihm überallhin. Niemals Zweifel gehabt nach der Entscheidung? »Rückblickend klingt alles so folgerichtig und leicht, aber natürlich gab es auch Zweifel und Probleme. Herz und Verstand ringen miteinander. Es steht jedem Menschen frei zu zweifeln. Sonst würde er ersticken«, antwortet der Mönch. Ich möchte ihn auf der Stelle umarmen. Zum ersten Mal spreche ich mit jemandem aus dem Kloster, der freimütig Zweifel einräumt. Das Eingeständnis, diese radikale Entscheidung auch mal in Frage zu stellen, klingt aufrichtig und lebensklug.

»Gibt es etwas aus Ihrem alten Leben, das Sie vermissen?«

»Fahrrad fahren.«

Wunderbar fremde Welt. Wir sitzen an einem rustikalen Holztisch im Container, in der Ofenheizung bullert ein Feuer, und das Ganze erinnert ein bisschen an eine Skihütte. An der Wand hängt ein Gruppenbild von Geronda mit seinen Brüdern, das aussieht wie ein klassisches Familienfoto. Auf zwei Reihen verteilt sitzen die dunkel gewandeten Männer unter einem grünen Laubbaum. Gerondas schlohweißer Vollbart sticht leuchtend hervor.

Ein starker Wind zerrt am Container. Wie wird man Geronda, frage ich Chrysostomos. »Indem man um Rat gebeten wird und sich eine Gefolgschaft bildet«, antwortet er. Das klingt einfacher, als es ist. Als wir über ein Schwarzweißfoto von Geronda Aemilianos sprechen, das ebenfalls gerahmt an der Wand des Containers hängt, erzählt Chrysostomos erstaunlich freimütig, er habe den geistigen Vater seines Gerondas auf Fotos anfangs nicht gemocht. »Ich fand, er müsse dünner sein!«, sagt er und lacht. Später, als er den ehrwürdigen Aemilianos dann kennenlernte und auf dem Athos sein persönlicher Assistent wurde, habe sich sein Eindruck radikal gewandelt, und alles war in Ordnung.

»You want to see our church?«, fragt Chrysostomos und führt mich zur Kirche, dem Herzstück des Klosters. Das kleine, rundliche Gebäude aus dem 16. Jahrhundert kauert sich in die Wiese. Von außen sieht es nach nichts aus. Im Inneren hingegen habe ich das Gefühl, jemand will mir an die Kehle – so gewaltig ist die Wirkung dieser höhlenartigen Kirche. Das Mobiliar und die Kunstschätze sind alt und ramponiert. Das Wissen, dass die Gegenstände über Jahrhunderte im Gebrauch sind, macht sie ungeheuer anziehend. Als würden sich die Gebrauchsspuren auf die Glaubwürdigkeit des Gottesdienstes auswirken – hier steht nichts zur reinen Dekoration oder um der Wirkung willen herum, alles hat eine Funktion. Viel passt ohnehin nicht in die Kirche, so begrenzt ist der Raum. Ein paar durchgesessene Stühle und morsche Holzbänke stehen herum, ein Stehpult mit Büchern und ein verbeulter Behälter, der wie ein Samowar aussieht und in dem Weihwasser aufbewahrt wird. Auf dem Steinboden liegen Teppiche, sie sind abgetreten und ziehen Fäden.
Als wir vor der Ikonostase knien, deutet Chrysostomos auf besonders eindrucksvolle Fresken im Innern des Allerheiligsten. Er fordert mich auf, den Kopf hineinzustecken, um besser zu sehen. Ich denke an Schwester Rahil und meine Vertreibung vom Altar – hier herrschen offenbar andere Gesetze. Sicher weiß auch Chrysostomos, dass ich nicht orthodox bin, doch er legt die Dinge großzügiger aus. Seine Souveränität tut gut.
Die gesamte Kirche ist mit Fresken bemalt, die in überraschend gutem Zustand sind. Die Farben treten leuchtend aus schwarz verschimmelten Wänden her-

vor. Chrysostomos erklärt fachkundig die biblischen Motive, darunter einige, die man in Kirchen selten dargestellt sieht – zum Beispiel die Szene, in der die Apostel einen Würfel entscheiden lassen, wer zum Predigen wohin zieht in der Welt. Im Hauptraum vor der Ikonenwand ist eine berühmte Ikone der Muttergottes ausgestellt, die den Betrachter mit einem ähnlich durchdringenden Blick fixiert wie die Mona Lisa. Die Ikone ist der Grund, warum an dieser Stelle eine Kirche errichtet worden ist. Die Legende erzählt, dass ein Bauer das Bild zufällig in einer Felsgrotte unterhalb der Kirche fand. Und da wir gerade bei Wundern und Legenden sind, fügt Chrysostomos hinzu: »Ohne es zu wissen, sind wir auf den Tag genau 21 Jahre, nachdem der letzte Mönch der ursprünglichen Gemeinschaft von Petra gestorben ist, hier eingezogen.« So schließt sich der Kreis.

Wie anders ist diese Kirche doch als das, was ich gewohnt bin. Diese winzige Kirche in einem Wald auf dem griechischen Festland ist nicht für die Verherrlichung einer Institution gemacht. Hier wird nicht propagiert, sondern praktiziert – das passt zu meinem Eindruck von der orthodoxen Liturgie. Der Kontrast von äußerer Unscheinbarkeit und innerem Zauber der Kirche sind durchaus symbolisch zu verstehen – als solle es heißen: Das Innenleben ist wichtiger als die Oberfläche.

Chrysostomos lädt mich ein, am gemeinsamen Mittagessen teilzunehmen. Küche und Refektorium sind die einzigen Räume der Klosterruine, die, wenngleich provisorisch, bereits in Betrieb genommen sind. Nur eine Handvoll der zwanzig Brüder ist anwesend, Geronda fehlt. Immer wieder schaue ich mich während meines Besuches suchend um, ob ich den Mann, den ich bislang nur aus der Ferne kenne, irgendwo sehe. Ich bin ja gewissermaßen bei ihm zu Hause, und vielleicht läuft er plötzlich über die Lichtung. Wie soll ich mich verhalten, falls Geronda wider Erwarten auftaucht? Ihm die Hand schütteln und mich kumpelhaft vorstellen? Wird er mich – wie er es damals bei Charlotte getan hat – fragen, ob ich aus meinem Herzen eine Kirche Gottes machen will? Und wenn ja – was antworte ich? Der Gedanke, Geronda hier unvorbereitet zu treffen, macht mich ein bisschen nervös. Meine Haltung zu ihm hat sich im Laufe meines Besuches verändert. Je tiefer ich in die von seinem Geist getragene Gemeinschaft eintauche, desto mehr wächst meine Bewunderung für ihn. Die anfängliche Skepsis ist Respekt gewichen.

Nach dem Essen – es gibt eine Gemüsesuppe und saftige schwarze Oliven – winkt mich der Mönch, der gekocht hat, in seine Küche. Das Inventar ist rudimentär, man improvisiert mit Kochplatten und Waschzubern. Beim Hinausgehen schenkt mir der Mönch einen Zweig herrlich duftendes Basilikum. Die Mönche wirken auf mich gelassener als die Nonnen, die Frauen sind oft emsig beschäftigt und zeigen für meinen Geschmack gelegentlich eine Spur zu viel Eifer. Hier in Petra ist die Atmosphäre sehr entspannt. Womöglich liegt es daran, dass die Mönche moderner wirken, wenn sie kochen und Gastgeberpflichten wahrnehmen – wie die zeitgenössische Hausmänner-Avantgarde. Umgekehrt lassen die klassisch weiblichen Tätigkeiten die Nonnen noch altmodischer erscheinen, als es ihr Leben ohnehin schon tut. Seinem Wesen nach ist das Mönchstum grundsätzlich weiblich, denn es fordert Eigenschaften wie Hingabe, Aufopferung und Fürsorge.

Chrysostomos kennt Diodora seit der Jerusalemer Zeit, also seit bald zwanzig Jahren. Die beiden sind sich sehr vertraut.

»Wie war sie damals?«

»Genauso wie heute.«

»Was ist besonders an ihr?«

»Sie ist eine sehr starke Person.«

Wir sind unweit des Klosters auf eine kleine Anhöhe geklettert und schauen über die Wipfel des Eichenwaldes. Die Spitzen der gegenüberliegenden Berge tauchen aus einem Wolkenband auf, sie sehen aus wie weiß bezuckert. Chrysostomos spürt, dass ich mit seiner Antwort noch nicht zufrieden bin, er lächelt und legt nach einer kurzen Pause nach.

»Sie ist liebenswürdig, gewissenhaft und produktiv. Nicht egoistisch. Sie hat viele Herausforderungen gemeistert, viele Opfer gebracht und trägt große Verantwortung.«

»Welche Qualitäten braucht eine Gerondissa?«

»Die Qualitäten einer guten Mutter. Man braucht ein Herz. Man gibt sich selber auf. Man lebt nicht mehr für sich selbst.«

Chrysostomos spricht über große Dinge in einer schlichten Sprache und bleibt sehr konkret. Auch darin hebt er sich von anderen Nonnen und Mönchen ab. Er geht sparsam mit Worten wie »Gnade« oder »Demut« um, sparsam auch mit Metaphern oder Gleichnissen. Offenbar ein Mensch, der vollkommen vergeistlicht ist und trotzdem nicht weltfremd. Er sagt Sätze wie diesen: »Religiös zu sein heißt nicht, dass man automatisch ein besserer Mensch ist.« Ich frage ihn, welches Buch er zuletzt gelesen hat, und rechne mit einem religiösen Titel. Chrysostomos antwortet: »Jemand hat mir ein Buch von Michael Moore mitgebracht, aber ich habe es nicht zu Ende gelesen. Ich mag russische Autoren, Dostojewski zum Beispiel.« Dann erzählt er mir eine Geschichte, die er bei Tolstoi gelesen hat. In der Geschichte hört ein russisch-orthodoxer Bischof von einer kleinen Insel, auf der seit vielen Jahren drei alten Eremiten in dem Versuch leben, ihre Seelen zu retten. »Der Bischof wurde neugierig und ließ sich auf einem Schiff zu der Insel fahren. Die Eremiten trugen Lumpen, und ihre zotteligen Bärte reichten bis übers Knie. Der Bischof fragte, was sie täten, um Gott zu dienen und ihre Seelen zu retten. Sie hätten keine Ahnung, wie man Gott diene, antworteten die Eremiten. Der Bischof musste erkennen, dass die drei nicht einmal wussten, wie man korrekt betet. Sie hoben lediglich ihre Arme in Richtung des Himmels und riefen: ›Wir sind drei, du bist drei, hab Erbarmen mit uns.‹ Der Bischof hielt es für seine Pflicht, den ahnungslosen Eremiten das Jesusgebet beizubringen. Er nahm sich den ganzen Tag dafür Zeit, denn die drei lernten langsam. Als die Sonne unterging, verließ der Bischof die Insel. Aus einiger Entfernung wandte er sich noch einmal zurück – und sah die Eremiten auf dem Wasser hinter dem Boot herlaufen, als wäre es trockener Erdboden. Als sie das Boot erreichten, flehten die Eremiten den Bischof an, sie noch einmal das Jesusgebet zu lehren, denn sie hätten es vergessen. Der

Bischof bekreuzigte sich und sagte, die drei bräuchten nichts mehr zu lernen, sie sollten einfach weitermachen wie bisher. Er verbeugte sich vor den Eremiten und bat sie, für ihn zu beten. Dann rannten die drei zurück auf ihre Insel.« Als Chrysostomos die Geschichte zu Ende erzählt hat, lacht er laut und freut sich über die Pointe.

Zurück auf dem Klostergelände, suchen meine Augen wieder die Lichtung ab, ob Geronda vielleicht gerade aus einem der Container steigt. Alles ist ruhig, nur der Wind rauscht durch die Blätter der Eichen. Chrysostomos erzählt, dass er manchmal morgens, wenn er aufwacht, draußen auf der Lichtung Wildpferde grasen sieht. Wie einsam und unberührt es hier ist – der perfekte Standort für ein Kloster. Es wird viele Jahre dauern, bis das Kloster in seiner historischen Form wieder aufgebaut ist. Ursprünglich waren die Gebäude des Klosters quadratförmig angelegt und die Anlage von einer Mauer umgeben. Nach dem Zweiten Weltkrieg hatte der damalige Bischof jene Teile des Klosters Petra, die schon damals in schlechtem Zustand waren, abreißen lassen. Erst Mitte der fünfziger Jahre, nach dem Bürgerkrieg in Griechenland, begann langsam die Renaissance des Mönchtums. Noch heute gibt es zahlreiche verfallene Klöster im Land, die Schritt für Schritt wieder aufgebaut und belebt werden.

Die Mönche von Petra übernehmen so viel wie möglich selbst von der Aufbauarbeit. Um die Bauweise des alten Klosters studieren zu können, haben sie eine existierende Wand komplett abgetragen und wieder aufgebaut. Chrysostomos hat Pläne gezeichnet, er ist Autodidakt. Zu seinen Aufgaben gehört es, Baugeneh-

migungen beim Amt für Denkmalschutz zu beantragen und andere Behördengänge zu unternehmen. Er hat historische Quellen gesucht und in Archiven alte Pläne aufgestöbert. Natürlich tritt der Wiederaufbau hinter der geistigen Arbeit zurück, er ist Nebensache. Was Menschen in der Welt zu einer Lebensaufgabe machen würden, ist im Leben der Mönche nur eine Aufgabe von vielen.
Mich zieht es noch einmal in die Kirche, ich will dort ein bisschen herumsitzen, planlos und allein. Chrysostomos fragt, ob ich etwas brauche, eine Taschenlampe zum Beispiel, um die Fresken besser zu sehen. Aber es ist nicht kunsthistorisches Interesse, das mich in diese eigenartige Höhle zieht. Eher die Sehnsucht nach Gott, aber das klingt so schrecklich groß. Ich will sitzen und sehen, was passiert.
Auf einer Holzbank vor der Ikonostase finde ich einen guten Platz. Die kühle Steinmauer im Rücken, schweift mein Blick durch den dunklen Raum. Der Geruch von kaltem Weihrauch und nasser Erde hängt in der Luft, es ist dunkel hier drinnen, die bullaugengroßen Fenster aus farbigem Glas geben kaum Licht. Drei Kerzen brennen in Leuchtern vor der Ikonostase, einen Moment lang denke ich, eben waren es nur zwei. Gebannt warte ich auf ein Zeichen durch die Flammen, doch nichts tut sich, natürlich, was soll schon geschehen. Zehn, fünfzehn Minuten sitze ich da und habe das Gefühl, etwas Schweres drücke mich nieder. Es ist nichts Schlechtes, ich fühle mich geborgen und angenehm klein. Wie gerne wäre ich religiös und würde daran glauben, mich könne das Göttliche umarmen, bedingungslos und entgegen jeder Vernunft, aber ich

sehe nur mich selber, an eine Steinmauer gekauert und die Hände ineinander verschränkt.
Auf dem Weg hinaus entzünde ich eine Kerze für die Familie zu Hause und bete ein Vaterunser, das habe ich ja gelernt. Schweigend stehe ich vor dem Blech mit den Kerzen und rezitiere in Gedanken das Gebet. Ich mache es nicht für mich, sondern für die Kinder. So wie ich mich vom Gebet der Schwestern einbezogen fühle, sind es die Kinder durch mich.
Draußen vor der Kirche muss ich blinzeln, so stark blendet das Licht. Ich sehe Chrysostomos drüben beim Refektorium, wo ein Bagger an der Rückseite einen Graben ausgehoben hat. Ich gehe hinüber, und einen Moment lang stehen wir in der matschigen Erde und sprechen über Abwasser und die Kanalisation.
Be God with you, sagt Chrysostomos beim Abschied am Auto, Gott sei mit dir. Ich winke und spüre bereits im Aufbruch Sehnsucht nach dem Zauber dieses Ortes. Würde ich jemals in ein Kloster eintreten, denke ich auf der Fahrt zurück nach Karditsa, dann am liebsten bei den Mönchen in Petra.

Rund um die Rote Kirche

Einmal im Jahr ruft der Bischof alle Nonnen, Mönche und Priester seiner Diözese zu einer Versammlung, heute ist es wieder so weit, die Versammlung findet in Karditsa statt. Mehrmals sind an diesem Morgen Autos zwischen der Roten Kirche und dem Veranstaltungsort, einer großen Kirche mitten in der Stadt, hin- und hergefahren – auf einer Fahrt jeweils bis zum Rand besetzt mit Schwestern. Jetzt sitzen sie alle auf Stühlen im Kirchenschiff, links außen in einer Nische haben sich Diodora und ihre Schwestern versammelt. Der Rest des Raumes ist voller Männer, Hunderte haben in Reihen auf Stühlen Platz genommen, allesamt tragen Bärte und, wie die Frauen, bodenlange schwarze Gewänder. Chrysostomos ist aus Petra gekommen, wir winken uns zu. Geronda fehlt.

Diodoras Schwestern haben mich in ihre Mitte genommen, ich bin froh, dass ich in letzter Minute eine schwarze Jacke übergezogen habe und nicht den roten Mantel. So kann ich abtauchen ins Meer der schwarzen Gewänder, nur mein unbedeckter Kopf mit den blonden Haaren sticht heraus. Neben mir sitzt Schwester Damaskini aus dem Georgskloster, sie sagt »*Glory in God*« zur Begrüßung. Stimmengewirr erfüllt den

Raum, es gibt viel zu erzählen, man lacht und plaudert wie Schüler vor dem Beginn des Unterrichts.
Der offizielle Teil beginnt mit einem gemeinsamen Gebet. Der Bischof hält eine kurze Begrüßungsrede und übergibt einem Priester das Wort, der als Onkologe in einem Krankenhaus arbeitet. Eine Stunde lang berichtet der Priester aus seinem Alltag als Arzt. Er erzählt von einer schwangeren Frau, der man im Krankenhaus riet, das Kind vorzeitig auf die Welt zu holen, weil man sie wegen einer Krankheit operieren müsse. Die Schwangere weigerte sich, brachte das Kind regulär zur Welt und ließ sich erst eine Woche nach der Geburt operieren. »Sie lebt und es geht ihr heute bestens«, ruft der Priester triumphierend in den Kirchenraum. Ein anderes Beispiel handelt von einem Patienten, dem man mitteilte, er habe höchstens noch sechs Monate zu leben. »Was soll das heißen – nur noch sechs Monate Lebenserwartung? Dieser Mann hat noch viele Jahre weitergelebt, und es ist anmaßend, darüber zu urteilen, wie lange jemand noch zu leben hat«, ereifert sich der Redner. Dann spricht er von seinen Erfahrungen mit der Beichte im Krankenhaus, von ihrer Stärkung und dem heilenden Effekt, den sie für viele seiner Patienten hat.
Mit dieser Standortbestimmung im Spannungsfeld von Orthodoxie und Medizin will der Bischof die Anwesenden spirituell auf Kurs halten und ihnen Stoff zum Nachdenken liefern. Diodora und ihre Schwestern wirken herzlich unbeeindruckt – man spürt, dass sie durch das geistige Futter Gerondas gesättigt sind und keine zusätzliche spirituelle Unterweisung benötigen. Die Versammlung ist ein Routinetermin.
Ich denke während des Vortrags an meinen Vater,

einen fundierten Wissenschaftler, dessen Denken auf den nachvollziehbaren Ergebnissen seiner Forschung gründet. Ihm, dem klassischen Schulmediziner, ist alles Naturheilkundliche und Esoterische suspekt. Vermutlich würde er ziemlich allergisch auf den Vortrag dieses Arztes reagieren – und in diesem Moment wird mir klar, wie groß die Distanz zwischen Diodoras altem und ihrem gegenwärtigen Leben ist. Wie weit der Weg ist, den sie zurückgelegt hat, und mit wie vielen Überzeugungen sie brechen musste, um hier, in der orthodoxen Welt, anzukommen. Wie viel Vertrautes und Gewohntes sie abstreifte, um an eine neue Gewissheit zu gelangen.

Wie zeitlos diese neue, auf den Glauben gegründete Welt ist, wie archaisch das Leben im Kloster. Leben wie zu Jesu Zeiten, damit meinen die Nonnen und Mönche es tatsächlich ernst. Was nicht heißt, dass sie den Fortschritt ablehnen, im Gegenteil. Moderne Technik gehört in den Klöstern zum Alltag, E-Mail und Internet werden uneingeschränkt genutzt. Diodora besteigt Flugzeuge und Mietwagen an allen möglichen Orten dieser Welt mit derselben Selbstverständlichkeit wie ich. Und ihre zwei Mobiltelefone – eins für den internen Gebrauch der Schwestern in Griechenland, das zweite für internationale Gespräche – sind weitaus öfter im Einsatz als meines. Diodoras Handy klingelt vom Morgen bis tief in die Nacht, sie nimmt ununterbrochen Anrufe und Nachrichten entgegen, um auf diese Weise das Leben der auf verschiedene Standorte verteilten Schwestern anzuleiten und zu koordinieren.

Nach der Versammlung chauffiere ich Schwester Dimitra mit meinem Leihwagen ins Stadtzentrum von Karditsa. Sie möchte auf der Bank Geld für zwei Flugtickets überweisen, möglichst vor zwölf Uhr mittags, die Zeit ist knapp. Die Tickets sind für eine Reise nach Rumänien, wo in einem Kloster ein Symposium über orthodoxe Spiritualität stattfinden und Diodora eine Rede halten wird. Dimitra hat die Aufgabe, die Reise zu organisieren, und wird ihre Gerondissa nach Rumänien begleiten.

Dimitra dirigiert mich kenntnisreich durch ein Wirrwarr scheinbar identisch aussehender Straßen und bittet mich, am Straßenrand zu warten. Kaum ist die Nonne aus dem Auto raus, habe ich sie bereits in einem Gewusel aus Menschen mit Regenschirmen, Motorrädern und Autos aus dem Blick verloren. Es regnet in Strömen. Am Straßenrand bildet das Regenwasser einen Sturzbach und schiebt jede Menge Müll vor sich her. Durch die nassen Scheiben blicke ich auf halbfertige Häuser. Es scheint hier üblich zu sein, den Hausbau nach der ersten Etage abzubrechen und auf unbestimmte Zeit zu vertagen. Eisengestänge ragt aus Betonflächen in den Himmel, kaum ein Haus wird von einem Dach bedeckt. *Karditsa* heißt übersetzt *kleines Herz*. Der Name bezieht sich auf die Lage der Stadt im Herzen Griechenlands, er wirkt eine Spur zu lieblich für diesen unwirtlichen Ort.

Bevor wir ins Kloster zurückfahren, halten Dimitra und ich bei *Jumbo*, einem riesigen Spielzeuggeschäft im neumodischen Gewerbegebiet am Rande der Stadt. Hier gibt es alles – von Spielwaren über Zubehör für Kinderpartys bis zu Bastelbedarf. Gemeinsam suchen wir nach Mitbringseln für meine Kinder. Nach einer Weile verliert sich Dimitra in den Gängen, und das Bild, wie sie in ihrer schwarzen Tracht zwischen all dem schreiend bunten Plastik steht und versunken die Auslagen betrachtet, erinnert mich an die Versammlung vom Vormittag. Heute Morgen schien es mir, eingebettet in die Gemeinschaft der Nonnen und Mönche, als sei ich mit der Zeitmaschine in die Vergangenheit zurückversetzt worden. Hier, bei *Jumbo*, wirkt Schwester Dimitra wie in die Zukunft katapultiert. Ich verliere das Gefühl für Zeit und Raum. Vielleicht ein Zeichen, dass ich im Kloster angekommen bin.

Am Nachmittag mache ich einen langen Spaziergang durch die Felder rund um die Rote Kirche. Ein Hund läuft mir kläffend hinterher, von denen gibt es hier viele, jeder hat ein kleines Haus mit Garten zu verteidigen. Männer sitzen im Schatten vorm Haus und lassen das Komboloi – ursprünglich ein Gebetskettchen aus aufgefädelten Glas- oder Holzperlen, das heute reinem Zeitvertreib dient – spielerisch durch die Hände gleiten, Frauen hängen Wäsche auf. Nicht nur im Kloster scheint die Zeit stehen geblieben zu sein, auch hier draußen sind die Rollen sehr traditionell verteilt. Der Alltag von Diodora und mir unterscheidet sich weniger als gedacht. Beide verwenden wir viel Energie auf die Koordination von Familie und Beruf, an uns beiden wird von allen Seiten gezerrt. Doch es fällt auf, um wie viel gleichmütiger und ausgeglichener Diodora im Vergleich zu mir ist. Woran liegt das? Die Gottesdienste scheinen sie zu erfrischen, danach wirkt sie jedes Mal ausgeruht. Und sie lebt viel mehr in den

Tag hinein als ich, lässt sich von außen nicht auf Termine festlegen. Längerfristige Pläne mit ihr zu machen – etwa, sich auf ein gemeinsames Treffen auf einen Tag X in der Zukunft festzulegen – ist nicht möglich. Es bleibt bis zuletzt offen, ob sie kommt oder nicht. Der Flug zur Beisetzung ihrer Großmutter in Deutschland beispielsweise war bereits gebucht, doch dann kam kurz vorher im Kloster etwas dazwischen und sie sagte die Reise ab. Dasselbe gilt für Verabredungen im Alltag: Oft vergehen halbe Tage zwischen dem vereinbarten und dem tatsächlichen Treffen mit Diodora. Sie setzt klare Prioritäten: An oberster Stelle steht die spirituelle Arbeit, dann folgen die Anforderungen in der Klosterleitung und schließlich weltliche Belange.
Der entscheidende Unterschied in unserem Lebensstil liegt in Diodoras bedingungslosem Gottvertrauen: Indem sie alle Verantwortung für ihr Leben an Geronda delegiert hat, ihrem Botschafter Gottes auf Erden, kann sie sich in allen wichtigen Entscheidungen bei ihm rückversichern. Sie kennt keine existentiellen Sorgen und strahlt das Urvertrauen eines behüteten Kindes aus. Vermutlich steckt darin das Geheimnis ihrer Spiritualität, denke ich. Spiritualität ist identisch mit der Gewissheit, dass einem letztlich nichts Schlimmes passieren kann.
Wäre das Klosterleben was für mich? Das Einfache, Klare, Übersichtliche zieht mich an, auch die Abwesenheit von jeglichem Entscheidungsdruck. Es muss wohltuend sein, sich mal keine Meinung bilden zu müssen und auch nichts zu hinterfragen. In meinem Alltag gilt es fortlaufend, irgendetwas zu beschließen. Jeden Tag,

jede Woche, immer wieder sind neue Meinungen gefragt. Teilweise erfordert es mein Beruf – ich muss dauernd begründen, ob ein Thema etwas taugt, ein Text funktioniert, ein Interview überzeugt. Zudem buhlen alle möglichen Alltagsgeschäfte um meine Aufmerksamkeit. Kaum habe ich die Gebrauchsanweisung für die neue Mikrowelle verstanden, muss ich mir eine Meinung bilden, wie ich bei der Volksabstimmung für Religion als Pflicht- oder Wahlfach stimme. Nebenbei muss ich entscheiden, ob das Kind die empfohlene Ergotherapie machen soll, beziehungsweise mich informieren, was eine Ergotherapie überhaupt ist – von der Suche nach einem kompetenten Ergotherapeuten ganz zu schweigen. Manchmal würde ich gern einfach mal keine Meinung haben müssen.

Ich beneide meine Freundin um ihre eindeutige Orientierung – um die Fokussiertheit und klare Rangfolge in ihren Tätigkeiten. In allem, was sie tut, ist ein Gleichgewicht aus gemeinschaftlicher, geistiger und körperlicher Arbeit zu erkennen. Sie ist im Einklang. Es ist nicht so, dass ich ihr inhaltlich überallhin folgen kann, aber der klösterliche Rahmen gefällt mir. Hier wird das Leben so weit eingedampft, dass eine hochkonzentrierte Essenz übrigbleibt. Hier verschwendet niemand einen Gedanken daran, was man morgens anzieht und wie man wirken will. Die schwarzen Gewänder sind demokratischer als Schuluniformen, darunter sind alle Frauen gleich, egal, woher sie kommen und was sie mitbringen. Wer sich bei den Nonnen einreiht, verfolgt mit ihnen ein und dasselbe Ziel – das großartige Ziel, die Erde mit dem Himmel zu vereinen.

Wäre das also was für mich?

Nein. Ich würde jämmerlich zugrunde gehen an diesem Leben, der Preis für die Erfüllung wäre zu hoch. Die Kompromisslosigkeit der Nonnen ist bewundernswert – aber sind es nicht vielmehr Irrtümer und Brüche, die einen menschlich machen? Anstelle ihrer unerschütterlichen Selbstgewissheit wünsche ich mir bei den Nonnen manchmal Zweifel. Mir fehlen sichtbare Leidenschaft und Wärme, ich vermisse das Unberechenbare und eine gewisse Schrankenlosigkeit.

Ich könnte im Kloster nicht leben, denn ich bin unfähig zu Gleichmut und neige zum Extrem. Die Kontrolliertheit der Nonnen würde bei mir in Erstarrung umschlagen, ihre Anspruchslosigkeit in Langeweile, die Selbstvergessenheit in Depression. Ich würde so vieles aus meinem Leben vermissen – Zärtlichkeit und Austausch mit Menschen in jeglicher Form, auch Kontroverse und Diskussion, in Summe das echte Gefühl. Kinderumarmungen und Freundinnengeplauder. Ein letztes Mal in den Schlachtensee springen, bevor der Winter kommt; rücklings im Wasser treibend die glühenden Farben des Waldes betrachten.

Doch trotz ihrer Gefasstheit kennen natürlich auch Nonnen bessere und schlechtere Tage, ihr Geist ist so unbeständig wie der jedes anderen Menschen, er schwankt zwischen Klarsichtigkeit und Blindheit. Kein Mensch kommt seinem Ziel immer zuverlässig nahe – manchmal berührt einen Musik und manchmal nicht, manchmal erreicht einen der Gottesdienst, manchmal nicht. So gesehen ist auch das Leben der Nonnen abwechslungsreich und voll unberechenbarer Tiefen – während sich das äußerliche Leben monoton um immergleiche Aufgaben dreht.

Die meisten Frauen gehen sehr jung oder sehr alt ins Kloster. Viele verlassen die Welt noch vor den ersten Jugendsünden und einschlägigen Erfahrungen. Das erleichtert die Umstellung auf Verzicht und Entsagung. Wenn man nicht kennt, was einem entgeht, vermisst man es nicht. Zudem ist man in jungen Jahren weniger festgelegt in Gewohnheiten und Denkweise. Später, im fortgeschrittenen Alter, wird der Eintritt ins Kloster schwerer. Eine Schwedin beispielsweise schloss sich Diodoras Gemeinschaft mit Mitte dreißig an und ging bereits wenige Jahre später zurück in die Heimat. Es gibt andere Beispiele, aber über die Gründe der Abkehr wird ungern gesprochen. Sie bleiben im Dunkeln, denn sie haben mit individuellem Scheitern zu tun. Ich kann mir gut vorstellen, dass man sich eine Zeit lang etwas vormacht und sich die Entscheidung, Nonne zu werden, schönredet. Aber niemand kann sich dauerhaft belügen, irgendwann fliegt der Selbstbetrug auf. Diodora erklärt die Abgänge grundsätzlich so: »Wenn man sich im Kloster fehl am Platz fühlt, macht man etwas falsch, denn eigentlich macht dieses Leben glücklich. Es ist wie in der Ehe – man muss sich darauf einlassen, sie bis zum Ende durchzuziehen. Dazu gehört die Bereitschaft, auch mal einstecken zu können.« Ich finde es jedenfalls sehr beruhigend, dass immer mal wieder jemand das Kloster verlässt. Man kann davon ausgehen, dass die, die bleiben, es aus vollem Herzen tun.

Diodora bekommt ihre Kinder, wenn diese schon volljährig sind. Frühestens mit achtzehn, meistens Anfang zwanzig. Man kann sagen, sie sind dann aus dem

Gröbsten raus. Kein Vergleich zu Säuglingspflege und Kleinkindjahren mit ihren durchwachten Nächten und anderen physischen Grenzerfahrungen. Zwar trägt sie als Gerondissa auch Sorge für irdische Bedürfnisse wie etwa gute Ernährung, warme Stuben oder medizinische Versorgung. Vor allem konzentriert sie sich in ihrer Rolle als Mutter jedoch auf psychische und geistliche Führung – was ihre Leistung nicht schmälert, vor allem bei sechzig Schützlingen. Doch Diodoras Kinder sind bereits so groß, dass man sie zum Helfen anleiten und einteilen kann. Anders wäre der Weg zur Erleuchtung nicht möglich. Nur wer sich bedingungslos auf seine geistige Arbeit konzentrieren kann, kommt auf diesem Weg voran. Kein Wunder, dass die Heiligen selten verheiratete Frauen waren oder sogar Kinder hatten.

Mein Spaziergang endet vor dem Heim für spastisch gelähmte Kinder, das unmittelbar an das Kloster grenzt. Es ist ein sehr bedrückender Ort. Durch die schräg gestellten Fenster dringen Schreie und Klagelaute. Tröstende Worte hört man keine. Auf der Veranda kauern ein paar Kinder, sie sind vielleicht sechs oder sieben Jahre alt und wirken apathisch. Ein Junge streckt mir seine Hände durch die Gitterstäbe entgegen. Schwester Ignatia hat mir erzählt, dass nur 13 Pflegekräfte für 130 Kinder zuständig sind. Wegen des Personalnotstands fesselt man die meisten ans Bett und überlässt sie sich selbst. Ignatia ist eine beeindruckende junge Frau aus Ohio, eine ausgebildete Psychologin, sehr energisch und zupackend, eine der aktivsten Schwestern. Das Kloster lernte sie durch *Real Break* kennen, ein Austauschprogramm, mit dem regelmäßig orthodoxe Studenten aus den USA nach Griechenland kommen. Ignatia blieb. In ihrer Novizinnenzeit hat sie ein halbes Jahr lang in dem Heim neben der Roten Kirche volontiert. Die Pflegerinnen hätten sich damals gewundert, warum sie mit den Kindern spricht und sich Zeit für jedes einzelne nimmt, erinnert sich Ignatia. Warum machst du dir die Mühe, hätten sie gesagt, die Kinder verstehen dich doch sowieso nicht. Dann seien sie in die Küche gegangen und hätten eine geraucht.

»Krankengymnastik würde den Kindern sehr helfen. Viele Entwicklungen hätten verhindert werden können, wenn man die Kinder nicht einfach nur ruhiggestellt hätte«, sagt Ignatia. In Griechenland herrscht vor allem auf dem Land die Einstellung, psychische Krankheiten und Behinderungen seien für Familien ein schlimmer Makel, den man verbergen muss. Deshalb werden die spastischen Kinder ins Heim abgeschoben und dort sich selbst überlassen. Nur wenige Eltern kommen zu Besuch.

Wäre es nicht sinnvoller, die Nonnen würden sich um diese Kinder kümmern, anstatt sich ihrer geistigen Arbeit zu widmen? Ist es nicht viel nobler, innerhalb der Welt für gerechte Verhältnisse zu kämpfen, anstatt sich um der eigenen Unsterblichkeit willen aus ihr zurückzuziehen? Sicher, Diodora spielt die mühsame Rolle der Antreiberin und trägt viel Verantwortung, als Äbtissin bewirkt sie unschätzbar viel. Einzelne Schwestern lernen zwar im Zusammenspiel mit anderen, sich selbst zurückzunehmen. Doch ihr oberstes Ziel besteht darin, die eigene Seele zu retten. Sie arbeiten intensiv an sich selbst, um die christliche Botschaft mit allen Sinnen aufnehmen zu können. Einen Moment lang erscheint mir das Leben der Nonnen sehr egozentrisch. Mit aller Macht lassen sie die Welt hinter sich und klammern alles Hässliche aus – aber in Gestalt des Heimes brandet das echte Leben direkt ans Kloster heran. Es wirkt wie eine ständige Mahnung, der Welt nicht vollständig den Rücken zu kehren.

»Ist Beten überhaupt zeitgemäß?«, frage ich meine Freundin am Abend. »Gibt es nicht Wichtigeres zu tun – wie zum Beispiel, die Kinder in diesem Heim zu unterstützen? Warum geht ihr nicht unmittelbar dorthin, wo man helfen kann?« Wir haben uns in Diodoras Zelle zum Gespräch verabredet. Sie sitzt an ihrem Schreibtisch und ich ihr gegenüber in einem bequemen, tiefen Sessel. Eine Schwester bringt Tee.
Wenn Diodora eine Frage missfällt, wird ihr Mund sehr schmal. Gewöhnlich folgt dann eine knappe Antwort, manchmal übergeht sie die Frage auch und schweigt. Wenn sie etwas wichtig findet, denkt sie lange nach.
Jetzt beginnt sie nach einer langen Pause sehr ruhig und sachlich zu sprechen. »Es gibt nichts Stärkeres als das Gebet. Ich bin überzeugt davon, es kann Berge versetzen. Und ich finde es fast arrogant zu glauben, man könne die Welt verbessern. *Ich* muss mich bessern und Gott nahekommen, dann kann ich ein Licht für andere sein.
Unser Tageslauf im Kloster besteht fast ausschließlich darin, sich um andere zu kümmern und sich mit ihnen

auseinanderzusetzen. Wir pflegen alte Menschen und helfen Bedürftigen, die auf uns zukommen. Wir haben eine Frau mit zwei Kindern aufgenommen, die von ihrem Mann geprügelt wird. Wir haben ein Mädchen aufgezogen, das mit zwölf Jahren allein aus Georgien zu uns kam.« Sie erzählt von einem autistischen Jungen, der sich weigerte, Medikamente zu nehmen. Die Eltern waren verzweifelt und überfordert, sie brachten ihren Sohn in die Psychiatrie. Von dort lief er immer wieder fort. In den Nonnen fand der Junge eine Ersatzfamilie und machte Fortschritte. Er hat gelernt, mit der Krankheit und den Medikamenten zu leben.

»Das Heim nebenan bedrückt uns«, fährt Diodora fort, »aber momentan können wir niemanden delegieren, weil wir zu wenige sind und es im Kloster viel zu tun gibt. Aber wir versuchen zum Beispiel direkt im Ministerium, mehr Stellen für das Heim durchzusetzen. Wir wollen Psychiater und Priester mobilisieren, Vorträge zu halten und Aufklärungsarbeit zu leisten, damit psychisch Kranke mehr von der Gesellschaft akzeptiert werden. Und wir wollen Laien dazu motivieren, Patenschaften zu übernehmen. Grundsätzlich haben orthodoxe Klöster anders als die westlichen Ordensgemeinschaften aber nicht die Aufgabe, die Welt zu retten. Wir sind der Auffassung, dass wir selbst unser Herz säubern müssen. Wenn wir das vor unserem Tod schaffen, können wir auch anderen ein Beispiel sein.«

Mit diesem Satz wird mir schlagartig ein wesentlicher Punkt klar. Das Kloster stellt eine Art spirituelle Universität dar, an der Menschen durch Askese lernen, das Göttliche zu erfahren. Das Kloster funktioniert wie

ein geistiges Kraftzentrum, das Suchende auf ihrem Weg spirituell anzapfen können.
Es klopft an der Tür, und Nazarene betritt mit einer Lidl-Tüte in der Hand die Zelle. Sie zeigt den Inhalt der Tüte vor, Haarshampoo, Duschzeug und Seife. Diodora nickt zustimmend. Die Sachen sind für die rumänischen Hausgäste bestimmt.
Während Diodora einen Telefonanruf beantwortet, schaue ich mich im Zimmer um. Auf dem Schreibtisch steht ein Laptop, drum herum stapeln sich Papiere. Eine komplette Wand ist mit Schränken ausgefüllt, einige davon lassen sich verschließen. Auf dem Boden liegen Flokati-Teppiche, und vor den Fenstern hängen Gardinen, beides schluckt Geräusche und dämpft. Eine Tür führt in ein kleines Badezimmer, davor eine Garderobe mit schwarzem Gewand. In den Regalen stehen Aktenordner, theologische Nachschlagewerke und Heilige Schriften, auch ein Buch von Kurd Stapenhorst, Diodoras Vater. Es trägt den Titel *Biotechnik in der Humanmedizin – Fluch oder Segen?*. Von der Familie stehen gerahmte Fotos vor den Büchern, auch eine alte Nonne ist zu sehen, eine kürzlich verstorbene Schwester. Und natürlich Geronda.
Diodoras Zelle ist zweckmäßig wie eine Studentenbude eingerichtet. Dafür, dass er die Kommandozentrale eines Klosters ist, wirkt der Raum erstaunlich behaglich. Außer den Fotos sehe ich wenig Persönliches hier drinnen, allenfalls kleine Ikonen und Souvenirs von Reisen in orthodoxe Länder.
»Gibt es irgendetwas von früher, das du aufbewahrt hast? Irgendeinen Gegenstand, der dir besonders lieb war?«, frage ich.

Diodora überlegt. Ein paar Fotoalben gibt es da irgendwo im Schrank, sagt sie, und Briefe. »Das Bett gehörte meiner Urgroßmutter. Und als Vater gestorben ist, wollte ich Bücher haben, in denen er etwas unterstrichen hat. Seine Bücher.« Sonst gibt es nichts aus dem alten Leben, alles andere hat Charlotte zurückgelassen.

Schwester Rahil kommt herein, sie braucht Geld für den Einkauf am nächsten Tag. Diodora zieht ihr Portemonnaie und gibt ihr ein paar Scheine. Eine gute Gelegenheit, um über Geld zu sprechen. Ich will wissen, wie sich das Kloster finanziert und wie Diodora wirtschaftet.

»Das Kloster ist sehr arm«, sagt sie. »Wir führen einen Überlebenskampf, der so hart ist, wie du es dir wahrscheinlich gar nicht vorstellen kannst. Am geringsten fallen die Ausgaben für Lebensmittel ins Gewicht. Schlimmer sind Heizung, Strom und Telefon.« Ich erfahre, dass Einnahmen durch Aufträge für Kirchengewänder in der klösterlichen Nähwerkstatt erwirtschaftet werden, außerdem durch den Verkauf selbst gemachter Devotionalien und Kerzen für die Gläubigen in der Kirche. Auch die Pensionen von einigen der alten Nonnen kommen der Gemeinschaft zugute. Große Investitionen im Kloster werden über Schenkungen finanziert und durch Fördermittel aus Griechenland oder der Europäischen Union. Wenn es um Materialien geht, handelt Diodora oft direkt beim Hersteller Sonderkonditionen aus. Unlängst hat sie, ausgerüstet mit Bauplänen, in Deutschland bei einem wegen seines christlichen Engagements bekannten Unternehmer vorgesprochen. Statt der erhofften Schenkung hat er

Solartechnik zu günstigen Preisen in Aussicht gestellt. Ein kleiner Erfolg, immerhin.

»Wir sind grundsätzlich bereit, ohne Geld in einer Höhle zu leben. Aber aus Verantwortung für die Gemeinschaft ist es notwendig, Geld zu verdienen. Wobei wir uns nicht auf dem Markt anbieten wollen, denn das Prinzip der Abgeschiedenheit steht über allem. Deshalb verlangen wir beispielsweise auch von Gästen kein Geld für Übernachtungen, sondern nehmen es nur an, wenn sie es von sich aus anbieten.«

Die Tür geht auf, und Schwester Evgenia kommt herein. Vor ein paar Wochen war sie noch die Novizin Anna. Dem Stoff ihrer Tracht ist anzusehen, dass sie noch wenig gebraucht und erst selten gewaschen wurde. Er wirkt fest und sehr steif. Evgenia wünscht ihrer Äbtissin eine gute Nacht. Diodora stellt auf Griechisch ein paar Fragen und kneift der jungen Nonne liebevoll in die leuchtend roten Wangen.

Es ist nach zehn Uhr und das Telefon klingelt nur noch selten, die Atmosphäre ist sehr vertraut. Zeit für die großen Fragen, denke ich.

»Was bedeutet Glück für dich?«

Puh! Diodora rollt die Augen und lacht. Dann denkt sie nach.

»Die besten Momente für mich sind die, in denen ich Gott am nächsten bin. Die Freiheit vom Ich ist kein konstanter Zustand. Wenn nach der Entfernung die Vereinigung mit Gott zurückkommt, bin ich am glücklichsten.«

»Bedauerst du es nie, keine eigenen Kinder zu haben? Fehlt dir diese Erfahrung nicht irgendwo tief in deinem Herzen? Sei ehrlich!« Diesmal kommt die Antwort vergleichsweise schnell. Vermutlich hat man ihr die Frage schon öfter gestellt.

»Die Blutsbande sind etwas sehr Relatives. Blutsverwandte sind einem oft ferner als gute Freunde oder geistige Geschwister. Die Kinderlosigkeit zu bedauern würde bedeuten, meinen Entschluss, Nonne zu werden, in Frage zu stellen. Nichts läge mir ferner. Ich kann nicht beides haben – aber das heißt ja nicht, dass ich Kinder ablehne. Im Gegenteil hätte ich gerne viel mehr Kinder bei uns im Kloster, denn Kinder inspirieren mich. Ich vermisse manchmal einfach das Zusammensein mit Kindern.«

Mir fällt ein, wie gut Diodora früher mit Kindern umgegangen ist. Sie machte instinktiv das Richtige. Sie wäre eine gute Mutter geworden – und für jede Tochter ein harter Brocken.

»Kinder sind ein großes Vorbild für uns«, schiebt Diodora hinterher. »Sie sind sehr rein, ehrlich, unmittelbar und aufrichtig.«

Es ist spät geworden, und wir verabschieden uns für die Nacht. »Rot steht dir gut«, sagt Diodora und streicht über meine Jacke.

Im Bett liegend denke ich über unser Gespräch nach. Mich beschäftigt die Frage, ob Nonnen egozentrisch handeln oder ob sie auch etwas für die Gesellschaft leisten.

Eigentlich sagt die Frage mehr über mein eigenes Leben aus als über das Leben im Kloster. Dort, wo ich herkomme, ist Leistung der oberste Wertmaßstab. Alles wird auf den Nutzeffekt heruntergerechnet. Was ein Mensch macht, zählt mehr als das, was er ist. Mit ihrer Entscheidung, Nonne zu werden, hat sich Diodora vom Leistungsdenken verabschiedet. Vielleicht war es ein Motiv für ihre Entscheidung – eines von vielen.

Im Georgskloster

Hier haben wir das erste Weihnachtsfest im Kloster gefeiert. Das war 2004«, sagt Schwester Damaskini und kramt in einem Karton mit losen Fotos. »Und hier – das war das Klosterfest am Namenstag unseres Schutzpatrons, des heiligen Georg.« Wir sitzen nebeneinander im Besucherzimmer des Georgsklosters, das unweit von Karditsa liegt, und betrachten Fotos aus den zurückliegenden Jahren. Die Erinnerungen kreisen um die großen Feste – um Weihnachten, Ostern und die Namenstage. Die Feste sind das Rückgrat jeder Religion, mit ihren starken Symbolen und Bildern ziehen sie die Gläubigen in ihren Bann. Die Schönheit kirchlicher Rituale entwickelt mehr Kraft als jeder noch so kluge Text.

Ich überlege, wie alt Damaskini wohl ist, und schätze sie auf Mitte dreißig. Es ist schwer zu sagen, denn die gängigen Erkennungsmerkmale trügen. Selbst ältere Nonnen haben eine auffallend zarte Gesichtshaut, glatt und faltenlos, und sogar Augenringe sieht man hier selten.

»Oh, und hier …« Damaskini unterbricht sich und hält schamhaft die Hand vor den Mund. Interessiert schaue ich ihr über die Schulter. Was erwartet mich wohl Kompromittierendes auf dem Foto? Ich sehe eine jüngere Schwester beim Abwasch in der Klosterküche, sie hält ein Geschirrtuch in der Hand und strahlt. Auf dem verschleierten Kopf trägt sie ein Paar Elch-Ohren von der Art, wie sie Kinder zum Verkleiden nehmen.

Damaskini spricht tadelloses *British English*, das hat sie in England gelernt, wo ihr Vater, ein griechischer Einwanderer, ein Hotel führt. Über eine Cousine aus Griechenland fand sie Kontakt zum Kloster, mit Mitte zwanzig trat sie ein. Im Georgskloster ist sie für die Betreuung der Gäste zuständig, wofür sie ihre freundliche und umgängliche Art bestens qualifiziert. Damaskini ist ein Musterbeispiel an Bescheidenheit und Anmut. Sie erinnert mich sehr an Audrey Hepburn in dem Film »Die Geschichte einer Nonne« – speziell an eine Szene, in der Hepburn ihren Vater mit weit aufgerissenen Augen anschaut und nachdrücklich beteuert: »I want to be a *good* nun.« Auch Damaskini will eine besonders gute Nonne sein. Später erfahre ich, dass sie als Äbtissin für ein weiteres Kloster vorgesehen ist, welches die Schwestern neu beleben sollen.

Damaskini schließt den Fotokarton. Irgendwann, hofft sie, wird es genügend Zeit geben, um die Bilder in ein Album zu kleben. Das Problem kenne ich gut, auch bei mir zu Hause warten etliche Tüten voller Bilder darauf, eingeklebt zu werden.

Ich ruhe mich einen Moment auf dem Sofa aus, gleich beginnt das gemeinsame Essen. Ich bin an diesem Morgen in Karditsa früh aufgebrochen, um pünktlich zur Liturgie um acht Uhr im Georgskloster zu sein.

Die Autofahrt dauert kaum zwanzig Minuten und führt zu den Ausläufern bewaldeter Berge, wo sich das Kloster einsam in ein Tal schmiegt. Zur Anlage gehören zwei große Gebäude, die zuletzt als Priesterseminar genutzt worden sind. Ein bisschen ist die Schulatmosphäre erhalten geblieben, vor allem im Refektorium fühlt man sich wie im Speisesaal eines Internats.

Herzstück des Georgsklosters ist seine Kirche, die stückweise mit griechischen Fördergeldern renoviert wird. Sie ist viel kleiner als die Kirche von Petra und innen genauso altersschwarz wie diese. An diesem Morgen hat der Priestermönch Serafim die Liturgie gefeiert, auch er gehört zu Gerondas Bruderschaft. Da stand er in seinem prächtigen Mantel vor der Ikonenwand des winzigen Raumes, ein Gasofen verströmte bullerige Wärme, Öllampen flackerten, und eine Handvoll Schwestern sang. Eine alte Nonne erhob sich und bot einer noch älteren Nonne ihren Sitzplatz an, doch die winkte ab und tätschelte ihr gönnerhaft die Wange, als wolle sie sagen, lass mal, du hast es nötiger.

Die Herzenswärme der Nonnen beantwortet viele meiner Fragen. Ohne Zweifel leben Diodora und ihre Schwestern hundertprozentig das, was sie glauben. Vielleicht lässt diese Aufrichtigkeit die Gemeinschaft so besonders erscheinen.

Beim Mittagessen werde ich aufgefordert, am Tisch der Äbtissin Mariam zu sitzen. Ein Ehrenplatz. Es gibt Omelett, Kartoffelbrei und kalten Spinat. Nach der Mahlzeit hält Gerondissa Mariam eine kleine Ansprache, in der sie mich herzlich begrüßt und den Schwestern als »Freundin des Klosters« vorstellt, »die wir sehr lieben und die uns sehr liebt«. Ich nicke zustimmend. Vater Serafim schließt sich mit ein paar Worten an, er betont, dass ich eine Freundin von Gerondissa Diodora sei, »die so viel Gutes bewirkt und so viele unterschiedliche Generationen von Frauen inspiriert«. Er räumt ein, dass er so gerne von ihr lernen will, wie sie das macht – ein bemerkenswerter Satz für einen Mann aus diesem patriarchalischen Umfeld.

Nach dem Essen plaudere ich einen Moment mit Gerondissa Mariam. Sie wirkt sehr beherrscht auf mich, weise und klug. Ihre kleine Tischrede hat mich überrascht und berührt. Ich bitte sie darum, mir ihre Rolle als Äbtissin zu beschreiben. »Ich muss dafür sorgen, dass jede Schwester eine Aufgabe bekommt, die ihr entspricht und ihr Freude macht«, antwortet sie. Gute Führungsqualität, denke ich. »Jede Schwester hat jeden Tag bestimmte Aufgaben«, fährt Mariam fort, »aber was sie bis zur Vesper nicht schafft, bleibt eben bis zum nächsten Tag liegen. Wir haben keinen Stress hier im Kloster, keinen Druck. Wenn gegessen wird, wird nur gegessen. Wenn gesprochen wird, wird nur gesprochen. Jede Aufgabe wird sehr bewusst ausgeführt, und dabei wird meditiert.« Es ist das Gegenteil vom Multitasking meiner Generation. Für uns Frauen ist es charakteristisch, dass wir immer mehrere Sachen gleichzeitig machen. Wenn wir telefonieren, räumen wir nebenbei auf oder kochen. Wenn wir fernsehen, legen wir Wäsche zusammen. Wenn wir im Büro sind, leben wir meist in Gedanken den Tag unserer Kinder mit, und wenn wir mit den Kindern zusammen sind, denken wir oft ans Büro. Wir leben in mehr oder weniger kleinen Zeiteinheiten und hangeln uns zwischen einzelnen Terminen und Abholzeiten der Kinder durch den Tag, die tickende Uhr immer im Kopf und eine Deadline im Nacken. Es ist schwer möglich, sich im Alltag einer Sache unbegrenzt am Stück zu widmen. Der in kleine und Kleinsteinheiten parzellierte Tag gehört heute genauso selbstverständlich zum Leben einer Frau wie Wahlrecht, Berufstätigkeit und Steuererklärung.

Ich verabschiede mich von Schwester Mariam, um einen Spaziergang zu machen. Sosehr mich das Leben im Kloster begeistert, so sehr schnürt es mir gelegentlich die Luft ab. Dann fühle ich mich erdrückt vom Gedämpften und Unwirklichen. Ich verlasse das Georgskloster und folge einem Spazierweg, der sanft bergauf führt. Eine Schildkröte kreuzt gemächlich meinen Weg, sonst ist niemand unterwegs. Im Winter hört man hier oben die Wölfe heulen, so zivilisationsfern und intakt ist die Natur. Das Laufen tut gut, die frische Luft auch. Das Kloster in meinem Rücken wird klein wie ein Puppenhaus. Es gibt Momente, in denen mich das Flüstern und Lächeln der Nonnen, ihre ewige Freundlichkeit und Sanftheit nervös machen. Momente, in denen ich mich frage, wie um Himmels willen ich mich freiwillig in diesen fernen Kosmos katapultieren konnte.
Zwei Jahre nachdem Charlotte beschlossen hatte, die Welt zu verlassen, begann ich deren Möglichkeiten zu nutzen. Damals, 1990, wurde im Osten des Landes Journalisten-Nachwuchs aus dem Westen gebraucht, und man bot mir frisch von der Universität weg einen Job als Reporterin bei der *Berliner Zeitung* an. Meine

Lehrjahre fielen mit denen der Zeitung zusammen. Die Redaktion lernte die Marktwirtschaft kennen, und ich begann, Reportagen zu schreiben. Es war eine herrliche Zeit der Anarchie. Jeder probierte sich in dieser Übergangsphase aus, es wurde nicht viel geleitet und auch nicht kontrolliert.

Die Zeitung war meine Familie und der Beruf meine Identität. Ich war mir sicher, irgendwann würde ich eine Familie gründen, in der Zwischenzeit wählte ich den Journalismus als Lebensform. Alle Energie floss in die Arbeit, ich drehte mich ausschließlich um mich selbst. Ich wollte die unmittelbaren Aufgaben meistern und möglichst gute Artikel schreiben, darauf kam es an. Körperliche Nähe setzte ich mit Liebe gleich und Erfolg mit Glück. Glück, dachte ich, sind die Momente, in denen mir etwas gelingt.

Ich hatte humanistische Ideale, aber in meinem Leben ließ ich mich von Ereignissen treiben. Ich orientierte mich an der Beliebigkeit meiner Generation. Keine Entscheidung schien damals von Dauer – wenn etwas misslang, eine Liebe zum Beispiel, ein Job oder Projekt, dann begann man einfach von vorn. Ich hielt die Unverbindlichkeit für Freiheit, doch diese Freiheit war eine Illusion. Ich kämpfte allein für mich selbst, die Unabhängigkeit war mir heilig. Meine Lebensmaxime bestand in dem Willen, von nichts und niemandem abhängig zu sein.

Um die dreißig zog ich zum ersten Mal mit einem Mann zusammen. Es war ein Schritt in die Verbindlichkeit, aber es änderte nicht viel. Statt allein, lebte ich mein Einzelgängerleben jetzt zu zweit. Wir ergänzten uns gut, weil wir gegenseitig unsere Unabhängigkeit achteten. Jeder verfügte uneingeschränkt über seine Zeit und arbeitete viel. Wir lebten ein Leben, dessen Bewegungsfreiheit dazu verführte, sich selbst wichtiger zu nehmen als alles andere auf der Welt. Dann kauften wir ein Sommerhaus auf dem Land. Am Abend, nachdem der Kaufvertrag unterschrieben worden war, beschlossen wir zu heiraten. Die Hochzeit feierten wir mit einem aufwändigen Fest. Wir wünschten uns Kinder, aber nicht jetzt, sondern später, irgendwann.

Unsere Ehe hatte kaum begonnen, und schon lebten wir gepflegt wie ein alterndes Paar. Ich fürchtete, mein weiteres Leben bereits zu kennen, fühlte mich unfrei und beengt. Ich merkte, ich war verfrüht ins Ziel gelaufen und flüchtete mit einem Journalistenprogramm weit weg in die USA. Ein Jahr lang durfte ich mich als Stipendiatin in Harvard hemmungslos mit mir selbst beschäftigen, und unter diesen Bedingungen löste sich der Knoten schnell. Fern vom Alltag in Berlin, losgelöst von familiären und sonstigen Bindungen, ließen sich Entscheidungen leichter treffen als inmitten dieses Geflechts. Mein damaliger Mann und ich beschlossen die Trennung. Wir trennten uns, wie wir gelebt hatten – geräuschlos und in Freundschaft. Wir hatten immer alles richtig machen wollen und deshalb auch gemeinsam nicht viel riskiert.

Ich kündigte meinen Job in Berlin und nahm einen neuen in Hamburg an, wo zur Jahrtausendwende eine Zeitung gegründet wurde. Meine brachiale Kehrtwende stieß nicht überall auf Verständnis – das große Hochzeitsfest lag noch nicht lange zurück, und schon kam die Trennung, das fanden viele befremdlich, zumal es keinen sichtbaren Leidensdruck gab. Ähnlich wie Charlotte, als sie nach Griechenland ging, duckte ich mich eine Zeit lang weg, wie sie schottete ich mich ab. Wir teilen die Erfahrung, eine unpopuläre Entscheidung durchzusetzen, auch wenn mein Bruch unspektakulärer und viel weniger folgenreich war. Vielleicht fühle ich mich ihr heute auch deshalb verbunden.

Zwei Jahre nach der Scheidung heiratete ich erneut. Dieser Mann durchbrach stark und entschlossen den Schutzwall, hinter dem ich mich gewohnheitsmäßig zurückzog, und ich wusste, mit ihm wird mir niemals fad. Wir spürten, wir gehören zusammen, und lieferten uns einander bedingungslos aus. Diese Liebe wollte ich festhalten, ich wollte ein Kind und möglichst sofort. Unsere Begegnung war so folgenreich, dass ich erstmals in meinem Leben die Kontrolle verlor. Ich war nicht vorbereitet auf seine vier Kinder im Alter von zehn bis sechzehn, und die Kinder nicht auf mich. Es dauerte eine Weile, bis ich meine Rolle fand, doch als es mir gelang, stärkten die Kinder unsere Bindung.

Als ich wusste, ich bin schwanger, machte ich einen Termin bei meiner Ärztin. Während der Untersuchung am Ultraschallgerät hörte ich sie beiläufig fragen: »Was würden Sie sagen, wenn es Zwillinge sind?« Damit hatte ich nicht gerechnet. Ich bin ein Mensch, der gern nach Plan lebt – und das hier war überhaupt nicht geplant. Ich fühlte mich überrumpelt und machte ein ungläubiges Geräusch. Auf dem Ultraschallbild waren deutlich zwei weiße Punkte zu erkennen, zwei Zellhaufen, meine Kinder. Der Bauch, der Kinderwagen, die Windelpakete, alles tauchte in Gedanken überlebensgroß vor mir auf. Ein Baby allein schien mir als Aufgabe groß genug, zwei würden mich überfordern, dachte ich.

Ich bekam meine Kinder mit 38, bin eine dieser späten Mütter meiner Generation. Dass es überraschend Zwillinge wurden, erwies sich als großes Glück. Mit nur einem Baby hätte ich vermutlich mein altes Leben weitergelebt. Hätte das Kind gut versorgt und mich weiter um mich selbst gedreht. Einfach so. Ein Kind kann mitlaufen, zwei Kinder gleichzeitig sind eine Naturgewalt. In dem Moment, in dem ich die Kontrolle verlor, wurde mein Leben wirklich interessant. »Frei sein von sich selbst« – so hat mir Diodora das Wesen ihrer Religiosität beschrieben. Jetzt verstehe ich, was sie meint. Auch meine vielen Kinder, zwei kleine und vier große, bringen mich zur Freiheit, denn für Egoismus bleibt kaum noch Raum.

Bevor ich Mutter wurde, dachte ich, alles Weitere sei vor allem eine Frage der Organisation. Im Beruf eine Zeit lang aussetzen, dann mit Hilfe einer Kinderfrau langsam wieder einsteigen, so stellte ich mir das vor. Vordergründig lief alles nach Plan, ich verband die Mutterrolle mit meinem Beruf und all den anderen Dingen – und war erwartungsgemäß chronisch müde. Doch natürlich hätte ich bereits an dem Tag, als meine Zwillinge auf die Welt kamen, ahnen können, dass das Leben nicht einfach so weitergeht. Mir hätte klar sein müssen, damals, als ich die winzigen Hände meiner Tochter im Wärmebett auf der Säuglingsstation betrachtete, dass dieser schutzbedürftige kleine Mensch mein Leben gewaltig in Bewegung bringt. Ich hätte wissen müssen, als ich zum ersten Mal in die großen Augen meines Sohnes blickte, dass jetzt alles anders wird. Schon im Moment seiner Geburt hatte er diesen erwachsenen Gesichtsausdruck, irgendwie ernst und fordernd, als müsse ich ihm auf der Stelle erklären, was das Ganze hier soll. Mir hätte klar sein müssen, dass mit den Kindern auch die ganz großen Fragen kommen und dass man sich besser schleunigst daranmacht, Antworten zu finden. Wie soll man leben? Wie verliere ich mich in dem Strudel der Anforderungen nicht selbst? Worauf kommt es an? Die Beliebigkeit hat ein Ende, ein paar Pflöcke sind tief in den Boden gerammt – und jetzt?

Jetzt weiß ich, was die Nonnen mit mir zu tun haben und was ich von ihnen lernen kann. Ich bin nicht gekommen, um fromm zu werden oder mein Leben sonst wie zu beschneiden. Ich will nicht leben wie die Nonnen. Aber ich wünsche mir, mich von ihnen darin inspirieren zu lassen, wie man für andere leben kann und dabei glücklich ist. Ich will Mutter, Ehefrau, Journalistin, Freundin und Tochter sein – und jeden Part möchte ich überzeugend ausfüllen. Mein Leben ist ein dichtes Geflecht aus Menschen, Aufgaben, Beziehungen. Es sind kostbare Menschen, interessante Aufgaben, wertvolle Beziehungen. Doch wie kann ich in diesem Geflecht leben, ohne mich zu verheddern? Vielleicht reicht es schon aus, das Leben zu vereinfachen. Sich auf Wesentliches zu konzentrieren. Ich möchte mein Leben entschiedener leben, ohne auf die Fülle seiner Möglichkeiten zu verzichten. Ich will lernen, inmitten aller Zerstreuungen gesammelt zu bleiben. Hier, im Kloster, machen sie mir vor, wie das geht.

Ich will von den Meisterinnen der Kontemplation die Kunst des Einschränkens lernen.

Ich verlasse das Georgskloster am späten Nachmittag. *»I pray for you, you pray for me!«,* ruft mir Damaskini durch die heruntergekurbelte Fensterscheibe zum Abschied zu, »Ich bete für dich und du für mich«. Ich lasse sie in dem Glauben und winke, bis ich mit dem Auto um die Kurve verschwunden bin. Auf dem Weg hinunter zur Hauptstraße halte ich an einer Wasserquelle und fülle mir etwas von dem herrlich kalten Wasser in Plastikflaschen ab. Die Quelle ist eine Art Vorposten des Klosters. Neben ihr wurde eine kleine Kapelle in die Felsen gehauen, ein winziger Raum zur Andacht, in dem man Kerzen anzünden kann. Schwester Esther, die Ikonenmalerin des Georgsklosters, steht an der Quelle und wäscht Schmutz von den Glasrahmen der Ikonen, die in der Kapelle aufgestellt sind. Auf der Straßenseite gegenüber erklimmt Schwester Spiliotissa, eine bildhübsche junge Russin, eine schmale Steinmauer, die die Straße vom Abgrund trennt. Sie will einen Holzmast erreichen, an dem der Kasten mit den elektrischen Sicherungen befestigt ist. Geschickt lehnt sie sich über den Kasten und dreht eine neue Sicherung ein. Über ihre Nonnentracht hat sie eine Arbeitsschürze gebunden, darin steckt ein Messer, mit dem sie eben ein Huhn geschlachtet hat.
Ich zünde in der Kapelle eine Kerze an. Bis vor kurzem dachte ich, es braucht eine Kerze pro Person, um die ich mich sorge. Meistens habe ich ein ganzes Feuerwerk entzündet. Jetzt weiß ich, es reicht eine Kerze für

alle. Nicht die Menge macht es, sondern die Konzentration.
Wenig später halte ich in Mouzaki, dem Ort, welcher dem Georgskloster am nächsten liegt. In der unasphaltierten Hauptstraße reihen sich kleine Geschäfte aneinander, die Elektrogeräte, Plastikspielzeug und Kosmetik anbieten. Ich suche ein traditionelles Lokal, um einen griechischen Salat zu essen, vergeblich, denn es gibt keine Restaurants in Mouzaki, nur jede Menge Bars und Lounges, aus denen Popmusik wummert. Als ich an einem Internet-Café vorbeilaufe, sehe ich, dass jemand seine Facebook-Seite aufgerufen hat. Einen Moment lang will ich dasselbe tun, doch dann lasse ich die bunte Facebook-Welt an mir vorüberziehen.

Begegnung mit Geronda

»Du kannst Geronda treffen!« Diodoras Stimme klingt noch heller als gewohnt. Wir telefonieren miteinander, sie sitzt an ihrem Schreibtisch, während ich zwei Etagen tiefer frühstücke. Ich bin überrascht, damit habe ich kaum noch gerechnet. »Wo würdest du ihn gern treffen?«, fährt Diodora fort. »In Petra, im Georgskloster oder hier in Karditsa?« Die Antwort fällt mir leicht. »Am liebsten in Petra.« Dann besinne ich mich und sage schnell: »Dort, wo es ihm am wenigsten Umstände macht. Ich richte mich in jedem Fall gern nach ihm.«

»Du hast nach ihm gefragt, also sag, wie es dir am liebsten wäre, und wir versuchen, das zu organisieren«, antwortet Diodora. Wie immer wird alles sehr kurzfristig entschieden, das heißt, ich werde mich den Rest des Tages bereithalten. »Was kann ich falsch machen? Gibt es irgendwas zu beachten?«, frage ich noch. Diodora lacht. »Sei du selbst, dann kann nichts schiefgehen.« Da bin ich mir nicht so sicher.

Das Warten beginnt. Ich ziehe mich in die Präsidentensuite zurück, um *The Ladder of Divine Ascent* zu lesen. Das Buch ist ein Standardwerk der Orthodoxie, es ist ein spiritueller Leitfaden für Mönche und Nonnen. Diodora und Chrysostomos haben mir die *Himmlische Leiter* unabhängig voneinander ans Herz gelegt. Die Schrift erinnert mich entfernt an den *Edlen Achtfachen Pfad* der Buddhisten. Ich lese sie wie eine Gebrauchsanweisung auf dem Weg zur Erleuchtung. Die Anleitung erscheint mir allerdings leichter als die Praxis.

Später stoße ich in einer Broschüre über die Orthodoxie auf ein paar sehr befremdliche Sätze: »Drei bösartige Geister haben die Welt im 20. Jahrhundert an den Rand des Abgrunds gebracht: Marx, Freud und Nietzsche. Die ersten beiden waren Juden und lebten daher außerhalb der Gnade des Heiligen Geistes. Der dritte wurde aufgrund einer Hirnkrankheit geistig unzurechnungsfähig. Es ist an der Zeit für die Welt zu bereuen, den Worten dieser Männer Glauben geschenkt zu haben.« Der überhebliche Ton trifft mich unangenehm. Ich kann inzwischen nachvollziehen, dass das orthodoxe Selbstverständnis auf der kompromisslosen Abgrenzung von anderen Konfessionen – insbesondere innerhalb des Christentums – beruht. Aber muss man deshalb drei große Denker persönlich beleidigen, um selbst gut dazustehen? Das hätten die Orthodoxen nicht nötig, denke ich und klopfe erbost bei Schwester Dimitra, die mir die Broschüre ausgeliehen hat. Dimitra staunt, als ich ihr die Passage vorlese, und distanziert sich sofort von der extremen Aussage. »Gut, dass Sie mich darauf hinweisen. Ich habe die Stelle nie gelesen.« Ich bin erleichtert.

Gemeinsam gehen wir hinüber in den Arbeitsraum, wo Dimitra ihre Naturkosmetikprodukte herstellt. Immer wieder schaue ich an diesem Vormittag verstohlen auf mein Handy, ob vielleicht eine Textnachricht eingegangen ist. Wann und wo werde ich Geronda kennenlernen?

Dimitras Werkstatt befindet sich in einem dem Wohnhaus der Schwestern gegenüberliegenden Gebäude. Diesen Teil des Klosters haben die Schwestern, als sie 2003 nach Karditsa kamen, in einem unwirtlichen Zustand vorgefunden. Seither wurde viel renoviert, doch einige Zellen sind noch nicht bewohnbar. Der Wandelgang ist an seiner Außenseite komplett mit Fenstern durchzogen, er wirkt im Gegensatz zu den dunklen Fluren im Haupthaus hell und freundlich.

Die Werkstatt sieht auf den ersten Blick wie eine gemütliche Familienküche aus. Herd und Spüle stehen darin, Tisch und Stühle. An den Wänden hängen Geschirrschränke und dicke Sträuße aus getrockneten Kräutern. Es duftet nach Bienenwachs, das in einem Topf geschmolzen wird. Dimitra streicht eine zähe ockerfarbene Paste in kleine Plastikdosen. Ich darf Etiketten auf die Dosen mit Lippenbalsam kleben. Dimitra erzählt, dass die Werkstatt ein beliebter Anlaufpunkt von auswärtigen Klosterbesuchern ist. »Hier können sich die Leute ein bisschen nützlich machen, und dann fühlen sie sich weniger fremd.« Ich versuche ein Etikett mittig auf der Dose zu platzieren und nicke zustimmend. In diesem Moment fühle ich mich so geborgen wie beim Plätzchenbacken in der Küche meiner Großmutter vor ewiger Zeit.

Das Warten vergeht quälend langsam, ich werde von Stunde zu Stunde nervöser. Als ich ihn in der Liturgie erlebt habe, wirkte Geronda so unnahbar, wie es ein hoher Geistlicher zu sein hat. Nach allem, was ich von ihm gehört habe, ist er ein großer Menschenkenner. Einer, der jeden Menschen sofort durchschaut. Wen wird er in mir erkennen? Die spröde Einzelgängerin? Die vergrübelte Romantikerin? Die aufgeklärte Hedonistin?

Ich lege mir ein paar Fragen zurecht, denn ich bin es ja, die das Gespräch sucht, folglich muss ich es auch lenken. So stelle ich mir die Sache jedenfalls vor. Was will ich wissen? Mich interessiert vor allem die allererste Begegnung auf Naxos. Wie war das, als er Charlotte zum ersten Mal gesehen hat? Hat er sofort ihr religiöses Potential erkannt? Wie würde er meine Freundin charakterisieren und wie hat sich sein Eindruck von ihr über die Jahre entwickelt?

Mit den Fragen versuche ich mich vor Emotionalität zu wappnen. Ich will den Lebensmenschen meiner Freundin möglichst nüchtern unter die Lupe nehmen. Hoffentlich überzeugt er mich. Ich wäre enttäuscht, wenn sich der Mann, der mir die Jugendfreundin ausgespannt hat, als mittelmäßiger Geistlicher entpuppen würde. Wie begrüße ich ihn? Klar, am besten mit einem Handkuss, aber das funktioniert nur aus einem spontanen Impuls heraus, sonst wirkt es verkrampft. Die Hand schütteln? Ich weiß nicht.

Am Nachmittag sitzen Diodora und ich zusammen. Schwester Rahil bringt uns Tee und kleine, bunt glasierte Kuchen. Den Kuchen hatte ich am Vortag als Aufmerksamkeit für die Schwestern aus der Stadt mitgebracht. Jede kleine Freundlichkeit wird an ihren Ursprung zurückgelenkt. Diese Frauen sind tatsächlich selbstlos.

Diodora zeigt mir Fotos auf ihrem Laptop. Sie öffnet einen Ordner mit Bildern von der ein gutes Jahr zurückliegenden Beerdigung ihres Vaters. Sie hat den 84-Jährigen im Sarg liegend fotografiert, sein Gesicht ist eingefallen und wächsern, ich erkenne ihn nicht. Seine Hände sind gefaltet, im Sarg liegen Kinderzeichnungen, eine Ikone und eine Gebetskette von Geronda. Als Kurd Stapenhorst starb, hat sich die ganze Familie in den letzten Stunden an seinem Bett versammelt. Alle Kinder sind angereist – nur Diodora nicht. Sie steckte damals mitten im Examen des Jurastudiums und hatte am Todestag ihres Vaters die allerletzte Prüfung zu absolvieren.
»Warum war dir diese Prüfung wichtiger als der Abschied von deinem Vater? Wieso warst du in dieser schweren Stunde nicht bei ihm?«, frage ich.
»Aber ich war die ganze Zeit bei meinem Vater! Wir waren ohnehin miteinander vereint«, antwortet sie aufbrausend, »wenn zwei Seelen miteinander verbunden sind, gibt es keine Entfernung. Ich habe in seinen letzten Stunden auch gerungen, und ich war erleichtert, als es vorbei war.«
Diodora erzählt, wie sie noch kurz vor seinem Tod mit ihm telefoniert und ihm dafür gedankt habe, dass er so ein großes Vorbild für sie gewesen sei. Er habe sie am Telefon klar erkannt, hat die Familie ihr später berichtet, ganz ruhig sei er geworden und kurze Zeit später eingeschlafen. Unmittelbar nach der Prüfung ist sie dann nach Hause geflogen.
Diodora spricht mit derselben Gelassenheit vom Tod wie neulich Nazarene am Bett von Schwester Meletia. Es ist offensichtlich ein freudvolles Thema für die

Nonnen. Aus ihrer Perspektive beginnt erst mit dem Tod das eigentliche Leben. Das Leben davor dient lediglich als Arena, in der man zeigen kann, was in einem steckt oder nicht.

Es ist früher Abend geworden. Inzwischen hat sich herauskristallisiert, dass das Treffen mit Geronda im Verlauf des Abends hier in Karditsa stattfinden soll. Diodora stellt mich Vater Irenäus vor, einem weiteren Priestermönch aus Gerondas Gemeinschaft. Wir setzen uns zum Gespräch in den zentral gelegenen Raum vorm Refektorium. Der Raum ist ein Durchgangszimmer, fünf Türen führen hinein und hinaus. Etwa eine halbe Stunde nachdem wir dort an einem runden Tisch Platz genommen haben, kommt plötzlich Bewegung ins Kloster. Türen gehen auf und zu, Schwestern huschen geschäftig durch den Raum, Tabletts werden hin- und hergetragen, Gesichter beginnen zu leuchten. Geronda ist eingetroffen. Natürlich ist er nirgends zu sehen, und natürlich spricht niemand von ihm. Wie befreiend es wäre, wenn jetzt jemand laut »Geronda ist hier!« rufen würde, denke ich. Wie wohltuend irgendeine spontane Regung wäre. Einmal unkontrolliert sein, einmal loslassen. Stattdessen hüllen sich die Frauen wie immer in Schweigen. So unnahbar wie Statuen.

Vater Irenäus ist ein Mann von schmächtiger Statur, Grieche, Mitte vierzig. Er ist Geronda 1989 erstmals begegnet, ein gutes Jahr nachdem Charlotte nach Griechenland zog. Irenäus erzählt von der »tiefen, süßen Stimme« des Athos-Mönches, die ihn in einer Athener Kirche in seinen Bann gezogen hat. »Dieser Mann hat mich innerlich so tief berührt, dass ich ihm mein gan-

zes Leben erzählen wollte. Ich wollte bei ihm beichten, denn das ist die spirituelle Art zu sagen, was man auf dem Herzen hat.« Damals stand er als Jurastudent kurz vor dem Examen und war ziemlich orientierungslos, fährt Irenäus fort. 1990 wurde er Novize und folgt Geronda seither überallhin.
Diodora und Irenäus teilen die Erlebnisse der frühen Jahre, sie gehören seit den Anfängen zu Gerondas Gefolge und sind sich so vertraut wie Geschwister.
Ich frage ihn, was das Besondere an Diodora ist.
»Das Besondere an ihr?« Irenäus denkt einen Moment lang nach. Dann holt er aus. »Kaum war sie orthodox, wurde sie in kürzester Zeit die ideale Nonne. Sie ist in jeder Hinsicht perfekt – in der geistigen Arbeit genauso wie im Umgang mit den Schwestern. Sie hat im Eiltempo Griechisch gelernt und später Jura studiert, sie kann gut auf Leute zugehen. Ihre große Begabung besteht darin, sich schnell und kurzfristig auf die unterschiedlichsten Menschen einstellen zu können.«
Mrs. Perfect. Mir fällt Charlottes Spitzname aus Kinderzeiten ein. Er passt auch heute noch.
Als Irenäus sich verabschiedet hat, vertreibe ich mir weiter die Zeit im Wohnzimmer. Jedes Mal, wenn eine Tür geht, drehe ich mich reflexhaft in der Erwartung um, Geronda zu sehen. Aber nur die Schwestern gehen ein und aus. Das Warten macht mich mürbe. Schwester Anastasia verkürzt mir die Zeit mit Schafskäse und Oliven. Mich fröstelt, obwohl es im Raum nicht kalt ist. Anastasia überbringt mir ein Bonbon von Geronda. Er entschuldigt sich für die lange Wartezeit, sagt sie. Seine Aufmerksamkeit freut mich.
Dann endlich, gegen zehn Uhr, holt mich Diodora. Sie

spürt meine Anspannung und lächelt. Sie führt mich zu einem kleinen Raum, der zwischen Kirche und Wohnhaus gelegen ist, man kann ihn von beiden Seiten erreichen. Ich hole tief Atem und betrete den Raum in der Erwartung, eine strenge Respektsperson anzutreffen – ebenjenen durchgeistigten Mann, dessen stechender Blick mir auf zahlreichen Schwarzweißfotos im Kloster begegnet ist. Auf den Fotos hat der Mann nie gelächelt, sein Mund war immer geschlossen. Er wirkte unnachsichtig und hart. Doch jetzt kommt ein rundlicher Mann mit schneeweißem Rauschebart und buschigen dunklen Augenbrauen auf mich zu und breitet einladend die Arme aus. Mir kommt spontan der Weihnachtsmann aus *Babar und der Weihnachtsmann* in den Sinn, einem Lieblingsbuch meiner Kinder. Aus der Nähe sieht Geronda überraschend humorvoll aus. Er deutet rechts und links Küsse auf den Wangen an. Dann greift er meine Hände, drückt sie fest und lächelt.

Der winzige Raum, offenbar eine Art Büro von Geronda, ist vollgestellt mit Möbeln. Bücherregal und Schreibtisch auf der einen Seite, eine Sitzecke auf der anderen. Eine Klimaanlage rauscht. Meine Hände sind kalt, sage ich entschuldigend, ich bin ein bisschen nervös. »Τότε πρέπει νά πιούμε ένα κονιάκ, για να ζεσταθείτε«, sagt Geronda. Ich schaue Diodora aufmerksam an. Es ist Gerondas erste Bemerkung an mich. Womöglich will er jetzt ein religiöses Bekenntnis von mir hören.

»Dann müssen wir einen Cognac trinken, um Sie aufzuwärmen«, übersetzt Diodora. Geronda schickt Schwester Rahil in die Küche, um Flasche und Gläser zu holen. Geronda nimmt in einem Sessel Platz, ich setze mich ihm gegenüber auf einen Stuhl, zwischen uns steht ein niedriger Tisch. Diodora flankiert uns am schmalen Ende des Tisches, sie übersetzt während des Gespräches jeden Satz vom Griechischen ins Deutsche und umgekehrt.

Rahil kommt mit Wodka und pinkfarbenem Likör zurück, Cognac ist aus. Sie küsst Gerondas Hand, als er ihr die Flaschen und die Gläser abnimmt. Geronda mixt die beiden Spirituosen, und wir stoßen an. Er sagt: »Willkommen!« So lässig hatte ich mir die Sache nicht vorgestellt.

Auf dem Tisch steht ein Teller mit Süßigkeiten – und eine Packung Kleenex. Wie beim Psychotherapeuten, denke ich. Geronda trägt die schwarze Mönchskutte. Die Gläser seiner randlosen Brille sind beschlagen. Es ist sehr warm in diesem Raum.

Geronda fragt nach einem Bild von meinen Kindern. Wie meistens in solchen Momenten habe ich kein passendes Foto bei mir – nur ein zerknittertes Mini-Bild aus dem Geldbeutel. Das Foto ist kaum größer als ein Negativ und bereits ein paar Jahre alt. Geronda betrachtet es lange schweigend, stellt fest, dass die Zwillinge sehr unterschiedlich groß sind, küsst das Foto und fragt nach den Namen der Kinder.

»Jonathan und Rebecca.«

»Warum diese Namen?«

»Wir haben Namen gesucht, die außer einem schönen Klang auch eine Geschichte haben. Und die gut zueinanderpassen.«

Geronda zitiert zu jedem Namen eine entsprechende Stelle aus der Bibel. Ob ich die Stellen kenne? Ich muss passen.

Ich schlage meine Beine seitlich übereinander und wende mich Geronda im Profil zu. Er fordert mich freundlich auf, ihn wieder direkt anzuschauen. Diodora ändert ihre Position während des ganzen Gesprächs kein einziges Mal. Sie wirkt außergewöhnlich konzentriert, sitzt die ganze Zeit kerzengerade am Kopfende des Tisches, die Hände gefaltet im Schoß. Wie eine Madonna.

Geronda fragt sich im Stakkato kreuz und quer durch mein Leben und in mein Herz. Wer in meiner Abwesenheit die Kinder hütet, wie lange ich sie gestillt habe, was ich von Angela Merkel halte und von der Europäischen Union, ob ich mir die Haare, die vorne langsam weiß werden, färbe und welche Ziele ich beruflich noch habe. Zwischendurch liest er immer wieder Nachrichten auf seinem Handy und tippt Antworten ein, gelegentlich reguliert er mit der Fernbedienung die Klimaanlage.

»Wünschen Sie sich noch weitere Kinder?«

»Mein Mann hat vier größere Kinder aus seiner ersten Ehe, das heißt, wir haben jetzt insgesamt sechs. Sechs Kinder sind genug.«

»Das bedeutet, die großen Kinder kommen zu ihnen nach Hause?«

»Ja, sie besuchen uns, sooft es geht. Wir verstehen uns gut.«

Geronda stutzt, die Antwort scheint ihn zu überraschen.

»Wie oft sehen Sie Ihre Mutter?«

»Sie lebt in München und besucht uns vielleicht drei, vier Mal im Jahr in Berlin.«

»Wie oft sprechen Sie miteinander?«

»Wir telefonieren einmal pro Woche.«
Er hebt fragend die Augenbrauen, offenbar findet er das zu wenig. Ich staune, wie treffsicher er einen wunden Punkt anspricht. Das Verhältnis zu meiner Mutter ist schwierig, ich bin oft ungeduldig mit ihr und gereizt.
»Geht es Ihrer Mutter gut?«
»Sie lebt allein, ist aber geborgen in einem Netzwerk von Freundinnen. Sie ist sehr rüstig und noch immer eine sehr attraktive Frau, sehr stilvoll und gepflegt.«
Diodora nickt heftig und wirft ein: »Das war sie schon immer!« Es klingt anerkennend. Zum ersten und einzigen Mal während des Gesprächs kommentiert sie eine Antwort von mir, bevor sie sie übersetzt.
»Wer ist größer – Sie oder Ihr Mann?«
»Wir sind fast gleich groß, er ist ein bisschen größer.«
»Tragen Sie hohe Schuhe, wenn Sie mit ihm zusammen sind?«
»Ich trage grundsätzlich selten hohe Absätze.«
»Wer beschützt wen in dieser Ehe?«
»Wir beide uns gegenseitig. Vielleicht passt er ein kleines bisschen mehr auf. Er ist mein Geronda.«
Hoppla. Das kam jetzt vielleicht eine Spur zu unbedacht. »Verzeihung, ich wollte nicht …«
Geronda winkt ab. Er hat mich offenbar richtig verstanden. Ich beantworte alle Fragen spontan und voller Vertrauen – als würde ich diesen Mann seit Ewigkeiten kennen. Erst nach gut eineinhalb Stunden stelle ich selbst eine Frage – die einzige während unserer gesamten Begegnung. Ich wende mich Diodora zu und sage: »Ich weiß, dir ist es unangenehm, wenn wir über dich reden. Aber frag ihn doch bitte, wie das damals

war, als er dich auf Naxos das erste Mal sah. Welchen Eindruck hatte er von dir?« Mich interessiert, ob er etwas Außergewöhnliches in ihr sah. Ob er auf Anhieb ihre Möglichkeiten erkannte. Ich will endlich eine Antwort auf die Frage finden, warum meine Freundin Nonne geworden ist. Hier sitze ich an der Quelle – näher als jetzt kann ich der Wahrheit nicht mehr kommen.
Diodora übersetzt meine Frage ohne Kommentar. Ich schaue Geronda erwartungsvoll an. Er sagt: »Als ich eines Tages im Kloster des heiligen Chrysostomos auf Naxos die Beichte abnahm, kamen wir ins Gespräch. Sie hatte viele Fragen zur Orthodoxie, die ich beantworten konnte. Sie entschied sich, in Griechenland zu studieren und sich orthodox taufen zu lassen, schließlich hat sie das Mönchstum als Lebensform gewählt. Ich habe sie mehrmals aufgefordert, zurück nach Deutschland zu gehen oder in Griechenland eine Familie zu gründen. Aber das hat sie zurückgewiesen.« Gerondas Ton ist gleichförmig und sehr sachlich, fast routiniert. Er spricht mit der Gewohnheit eines Athos-Mönchs, der sich bereits etliche Male vor Familien rechtfertigen musste, deren Söhne oder Töchter sich ihm angeschlossen haben.
Er fährt fort und berichtet von den markanten Stationen in Diodoras Leben als Nonne. Klostergründung in Theben, Inthronisierung als Äbtissin, Studium in Frankreich. Diodora übersetzt und spricht von sich selbst in der dritten Person. Kein Detail aus Gerondas Erzählung ist mir neu. Mich überrascht die Distanziertheit, mit der er spricht. Das Unpersönliche. Anders als von mir erwartet, kommt kein Wort der An-

erkennung oder Auszeichnung. Er wertet Diodoras Charakter und ihre Leistung mit keiner Silbe. Stattdessen hangelt er sich an Ereignissen entlang.

In diesem Moment wird mir bewusst, dass Geronda in Diodora gar nichts Außergewöhnliches erkennt. Ich hatte gehofft, wir könnten uns vielleicht in diesem Punkt verbrüdern: Meine beste Freundin ist seine Lieblingsnonne. Und weil er sie so schätzt, hat er sie zum Star gemacht. In Wahrheit ist Diodora aus der Perspektive Gerondas nur ein Mitglied seiner Gemeinschaft. Gut, sie ist ein wesentliches Mitglied – aber letztlich nur ein Mitglied von vielen. Eine Nonne wie viele andere. Er beurteilt weder ihren Charakter noch ihre Schönheit, noch ihre Herkunft. Für ihn zählt einzig und allein ihr Entschluss. Anders als ein Fußballtrainer rekrutiert er seine Mannschaft nicht nach Eignung, sondern nimmt jeden, der kommt. Im religiösen Kontext gehen alle unter den gleichen Bedingungen an den Start. Wer sich in der Folge hervortut, hat eben ein paar Dinge schneller begriffen als andere – mehr nicht.

Vermutlich gibt es keine Eignung zur Nonne, denke ich. Man sieht in diesem Leben seine Berufung, entscheidet sich dafür – und alles Weitere ergibt sich aus dieser Entscheidung. Darin steckt das ganze Geheimnis. In der Begegnung mit Geronda verliert Diodoras Geschichte ihre Rätselhaftigkeit. Jetzt sticht vor allem ihre Entschlusskraft heraus – die bedingungslose Hingabe, mit der sie seit über zwanzig Jahren an ihrer Entscheidung festhält.

»Waren Sie böse, dass ich Diodora entführt habe?«, fragt Geronda unvermittelt. Sein Ton ist scherzhaft, die Frage ernst.

»Ja, sehr. Deshalb bin ich jetzt hier – um zu verstehen, warum sie diesen Schritt gemacht hat.«
Er nickt und macht zum ersten Mal während unseres Treffens eine kleine Pause. Dann fragt er, ob ich ihm noch etwas sagen will. Ich antworte, ich sei dankbar für seine Freundlichkeit.
»Warum waren Sie anfangs so angespannt?«
»Vielleicht aus Angst, dass kein Gespräch zustande kommt. Keine Verbindung. Ich habe befürchtet, enttäuscht zu werden.«
»Enttäuscht wovon?«
»Von Ihnen.«
Er lächelt und nickt. Dann sagt er, er habe Diodoras ganze Familie kennengelernt und immer geahnt, dass noch jemand fehlt. Jetzt wisse er, dass ich das war, ihre beste Freundin aus Kindertagen. Dann gibt er mir die halbvolle Wodka-Flasche und sagt, ich solle sie meinem Mann mitbringen. Wir umarmen uns. Zum Abschied meint er, ich solle gut zu meiner Mutter sein. Es ist weit nach Mitternacht, als Diodora die Tür des kleinen Raumes hinter sich zuzieht. Ich bin merkwürdig euphorisch. Als hätte ich eine wichtige Prüfung bestanden oder einen guten neuen Freund gefunden.
Bevor wir schlafen gehen, trinken Diodora und ich in der Präsidentensuite ein letztes Glas Wodka aus der Flasche, die mir Geronda als Geschenk mitgegeben hat. Auch Diodora wirkt erleichtert. Sie sagt: »Es ist schön, dass du mich verstehen kannst. Ich freue mich.« Es klingt, als hätte das Treffen sie rehabilitiert. Der Satz lässt ahnen, wie unverstanden sie sich in der Vergangenheit oft gefühlt hat, vielleicht auch einsam. Kein Mensch kann sich so tief entwurzeln, dass ihm

nicht am Wohlwollen von Familie und Freunden gelegen ist.

Ich will wissen, warum Geronda all diese merkwürdigen Fragen gestellt hat. Diese Frauenfragen.

»Was kümmert es ihn, wie lange ich meine Kinder stille oder ob ich hohe Schuhe trage?«

»Weil sie das Gebiet betreffen, für das er zuständig ist: menschliche Beziehungen.«

»Und warum interessiert er sich zum Beispiel dafür, ob ich mir die Haare färbe?«

»Weil er es schön findet, wenn man es nicht tut. Es ist ein Zeichen von Natürlichkeit.«

Seine Fragen dienten auch dazu, mein Vertrauen auszuloten, sagt Diodora. Auszuprobieren, wie offen ich bin.

»Du bist ein wunderbarer Mensch«, sage ich zu meiner Freundin.

»Du auch, Ilka«, antwortet sie. Es klingt aufrichtig.

Es ist schon spät, aber in dieser Nacht liege ich noch lange wach.

Abschied

Mein Besuch geht zu Ende, der letzte Tag ist angebrochen. Ich packe meinen Koffer, als Diodora in die Präsidentensuite kommt. Sie bringt Abschiedsgeschenke. Eine türkisfarbene Halskette mit Kreuzanhänger für Rebecca, eine kleine Ikone für Jonathan, Likör für meinen Mann, alles aus eigener Klosterproduktion. Für mich hat sie ein textiles Rollbild ausgesucht, auf dem in kunstvoller Schrift das Vaterunser geschrieben steht. »Leider auf Griechisch. Aber du musst ohnehin Griechisch lernen«, sagt sie und lacht ihr altes Charlottelachen, bei dem sie die Stirn kraus und die Mundwinkel nach unten zieht.

Diodora begleitet mich in meinem Leihwagen nach Theben ins Kloster, wo ich die allerletzte Nacht verbringen will. Morgen in aller Frühe fliege ich von Athen zurück nach Berlin. Direkt nach unserer Autofahrt wird Diodora mit dem Bus denselben Weg in umgekehrte Richtung zurück nach Karditsa fahren. Ich deute es als Zeichen großer Freundschaft, dass sie sich die Zeit nimmt, mich nach Theben zu bringen. Es freut mich, dass Geronda die Erlaubnis gegeben hat.

Wie auf jeder Fahrt zwischen zwei Klöstern transportieren wir Lebensmittel im Kofferraum des Wagens. Wir laden große Portionen Tintenfisch und mehrere Pakete Waschmittel ein. Der Aufbruch von der Roten Kirche fällt schwer. Viele der Nonnen sind mir ans Herz gewachsen, und ich weiß nicht, wann ich sie wiedersehen werde. Hände werden fest geschüttelt und Wangen geküsst, wir umarmen uns. Anastasia winkt, bis wir mit dem Auto um die Ecke gebogen sind.

Drei Stunden sind wir unterwegs, Diodora fährt. Das Handy liegt griffbereit in ihrem Schoß, es klingelt oft. Diodora fährt entspannt und schnell. Mir fällt eine Anekdote von Aemiliani ein, mit der sie Diodora charakterisiert hat. Als die beiden einmal in hohem Tempo auf der Autobahn unterwegs waren, lag plötzlich ein Wagen quer auf der Straße, offenbar ein Unfall. »Ich hätte vermutlich eine Vollbremsung gemacht, was uns wenig geholfen hätte. Diodora drückte das Gaspedal durch und fuhr seitlich vorbei«, hat Aemiliani erzählt, und mir schien, als schwänge Bewunderung in ihrer Stimme mit.

Die Atmosphäre im Auto ist ideal für ein persönliches Gespräch. Wenn nicht gerade das Telefon klingelt, stört uns nichts und niemand, wir sind ganz unter uns. Ein guter Moment, um über meine Schwierigkeiten mit dem Wunderglauben zu sprechen. In der Tradition des Berges Athos sind übersinnliche Erscheinungen nichts Außergewöhnliches, im Gegenteil treten immer wieder Schutzengel und Dämonen auf. Einige der erleuchteten Altväter wissen von göttlichen Stimmen und Begegnungen mit Heiligen aus lange vergangenen Jahrhunderten zu berichten. Und im Kloster hat mir jemand erzählt, dass Gerondas Schwester Maria, die in

Theben begraben liegt und deren Todestag jedes Jahr mit einem Nachtgottesdienst erinnert wird, der Äbtissin von Theben im Traum erschien – und ihr versicherte, sie werde zur Gedenkfeier erscheinen. All das ist mir sehr fremd an der Orthodoxie. Ich frage Diodora nach einer plausiblen Erklärung.

»Das Metaphysische ist alles, was nicht mit dem Verstand zu erklären ist«, sagt sie nach einer nachdenklichen Pause. »So viele Dinge sind unerklärlich, und genau da beginnt das Göttliche. Wenn man alles erklären könnte, wäre die ganze Welt von den Menschen geschaffen und es gäbe keinen Schöpfer.« Sie beginnt über die Bedeutung des Gebets und des Sich-Versenkens zu sprechen. »Natürlich ist wissenschaftlich nicht nachvollziehbar, an welches Wissen man über das Gebet gelangt. Es ist eine höhere Ebene. Es ist eine geistige Übung zur Verinnerlichung von Einsichten, die ansonsten nur auf die Ebene verstandesmäßigen Wissens beschränkt bliebe.« Nach einer Pause fügt sie hinzu: »Du öffnest deinen Kindern das Paradies, wenn du mit ihnen betest.«

Ich erinnere mich, dass ich Diodora am Anfang meines Besuches gesagt habe, ich würde gerne erfahren, wie ich ein bisschen Spiritualität in unseren Berliner Alltag integrieren könne. Wie hölzern mir dieser Satz heute erscheint, wie sperrig und theoretisch. Jetzt, zum Ende meines Besuches im Kloster, fällt es mir leicht, von meiner Gottessehnsucht zu sprechen. Ich frage, ob sie mir einen Rat für meine Suche geben kann.

»Immer weitersuchen! Schau, was dir guttut, und vertiefe das. Treibe nichts mit Gewalt und purem Willen voran, sondern erspüre. Und versuche vor allen Dingen nicht, etwas zu sein, was du nicht bist. Wir versuchen viel zu oft, etwas zu sein, was wir nicht sind.«

Das Auto schraubt sich eine einspurige Passstraße hinauf, der Berg Domokos liegt zwischen Karditsa und Theben. Wir kommen auf die Ehen von Geschwistern und Freunden zu sprechen. Viele zerbrechen. »Wahre Liebe kennt Durststrecken. Opfer zu bringen ist eine wichtige Komponente aktiver Liebe. Die Menschen werfen heute alles viel zu schnell weg, wenn es schwierig wird«, sagt Diodora. Frauen würden ihre Männer heute viel zu sehr herumkommandieren und in Verlegenheit bringen, fügt sie nach einer kleinen Pause an. »Einer muss zuerst durch die Tür gehen, aber das heißt nicht, dass der, der als Zweiter geht, weniger wert ist.«

»Das finde ich in Ordnung, solange es nicht immer der Gleiche ist, der als Erster durch die Tür geht«, entgegne ich. »Problematisch wird es, wenn einer sich auf Kosten des anderen verwirklicht, was heute leider häufig passiert.« In meiner Idealvorstellung einer Ehe sollte einer für den anderen da sein und man sich selbst zurücknehmen. Doch ich weiß um die zahllosen Versuchungen und Möglichkeiten, die einen dabei behindern, diesen Kurs konstant zu halten.

Meine Freundin richtet ihr Leben seit über zwanzig Jahren an der Bibel aus – die Bibel prägt ihr Bild von Liebe und Sexualität, obwohl sich die heutige Welt in vieler Hinsicht von den biblischen Verhältnissen unterscheidet. Diodora steht kompromisslos für ihre Überzeugung ein und biedert sich kein bisschen an die moderne Welt an.

Wir landen beim Thema Sex und Liebe von Jugendlichen. Hier hat sich Diodora am deutlichsten von der alten Welt entfernt – ihre seit jeher traditionellen Moralvorstellungen haben sich durch ihre Religiosität noch verstärkt und unterscheiden sich heute sehr von denen meiner Generation. Sexualität vor der Ehe lehnt meine Freundin ausdrücklich ab, und sie rät mir, meine Kinder dahingehend zu beeinflussen.

»Ich wünsche mir, dass meine Kinder ihre Sexualität als etwas Schützenswertes sehen und besonnen damit umgehen«, antworte ich. »Aber ich finde es in diesem Zusammenhang wichtig, ihre Unbefangenheit zu bewahren und Körperlichkeit nicht so gering zu schätzen, wie es im religiösen Umfeld oft geschieht.«

»Auch in der säkularen Welt ist es möglich, Kindern Ehrfurcht vor der intimsten Vereinigung von Mann und Frau zu vermitteln und vorzuleben. Dann würde man den Menschen viel Unglück ersparen«, antwortet Diodora heftig. »Früher war Sexualität ein viel größeres Tabu als heute, aber die Menschen hatten Halt. Heute hat man keine Ehrfurcht mehr – vor nichts. Die Welt ist völlig schamlos geworden, und man nimmt sich einfach, was man braucht. Eltern kapitulieren vor ihren Kindern, weil sie Angst haben, sich vor ihnen lächerlich zu machen, wenn sie einen Standpunkt vertreten, der heutzutage als unpopulär gilt.«

»Ich finde es wesentlich, dass man sexuelle Erfahrungen auch vor der Ehe macht – vorausgesetzt, man ist sich ihres hohen Wertes bewusst und geht sorgsam damit um«, entgegne ich.

Auch wenn wir uns dem Thema sehr unterschiedlich nähern, verfolgen wir letztlich dasselbe Ziel – Kindern zu vermitteln, dass es beim Sex nicht um Beliebigkeit, sondern um Verantwortung geht. Ich staune, welche Momente großer Nähe in unserem Gespräch entstehen. Da ist sie also, die alte Vertrautheit. Wie stark sich unsere Leben berühren, obwohl sie so verschieden sind.

Ein Grund, warum ich mich in der ach so fremden Welt meiner Freundin wohlfühle, ist das Archaische und Zeitlose, das die orthodoxen Klöster verkörpern. Die Mönche und Nonnen halten den Geist biblischer Zeiten ungebrochen wach, ohne dass es aufgesetzt oder theatralisch wirkt. Über etliche Jahrhunderte hinweg haben sie es geschafft, die Spiritualität alter Zeit zu bewahren und von Generation zu Generation weiterzugegeben – sie hinüberzuretten ins 21. Jahrhundert. Die Klöster konservieren das Wissen und Leben einer lange untergegangenen Zeit, die Mönche und Nonnen hüten mit großer Ernsthaftigkeit einen Schatz aus der Urzeit. Vor allem in der Liturgie spürt man Wahrheit und Authentizität.

Ich schaue aus dem Fenster. Ein alter Mann stapft mit einem Eselskarren am Straßenrand entlang. Wir haben die Autobahn verlassen und fahren durch ein Dorf. Bald müssen wir voneinander Abschied nehmen. Längst nicht alle Fragen, mit denen ich meine Reise begann, sind beantwortet. Charlottes Verwandlung in Diodora wird für mich immer einen Rest von Rätselhaftigkeit behalten und sich nie vollständig erklären. Ich habe aber viele kleine Teile gefunden, die sich zu einem großen Bild zusammenfügen lassen.

Ich denke daran, wie ich vor ein paar Tagen kurz entschlossen mit Diodora nach Thessaloniki gefahren bin, weil dort ein Freund des Klosters eine Geschäftseröffnung feierte. Als wir unser Ziel erreichten, drängten sich bereits Hunderte geladener Gäste in einem Elektronik-Kaufhaus, das sich über vier Etagen erstreckte. Diodora verbeugte sich und küsste dem anwesenden Bischof die Hand, der Bischof plauderte kurz mit ihr und berührte zum Zeichen seiner Wertschätzung mit der Hand sein Herz. Dann verschwand Diodora in der Menge, und der Geistliche weihte das Kaufhaus. Anschließend zerschnitt er symbolisch ein Band in der Eingangstür – die Geschäfte konnten beginnen. Drinnen spielte eine Frauen-Combo in Hotpants und Stretch-Bustiers auf elektronischen Geigen, während ein Partyservice Fingerfood und Wein anbot. Diodora machte Smalltalk mit dem Landrat und steckte seine Visitenkarte ein, vielleicht ein nützlicher Kontakt für die Zukunft. Dann tippte sie gedankenverloren eine SMS in ihr Handy, und wie sie so dastand in ihrer bodenlangen schwarzen Tracht, deren Farbe symbolisch für den Tod und die Abkehr von dieser Welt steht, war sie mir so nah wie damals, in unserer Kindheit, als ich morgens auf das Knattern ihres Mofas wartete.

Szenen wie diese aus Thessaloniki werden künftig mein Bild von Diodora prägen. Ich betrachte meine Freundin von der Seite. Sie hat den Autositz weit zurückgefahren und hält das Lenkrad mit ausgestreckten Armen fest. Der über die Stirn gezogene Schleier erinnert mich ein bisschen an den Pony-Haarschnitt, den sie als Teenager eine Zeit lang trug. Die Freundin aus Kindertagen habe ich nicht wiedergefunden, denn Charlotte ist so unwiederbringlich verloren wie die gemeinsame Zeit. Dafür habe ich eine neue Freundin gewonnen. Allein schon der Gedanke an Diodora und ihre Schwestern, an einen geheimnisvollen Ort wie Petra und seine höhlenartige Kirche tut gut. Ich spüre die außergewöhnliche Kraft, die die Nonnen und Mönche aus dem übergeordneten Großen beziehen, auf das sie sich berufen. Es hilft, so einen Ort zu kennen und das eigene Leben in Beziehung zu ihm zu setzen.

Die Reise zu Diodora hat mir Klarheit in der Hierarchie meiner Wertigkeiten verschafft. Zu Hause geht viel Schönes durch ein Übermaß an Reizen verloren. Im Kloster habe ich erlebt, wie unerwartet sich Schönheit entfalten kann. Ich fahre mit dem Ziel nach Berlin, mein Leben zu vereinfachen. Künftig nicht auf alles sofort zu reagieren, sondern auch mal Dinge an mir vorüberziehen zu lassen. Ballast abzuwerfen. Die Zerstreuung einzuschränken und mich stattdessen auf Wesentliches zu fokussieren. So vieles erscheint nach dem einfachen Leben im Kloster entbehrlich. Wird es mir gelingen, etwas von der Konzentration des Klosters hinüberzuretten in meine bunte, turbulente Welt?

Vielleicht können mir meine Kinder dabei helfen. Sie fordern mich heraus. Sie zwingen mich zu Geduld. Sie lehren mich Gelassenheit. Sie brauchen meine Hingabe. Sie zu beschützen ist meine wichtigste Aufgabe. Die Kinder bilden das Äquivalent zur geistigen Arbeit der Nonnen – sie sind meine Zen-Meister.

Die Zeit im Kloster hat mich erstaunlich erfrischt. Ich fühle mich gestärkt, und meine Sinne sind gründlich überholt. Die Bestimmtheit, mit der Diodora ihr Leben lebt, beeindruckt mich. Das Klosterleben ist der Gegenpol zur heutigen Beliebigkeit.

Es sieht so aus, als funktioniere die alte Arbeitsteilung aus Kindertagen noch immer: Diodora betet, ich denke darüber nach. Vor meiner Reise zu Diodora glaubte ich, Gott sei nicht zu fassen. Jetzt, nach meinem Intensivkurs bei den Superreligiösen, habe ich das Gefühl, das Göttliche ist zum Greifen nah. In Griechenland habe ich meine Sehnsucht nach Gott deutlicher gespürt als irgendwo sonst, und schon das Eingeständnis dieser Sehnsucht wirkt befreiend. Wenn ich meinen Kindern künftig von Gott erzähle, kann ich ihnen in die Augen schauen. Es wird anders klingen als ein Märchen.

Ich frage Diodora, was sie von anderen Religionen hält. »Alle Religionen sind sich ähnlich und haben ähnliche Ziele. Aber nicht überall kommt man gleich weit – menschlich und was das Weltbild betrifft. Das Christentum ist meiner Meinung nach die perfekte Verwirklichung des Religionsgedankens. Die Orthodoxie verkörpert das Christentum in seiner reinen und unverfälschten Form«, antwortet sie.

Wir sind fast am Ziel. Diodora schaltet in den ersten Gang runter, es geht jetzt eine steile Schotterpiste hinauf. Nach einer Weile leuchten die weißen Mauern des Klosters in der Dämmerung. Wie eine kleine byzantinische Trutzburg steht es ganz oben auf einem Bergrücken. Kaum sind wir in den Hof gefahren, schwärmen Nonnen herbei. Jede von ihnen beugt sich tief vor Diodora nieder und küsst ihre Hand. Die Schwestern sind sichtlich erfreut, ihre Gerondissa zu sehen. Eine ältere Schwester weicht nicht mehr von ihrer Seite und greift immer wieder nach ihrer Hand.

Einsam und still ist es hier oben. Kein Zivilisationslärm dringt herauf, nur der Wind rauscht durch buschige Kiefern. Diodora begutachtet interessiert die Außenfassade des Klosters. Das Haupthaus ist komplett eingerüstet, Handwerker verkleiden die Wände mit einer zusätzlichen Steinschicht, um es besser zu isolieren.
Eine knappe halbe Stunde sitzt Diodora mit den Schwestern im Wohnzimmer des Klosters zusammen. Ich verstehe nicht, was sie sagt, denn sie spricht Griechisch, doch es fällt auf, wie aberwitzig schnell sie redet. Es gilt, in kürzester Zeit möglichst viele Informationen auszutauschen, das kenne ich aus meiner eigenen Welt. Eine der jüngeren Nonnen wendet sich mir zu und beginnt auf Englisch ein Gespräch. Wie aufmerksam und höflich, denke ich. Die Nonne heißt Dionyssia, es ist Schwester Nazarenes Jugendfreundin aus Weißrussland. Sie hat wie Charlotte Kunst studiert und an der Akademie von Sankt Petersburg einen Abschluss gemacht.
»Verzeihen Sie die Frage – aber erkennen Sie Ihre Freundin in unserer Gerondissa Diodora wieder?«, sagt Dionyssia nach einer Weile unvermittelt.
»Ein paar Seiten erkenne ich wieder. Zum Beispiel ihre Effizienz und Disziplin.«
»Disziplin. Oh ja! Die hat sie mir beigebracht. Mach einen Plan, hat sie mir gesagt, organisiere dich gut und teil dir deine Zeit vernünftig ein!« Dionyssia lacht und schlägt in gespielter Verzweiflung die Hände zusammen. »Das kannte ich vorher gar nicht!«

Es dämmert, als wir Diodora zum Bus bringen. Die Haltestelle ist eine Bar an der Schnellstraße, die einem amerikanischen Roadmovie entsprungen scheint. Jetzt geht alles sehr schnell. Diodora und ich umarmen uns fest zum Abschied, dann steigt sie, die Aktentasche unter den Arm geklemmt, in den Bus und sucht sich gleich in der ersten Reihe am Fenster einen Platz. Der Wagen setzt sich in Bewegung, ich betrachte das schwarz umrahmte Gesicht meiner Freundin durch die Scheibe und winke. Sie wirft mir eine Kusshand zu, und dann fährt sie los.

Dank

Ohne das Wohlwollen von Geronda Dionysios und das Vertrauen von Gerondissa Diodora wäre dieses Buch nicht entstanden. Dafür möchte ich beiden von Herzen danken. Allen Nonnen und Mönchen der Gemeinschaft danke ich für die Freundlichkeit, mit der sie mich aufgenommen haben. Insbesondere Schwester Dimitra schulde ich großen Dank für die Geduld, mit der sie meine vielen Fragen beantwortet hat.

Luise Stapenhorst gilt mein herzlicher Dank für ihre Offenheit und Hilfsbereitschaft. Unsere Gespräche haben für mich eine Bedeutung, die weit über das Buch hinausgeht. Auch Ike Stapenhorst fühle ich mich wegen ihrer Zugänglichkeit und ihres Engagements sehr verbunden – vielen Dank. Ebenso möchte ich mich bei Hermann und Joachim Stapenhorst für aufschlussreiche Gespräche bedanken.
Auch Irene Steinbeis und Wilhelm Rimpau schulde ich großen Dank für ihre Erzählungen und Einschätzungen. Letzterem möchte ich insbesondere für die nachhaltige Begeisterung danken, mit der er dieses Projekt unterstützt hat.

Giovanna Bassetti, Babette Pernice, Angelica Benedicta Hirsch, Brigitt Hoenisch und Philippe von Stauffenberg danke ich für erhellende Gespräche. Emanuel Schenck bin ich dankbar, dass er rechtzeitig wieder aufgetaucht ist, um mir beim Erinnern zu helfen und mich beim Schreiben anzufeuern.

Claudia Voigt bin ich unendlich dankbar für ihre klugen Anmerkungen und aufrichtige Kritik als frühe Leserin des Manuskripts. Besonderen Dank schulde ich Ilka Heinemann, die den Text außerordentlich sorgfältig, kenntnisreich und einfühlsam lektoriert hat. Margit Ketterle danke ich für die Entschlossenheit, mit der sie dieses Projekt angestoßen hat, und für die freundliche Begleitung. Tanja Stelzer schulde ich Dank für die erstklassige redaktionelle Betreuung meiner Reportage im *ZEITmagazin*, auf die dieses Buch zurückgeht.

Mein großer Dank gilt auch Heji Shin, ihre herausragenden Fotografien bereichern das Buch enorm. Und ihr vorurteilsloser Blick auf die Welt hat mich sehr inspiriert.

Andrea Eggers bin ich sehr dankbar, dass sie mir so umstandslos ihr famoses Ferienhaus in Bad Saarow als Schreibasyl zur Verfügung gestellt hat. Ich kann mir keinen besseren Ort zum Arbeiten vorstellen. Auch Susanne Stürmer bin ich dankbar, dass sie mir in turbulenten Zeiten ihr ruhiges Zehlendorfer Haus geöffnet hat.

Folgende Bücher waren mir eine große Hilfe: Martin Tamcke: *Im Geist des Ostens leben. Orthodoxe Spiritualität und ihre Aufnahme im Westen,* Georg Galitis u.a.: *Glauben aus dem Herzen. Eine Einführung in die Orthodoxie,* Kallistos Ware: *Der Aufstieg zu Gott. Glaube und geistliches Leben nach ostkirchlicher Überlieferung,* Erhart Kästner, *Die Stundentrommel vom heiligen Berg Athos,* Kyriacos C. Markides: *The Mountain of Silence. A Search for Orthodox Spirituality.* Zudem hat mich Martin Mosebachs Essay *Ein Winter in Shio Mghvime,* in *Sinn und Form 1/2009* sehr bereichert.

Der größte Dank gilt meiner Familie. Bernhard, Susanna, Ruth und Anna danke ich für ihr anhaltendes Interesse am Entstehen des Buches, Susanna insbesondere für die Unterstützung in Form von beruhigenden und belebenden Kräutertees. Beide habe ich sehr gebraucht. Jonathan und Rebecca bin ich dankbar dafür, dass sie so viel Nachsicht mit mir hatten in Phasen, in denen ich physisch zwar anwesend, in Gedanken jedoch ganz woanders war. Die ausdauernd fröhliche Begleitung der Arbeit durch meine Zwillinge hat mich stark motiviert. Ohne die Unterstützung meines Mannes Michael hätte ich diese Arbeit nie begonnen. Seine fundierte Kritik an diversen Textfassungen war mir eine enorme Hilfe. Ihm gilt mein innigster Dank.

Peter Seewald

Jesus Christus

Die Biografie

Er verbrachte seine Tage in Armut, war aber kein Asket. Er legte sich wie ein Rebell mit der Obrigkeit an, beanspruchte aber selbst keine weltliche Macht. Er besaß Wunderkräfte und schien doch am Ende nicht einmal in der Lage, der Folter zu entgehen.
Was fasziniert die Menschen bis heute an Jesus Christus? Mit dieser Frage begibt sich Bestsellerautor Peter Seewald auf Spurensuche in Israel und Palästina. Er spricht mit den Menschen vor Ort, befragt die antiken Quellen, prüft die biblischen Berichte auf ihren Wahrheitsgehalt und erzählt eine mitreißend moderne Geschichte über jenen Mann, von dem ein Drittel der heutigen Weltbevölkerung glaubt, er sei Mensch und Gott zugleich.

»Ein großes Buch über Jesus Christus.«
Papst Benedikt XVI.

Knaur Taschenbuch Verlag

Reinhard Piechocki
Melissa Müller

Alice Herz-Sommer – »Ein Garten Eden inmitten der Hölle«

Ein Jahrhundertleben

Mit Hilfe der Musik gelingt es der 1904 in Prag geborenen Pianistin Alice Herz-Sommer, das KZ zu überleben. In über 100 Konzerten schenkte sie den Mithäftlingen in Theresienstadt Kraft und Hoffnung, und für ihren kleinen Sohn schuf sie inmitten von Hunger, Leid und Tod eine Atmosphäre der Zuversicht und Geborgenheit.

Knaur Taschenbuch Verlag

Bernhard Moestl

Die Kunst, einen Drachen zu reiten

Erfolg ist das Ergebnis
deines Denkens

Bernhard Moestl zeigt, wie wir mit Hilfe von 12 Strategien für ein neues Denken unseren inneren Drachen beherrschen können. Er gibt praktische Tipps, wie es uns gelingt, den Drachen zu reiten. Denn erst dann werden wir wirklich unangreifbar – weil der Drache nun seine Kraft für uns einsetzt und wir unser Leben selbst bestimmen.

Knaur Taschenbuch Verlag